예수, 새로운 비전

JESUS: The Life, Teaching, and Relevance of Religious Revolutionary

Copyright ⓒ 2006 by Marcus J. Borg.
All rights reserved
Korean translation copyright ⓒ (2021) by DONG YEUN PUBLISHING CO.
Published by arrangement with HarperOne, an imprint of HarperCollins Publishers through EYA(Eric Yang Agency).

이 책의 한국어판 저작권은 EYA(Eric Yang Agency)를 통해 HarperOne(HarperCollins Publishers 임프린트) 사와 독점계약한 도서출판 동연에 있습니다.
저작권법에 의하여 한국 내에서 보호를 받는 저작물이므로 무단전재 및 복제를 금합니다.

예수, 새로운 비전
— 영, 문화 그리고 제자 됨

2021년 8월 25일 처음 펴냄

지은이 | 마커스 J. 보그
옮긴이 | 김기석
펴낸이 | 김영호
펴낸곳 | 도서출판 동연
등 록 | 제1-1383호(1992년 6월12일)
주 소 | 서울시 마포구 월드컵로 163-3
전 화 | (02) 335-2630
팩 스 | (02) 335-2640
이메일 | yh4321@gmail.com
블로그 | https://blog.naver.com/dong-yeon-press

Copyright ⓒ 동연, 2021

이 책은 저작권법에 따라 보호받는 저작물이므로, 무단 전재와 복제를 금합니다.
잘못된 책은 바꾸어 드립니다. 책값은 뒤표지에 있습니다.

ISBN 978-89-6447-671-0 03230

JESUS, A NEW VISION:
Spirit, Culture and the Life of Discipleship

예수,
새로운 비전

영, 문화 그리고 제자 됨

마커스 J. 보그 지음 | 김기석 옮김

동연

옮긴이의 글

가장 아름다운 것이 타락하면 유난히 추해 보이는 법이다. 예수는 지구 상에 생명이 출현한 이후 생명의 계통수 가장 높은 자리에 피어난 아름다운 꽃이다. 떼야르 드 샤르댕의 말을 빌자면 그는 인류가 궁극적으로 도달해야 할 오메가 포인트이다. 그를 이해하기 위해서 고도의 형이상학적 언어에 의존할 필요는 없다. 신학은 인간의 신적 체험을 이해 가능한 언어로 바꾸기 위해 고심한다. 문제는 언어의 미로에 갇혀 예수라는 존재의 실체를 잊기 쉽다는 사실이다.

신학은 전통적으로 '역사적 예수'와 '신앙의 그리스도'를 구별하여 설명하곤 했다. 그것은 편리한 구분이기는 하지만 예수에 대한 총체적 이해에 미치지 못하는 한계가 있다. 물론 누구도 예수라는 존재를 온전하게 이해할 수는 없다. 똑같은 산을 바라보아도 바라보는 자리에 따라 각기 달리 보이지 않던가? 예수의 삶을 재구성한다는 것은 애초에 불가능한 일이다. 각자가 본 예수상을 대조하고 종합하면서 더 나은 인식에 이를 수 있으면 다행이다.

마커스 보그의 『예수, 새로운 비전』은 예수에 대한 완결된 초상을 그리려 하지 않는다. 그렇다고 하여 모호함 속에 방치하지도 않는다. 그는 인접 학문의 성과를 참고하면서 자기 나름의 예수 초상을 그려 보여준다. 그를 초월적 존재로 드러내기 위해 문헌학, 고고학, 지식사회학, 고대의 사회 경제학, 인문학적 성과들을 배제하지 않는다는 말이다. 시간과 공간의 제약 속에서 살아가는 인간은 그 시대의 문화와 교섭을 하며 세계관을 형성한다. 그 속에 동화된 채 살아가는 이들도 있고, 그 시대의 한계를 돌파

하여 새로운 인식의 공간을 열어가는 이들도 있다. 칼 야스퍼스가 말하는 '축의 시대'의 현자들은 자기 시대의 모순을 넘어섰던 사람들이다.

마커스 보그는 유대교 갱신 운동의 맥락 안에서 예수 운동을 살핀다. 역사는 형식과 역동성이 변증법적으로 작용하며 전진한다. 전통을 중시하는 이들도 있고, 그 전통의 한계를 벗어나기 위해 고심하는 이들도 있다. 인습적인 지혜와 전복적인 지혜는 늘 부딪히게 마련이다. 이 둘은 갈등 관계 속에 있지만, 그 갈등이 오히려 역사를 나선형으로 상승시키기도 한다.

마커스 보그는 예수를 하나님의 영으로 충만한 분으로 형상화한다. 다시 말해 예수 운동을 일반적인 사회 운동의 맥락 속에 위치시키려 하지 않는다는 말이다. 그는 예수의 삶 자체가 성령의 실재에 대한 증언이라는 것이다. 보그는 예수를 통해 나타난 이적을 배제하지 않는다. 오히려 그것은 예수 이해를 위한 매우 중요한 단초이다.

예수는 또한 자기가 속한 사회적 세계와 대결하기를 주저하지 않았다. '거룩의 정치학'이 지배하던 시대에 그는 '자비의 정치학'을 제시했다. '거룩'은 구별 혹은 나눔을 본질로 한다. 의인과 죄인, 거룩한 것과 속된 것, 유대인과 이방인, 남자와 여자 등으로 가르고 차별을 정당화한다. '우리'와 '그들'의 이분법이 작동하기 때문이다. 그러나 예수는 그런 구별 혹은 나눔을 넘어서는 길을 가르쳤다. 그것은 다른 이들의 연약함과 슬픔을 부둥켜 안는 자비의 마음이었다. 연약함과 슬픔은 인간의 심층을 이룬다. 그 자리에 서면 사람들을 갈라놓던 것들이 큰 의미를 갖지 못한다. 자비의 정치학은 결국 장벽 철폐의 삶으로 표현된다. 예수, 그는 인습적 지혜에 도전했고, 재활성화 운동을 창시했고, 위기에 처한 세계에 하나님의 메시지를 전했다.

물론 마커스 보그가 그려 보이는 예수상이 완벽하다고는 생각하지 않는다. 그러나 그의 눈을 빌려 복음서와 이후의 예수 운동을 바라볼 때 우리는 많은 영감을 얻을 수 있다. 마커스 보그의 책은 신학 훈련을 받지 않은 이들도 쉽게 읽을 수 있다. 그는 형이상학적인 언어를 통해 예수를 설명하려 하지도 않고, 정교한 논리로 예수 운동을 변증하려 하지도 않기 때문이다. 그는 일상적인 언어로도 신학을 할 수 있다는 사실을 아름답게 보여준다. 신학의 언어, 신앙의 언어가 상투어처럼 변한 오늘의 현실이 안타깝다. 상투어로 변했다는 말은 그 언어가 사건을 일으키지 못한다는 말이다. 예수가 하나님 나라를 설명하기 위해 들려준 비유들에는 종교적인 언어가 담겨 있지 않다. 일상적 언어를 통해 비상한 세계를 보였다. 마커스 보그의 책은 일상의 언어로 신학적 담론을 생산하려는 많은 이들에게 전범이 될 수 있다.

24년 전에 번역한 이 책을 시간이 많이 흘러간 지금 다시 낼 필요가 있는지는 모르겠지만, 세월이 흘렀다고 하여 이 책의 가치가 줄어들지는 않았다고 생각한다. 책을 새롭게 꾸며준 도서출판 동연의 편집진에게 감사한다.

김기석

머리말

이 책은 "역사적 예수는 이러저러한 인물이었을 것이고, 그가 가르친 것은 무엇이며, 그의 사명은 대개 이러저러한 것이었다"라는 것을 학문적으로 그러나 비교리적으로 진술하려는 시도이다. 다시 말해 죽기 이전까지 역사적 인물이었던 예수가 과연 어떤 분이었는지를 개략적으로 그려보려는 것이다.

내가 목적하는 바는 두 가지다. 첫째, 기독교인이든 아니든 이 문제에 흥미가 있는 사람이라면 누구나 접할 수 있는 현대의 예수 연구에 대한 결과물을 제시하려 한다. 둘째, 역사적 예수에 관한 특별한 이미지를 세우기 위해 진지한 학문적 노력을 해보고 싶다. 어쩌면 이것은 지금까지 영향력 있는 학자들이 세워 온 이미지들과는 상당히 차이가 날지도 모르겠다. 이런 두 가지 목적은 이 책의 특성을 드러낸다. 나는 신약성서 연구에 관한 어떤 학문적 훈련이나 신학적 언어와의 친밀성을 가정하지 않는다. 또한, 내가 취한 입장들에 대한 충분한 근거를 제시하려고 한다. 그래야만 나와 입장이 다른 학자들에 의해 진지하게 취급될 것이기 때문이다.

내게는 세 번째 목적도 있다. 이 책의 두 초점인 성령과 문화는 우리에게 이 시대에 예수가 어떤 의미를 줄 수 있는지를 보여줄 것이다. 우리에게 ─교회 안에 있든 밖에 있든─ 예수의 삶은 성령의 실재에 대한 생생한 증언이다. 성령의 실재는 우리 시대 이전의 거의 모든 사회에서 긍정되었으며 널리 알려졌다. 그러나 현대 세계에서는 성령의 실재에 대한 이해가 거의 없고 때로는 도외시되기도 한다. 이것은 학문 세계에서뿐만 아니라 많은 교회에서조차 그렇다.

특별히 교회와 기독교인들에게 —나도 그 가운데 하나이지만— 역사적 예수가 어떤 분이셨는지에 대한 인식은 갱신을 위한 강력한 근거가 될 수 있었다. 예수는 성령의 실재를 체험의 한 요소로 증거 하였을 뿐 아니라, 그 시대의 문화, 즉 자신의 '사회적 세계'에 열정적으로 참여함으로써 기독교인들이 종종 구별해 온 두 세계를 연결했다. 우리 시대를 포함해서 수 세기 동안 기독교인들은 문화를 종교적 의미가 거의 없거나 전혀 없는 것으로, 혹은 있다 해도 부정적인 의미로 보는 경향이 있었다. 그러나 예수는 그렇지 않았다. 그는 자신의 사회적 세계의 변혁을 추구했다.

이 책에 등장하는 예수는 매우 영적이며 동시에 매우 정치적이다. 하나님의 영靈과의 관계가 그의 삶의 중심적 실재, 즉 존재의 근원이었다는 점에서 그는 영적이다. 만약 우리가 예수와 영의 세계와의 관계를 최대한 진지하게 고려하지 않는다면 역사적 예수를 일별할 수 없다. 예수가 속해 있던 전통의 주된 흐름이, 그 구체적인 삶을 통해 하나님에 대한 신앙을 반영하는 공동체를 역사 속에 세우는 일에 관심했다는 점에서 정치적이었다면, 예수도 또한 정치적이다. 역사 속에서 일어난 사건은 예수의 하나님과 그의 전통에 의미가 있다.

이 책은 논쟁적인 동시에 변증론적이다. 이 책은 현대 문화를 구성하는 핵심적인 요소들에 대해 비판적이라는 점에서 논쟁적이다. 또한, 복음서의 예수 그리기가 역사적으로 볼 때 어떻게 이치에 닿을 수 있는지를 보여주려 한다는 점에서는 변증론적이다. 그의 삶과 가르침으로부터 우리는 실재에 대한 납득할 만한 그리고 설득력 있는 이해를 발견할 수 있다. 역사적 예수가 제기하는 도전은 지성의 희생이 아니라 우리 안의 더 깊은 곳에 있는 어떤 것의 희생이다. 작고한 로빈슨John Robinson 주교는 기독교인이 된다는 것이 과연 무엇을 뜻하는가에 대해 사람들이 흔히 가지는 인상을 장난스럽게 묘사했다: "아침 식사 전에 마흔아홉 가지 불가능한 것들을 믿는 것과 기독교는 무관하다. 오히려 기독교는 예수가 진지하게 받아들인 것을 진지하게 받아들이는 것과 깊은 관계가 있다."

역사적 예수에 관한 나의 연구는 대학원 시절부터 거의 20년도 더 되었고, 대학과 여러 교회에서 가르친 지난 15년 동안 내내 계속되었다. 이 책은 그런 연구와 의견 교환의 토대에 근거한 것이다. 나는 많은 사람에게 빚을 지고 있는데 그들 중 어떤 사람들은 책을 통해서만 알게 된 사람들이고, 또 다른 사람들은 개인적으로 아는 사람들이다. 특히 이 책은 나의 책 『예수의 가르침에 나타난 갈등, 거룩 그리고 정치학』(*Conflict, Holiness and Polititcs in the Teaching of Jesus*)에 근거한 것이다. 그 책은 다른 학자들을 염두에 두고 예수—특히 갱신 운동의 창시자와 예언자로서—와 그의 사회적 세계의 관계를 강조했다. 이 책은 더 광범위한 독자들이 읽을 수 있도록 하기 위해 위의 책의 초점을 확장한다.

독자들이 이 책을 이해하기 위해서 어떤 특별한 신앙적 오리엔테이션을 받을 필요는 없다. 나는 기독교인들의 신앙체계에 의존해서 의미를 파악해야 하는 언어는 되도록 피했다. 내가 '내부 사람'의 언어를 굳이 사용할 경우에는 반드시 기독교적인 언어나 신앙체계에서 끌어내지 않은 용어들로 그 의미를 설명했다. 따라서 이 책은 교회 밖에 있으면서도 이 문제에 흥미를 느끼는 독자들과 예수를 따른다는 것이 과연 무얼 뜻하는지를 진지하게 반성해 보려는 기독교인들 모두를 겨냥한 것이다. 첫 번째 독자들을 위해서 이 책은 역사적 예수에 관한 믿을 만한 초상을 개략적으로 소개했다. 두 번째 독자들을 위해서는 그의 제자로서 개략적으로 소개했다.

나는 예수에 대한 나의 학문적 탐구를 (그리고 신학을) '믿음이 없는 교회의 아들'로서 시작했다. 교회 안에서 자라났고, 기독교는 너무나 중요하다고 확신했기 때문에—설교도 하고 기독교를 존중하고 사랑할 정도로—그것을 연구하고 가르치는 일에 투신했지만, 나는 여전히 그 핵심적 주장들을 이해하지 못했다(그렇기에 믿을 수도 없었다). 나의 연구는 이해와 믿음의 탄생 사이를 오가며 계속되었는데 여전히 미숙하지만 조금씩 성장하고 있다. 이 책은 이런 여정을 조금은 반영하고 있다. 나는 감히 내가 맞닥뜨렸던 어려움은 독자들에게도 역시 심각한 문제라고 가정했다. 이 책은 나의 여정의 여러 부분을 정리한 것이다. 이 책에서 언급한 것은 나의 불신앙적인 과거의 맥락에서도, 신앙적인 현재의 맥락에서도 다 의미가 있다.

마지막으로 이 책을 저술할 수 있는 시간을 허락해 준 오리건주립대학의 스튜어트 재단에 감사를 표하고 싶다. 또한, 오리건주립대학의 여러분들에게 감사드린다. 종교학과의 책임자인 팻 로저슨 부인은 가장 유용한 데에 시간을 쏟도록 많은 도움을 주었다. 학과장인 니콜라스 용커 교수는 이모저모로 지원해주었다. 그리고 나의 조교인 한스 마이클 버미어시에게도 감사한다. 오리건주립대학과 칼턴대학에서 내 강의에 참여했던 학생들은 자료 수집하는 일을 도와주었다. 퓨젯사운드대학에 방문 교수로 가 있는 동안은 내가 기대하지 않았음에도, 저술을 위한 시간을 낼 수 있었다. 끝으로 나는 샌프란시스코의 하처와 로우사에서 내 책의 편집을 맡았던 로이 M. 카리슬에게 감사한다. 그는 초고를 읽고 가능성을 발견해냈다. 그리고 나의 아내 마리안 웰즈 보그에게 감사한다. 마리안은 이 책에 나온 여러 가지 생각들에 대한 최고의 대화 파트너였을 뿐 아니라 계속해서 격려와 도움을 아끼지 않았다.

마커스 보그(Marcus Borg)

차 례

옮긴이의 글	5
머리말	8

1장 _ 도입(토대 다지기): 예수에 대한 두 가지 이미지 15
    대중적인 예수 이미지 17
    성서학을 통한 대중적 이미지의 몰락 19
    예수에 대한 중요한 학문적 이미지 26
    제삼의 이미지를 향하여 35

|1부| 예수와 영 41

2장 _ 맥락: 유대교의 영으로 충만한 가슴 43
    '영의 세계' 44
    성서 전통 속에 나타난 태고의 전통 47
    성서에 나타난 두 세계의 중재자 49
    우리가 보는 방식과의 대립 55

3장 _ 예수의 영으로 충만한 체험 61
    예수 사역의 근원: 영의 강림 64
    예수 사역의 과정: 영의 사람 67

4장 _ 영의 힘: 예수의 능력 있는 행동 85
    예수 역사의 한 부분인 기적 89
    예수: 병을 고치고 귀신을 내어쫓는 사람! 90
    기적: 예수에 대한 이야기의 한 부분 101
    결론 108

II부 ｜ 예수와 문화 ... 111

5장 _ 예수의 사회적 세계 유대 ... 113
유대의 사회적 세계의 인습적인 지혜 ... 116
충돌하는 두 사회적 세계 ... 121
대응: 거룩함의 정치학 ... 125

6장 _ 현자(賢者) 예수: 인습적 지혜에 도전함 ... 137
예수 가르침의 양식 ... 138
현자 예수 ... 141
예수의 실재관 ... 141
두 길: 넓은 길과 좁은 길 ... 148
결론: 변혁적인 현자 예수 ... 171

7장 _ 예수: 재활성화 운동의 창시자 ... 175
재활성화 운동의 창시자 예수 ... 176
그 운동의 에토스: 자비 ... 183
결론: 대안적 문화로서의 운동 ... 205

8장 _ 예언자 예수: 위기에 처한 사회적 세계 ... 207
오해 바로잡기 ... 208
예언자들과 역사적 위기 ... 210
예언자: 문화 비판자 ... 216
예언자 예수 ... 218

9장 _ 도전으로서의 예수: 예루살렘과 죽음 237
    예루살렘에 대한 메시지 239
    예수의 죽음 248
    결어: 부활절과 살아계신 그리스도의 탄생 259

10장 _ 결론: 예수의 새로운 비전 — 우리 시대에 주는 의미 261
    역사적 예수: 하나님의 현현 263
    예수: 제자 됨의 모델 265
    성령 안에서 사는 삶과 하나님 나라 273
    우리에게 도전해 오는 비전 277

    참고문헌 281

1 장
도입(토대 다지기)
: 예수에 대한 두 가지 이미지

역사적 예수는 여러 측면에서 흥미롭다. 그가 죽은 후 거의 2천 년이 지나는 동안 우뚝 솟아오른 예수의 문화적 의미는 결코 미미한 것이 아니다. 서구 역사상 예수만큼 특별한 위치를 차지하고 있는 인물은 없다. 그가 죽고 몇십 년이 안 되어 그의 기적적인 탄생에 관한 얘기가 돌기 시작했다. 1세기 말엽에 와서 그는, 자신이 나온 종교 전통 속에 알려져 있던 가장 고귀한 명칭—하나님의 아들, 아버지와 하나이신 분, 주님—으로 칭송받게 되었다. 불과 몇 세기가 지나기도 전에 예수는 자신을 십자가에 처형한 제국의 주님(Lord)이 되었다.

그 후로 천 년이 넘도록 그는 서구의 문화를 —종교와 신앙, 예술, 음악, 건축, 지적인 사유와 윤리 규범, 심지어 정치까지도— 지배했다. 우리가 쓰는 달력은 그의 삶이 세계사 분할의 기준점임을 확인해주고 있다. 굳이 신앙의 눈으로 보지 않더라도, 역사적인 측면만으로도 예수는 서구의 (아마 전 인류의) 역사 속에서 가장 중요한 인물이다.[1] 그러므로 "이렇게 우

---

1 역사 속에서 예수의 역할에 대한, 뛰어난 연구를 참조하려면 Jaroslav Pelikan, *Jesus Through*

뚝 솟아 있는 문화적 인물, 죽기 이전의 역사적 인물로서 그는 누구인가?"를 묻는 것은 단순히 지적인 혹은 역사적인 호기심에서 나온 것이라 할지라도 흥미로운 일이다.

기독교인들에게 이 질문은 또 다른 이유에서 의미가 있다. 예수는 단순히 역사적 인물이 아니라 그들이 믿는 종교의 창시자요 가장 중요한 인물이다. 수많은 기독교인은 일요일마다 그를 '주'와 '그리스도'로 고백한다. 더욱이 기독교인들은 그리스도를 따름에 대하여 성자들이 그랬듯이 그리스도를 본받음에 관하여 이야기한다. 그러므로 역사적 인물인 예수는 누구인가 하는 질문은 흥미로울 뿐만 아니라 중요한 질문이다. 왜냐하면, 그가 어떤 인물이었나가 그를 따른다는 것의 의미를 규정하기 때문이다. 예수는 궁극적으로 기독교의 전통 속에서 제자로서의 삶을 위한 하나의 모델 이상의 의미이지 결코 그 이하일 수는 없다. 앞으로 우리가 살펴보게 되겠지만, 그가 어떤 인물이었나 하는 것은 우리의 역사와 교회를 향한 강력한 도전이자 초대장이다.

그러나 '예수'라는 말이 일상생활에 흔하게 쓰이고 있고, 기독교인의 삶에서 그가 차지하고 있는 비중이 큰 데도, 죽음 이전의 역사적 인물인 예수가 어떤 사람이었나에 대해서는 우리의 문화에도, 교회에도 잘 알려지지 않았다. 그 대신 예수의 모습은 두 가지 지배적인 이미지에 의해 몹시 희미해졌다. 첫 번째 이미지는 교회와 문화의 대중적인 상상력을 지배했으며, 두 번째 이미지는 금세기 신약학의 대부분을 지배해 왔다. 이 두 가지 이미지들은 각각 역사적 예수에 대한 세 가지 중심적 물음—그의 정체성(그는 누구였나?), 메시지(그의 선포와 가르침의 핵심은 무엇인가?) 그리고 선교(그의 목적이 무엇이었으며, 그가 성취하고자 했던 것은 무엇이었나?)—에 나

---

the Centuries (New Haven: Yale University Press, 1985; Harper & Row, 1987)를 보라.

름대로 대답하고 있다. 그러나 대중적인 이미지와 지배적인 학문적 이미지는 예수가 어떤 인물이었나를 드러내기는커녕 오히려 가리고 있다. 예수를 새로이 바라볼 수 있기 위해선 먼저 우리의 시야를 흐리게 하는 이미지들에 대해 알아야 한다.

대중적인 예수 이미지

대중적인 이미지는 기독교인들과 비기독교인들 모두에게 가장 익숙한 것이다. 이것은 신적인 혹은 신에 가까운 인물로서의 예수에 대한 이미지인데, 이 예수의 목표는 세상의 죄를 사하기 위해 죽는 것이었으며, 그의 삶과 죽음을 통해 영원한 삶의 가능성을 열어주는 것이다. 이런 이미지는 예수의 정체성과 목표 그리고 메시지에 관한 물음에 명백한 대답을 준다. 즉 거룩한 하나님의 독생자 예수는 하나님과 인간의 화해를 이루기 위한 수단으로 십자가 위에서 죽기 위해 이 세상에 보내졌다. 예수의 메시지는 그가 자신에 대해 그리고 구속사에서 자신의 역할에 대해 말한 것이 진실임을 듣는 청중들이 믿게 하기 위한 권유들로 이루어져 있다.

이 이미지는 보편적이며, 아주 세련되고 정교하기까지 하다. 빌보드Billboard 순위에 오른 노래와 복음서들은 한결같이 "예수가 당신의 죄를 사하기 위해 죽었다"라고 선언하면서 이것이야말로 예수의 목표를 간결하게 표현한 것임을 암시하고 있다. 교회의 설교들도 대개 이 대중적 이미지를 지지한다. 우리 문화에 유입된 중요한 기독교 축제들은 이 이미지를 더 강화한다. 크리스마스는 박사들과 목자, 천사, 말구유와 별 그리고 한 처녀를 소재로 하여 예수의 놀라운 탄생 이야기를 들려주면서 그의 신적인 정체성에 주목하도록 한다. 부활절은 죽음을 이긴 그의 승리에 초점을 맞추고 있다.

대중적 이미지는 과거에, 특히 신약성서의 언어 자체에 깊숙이 뿌리를 내리고 있다. 복음서 중에서 대중적 이미지의 주된 출처는 사람들에게 가장 친숙하고 사랑받는 복음서인 요한복음일 것이다. 거기서 예수는 당시 문화에서 알려져 있던 것 가운데 가장 고상한 용어들로 자신의 정체성을 밝힌다. 특히 "나는 ~이다"라는 투의 화려한 어구들로 말이다. 예컨대 "나는 세상의 빛이다", "나는 생명의 빵이다", "나는 부활이요 생명이다", "나는 길이요, 진리요, 생명이다", "나는 아브라함이 태어나기 전부터 있었다"[2]는 어구들이 그렇다. "나는 ~이다" 투의 자기 정체성에 대한 선언은 요한복음의 다른 구절들—"아버지께서 내 안에 계시고 또 내가 아버지 안에 있다", "나를 본 사람은 아버지를 보았다", "나와 아버지는 하나이다"[3] —에 의해 강화된다. 제4 복음서는 예수의 정체성과 목표, 메시지, 예수에 대한 적절한 반응을 한 마디로 이렇게 요약한다. "하나님께서 세상을 이처럼 사랑하셔서 외아들을 주셨으니, 이는 그를 믿는 사람마다 멸망하지 않고 영생을 얻게 하려는 것이다."[4]

또 대중적 이미지는 신약성서가 형성된 이후, 수 세기에 걸쳐 이룩된 기독교 신학 사상과 경건에 그 뿌리를 내리고 있다. 교회의 신조들은 그런 발전을 표현한다. 사도신경은 예수를 "하나님의 독생자, 주님이시고 성령으로 잉태하여 동정녀 마리아에게 나셨고, 본디오 빌라도 치하에서 고난당하시고 십자가에 달리시고 죽으시고 장사 되시고 사흘 만에 죽은 자들 가운데서 부활하셨고, 하늘에 오르시어 산 자들과 죽은 자들을 심판하러

---

2 요 9:5; 6:35; 11:25; 14:6; 8:58.
3 요 10:38; 14:9; 10:30.
4 요 3:16.

오실 분"으로 선포하고 있다. 니케아 신조는 예수를 "하나님의 독생자, 세상 창조 이전에 아버지가 내신 분, 신 중의 신, 빛 중의 빛, 참 신 중의 참 신, 만들어지지 않은(즉, 창조되지 않은) 분, 아버지와 하나의 실체"로 지칭한다. 거기서 예수의 목표는 매우 간명하게 기술된다. "예수는 우리 인간을 위해, 우리의 구원을 위해 하늘에서 오신 분 그리고 우리를 위해서 본디오 빌라도에 의해 처형당하신 분"이다.

중세를 거쳐 오늘에 이르기까지, 예수가 신적인 구원자요 주님이라는 이미지는 서구의 예배, 사상, 예술과 경건 생활을 지배했다. 기독교 역사는 이 이미지가 역사적 인물인 예수의 모습을 묘사하고 있음을 인정했다. 이런 이미지가 기독교적인 상상 속뿐 아니라 우리 문화 전반에 깊이 뿌리를 내리고 있다는 것은 결코 놀라운 일이 아니다. 기독교인이든 아니든 사람들은 그 이미지를 공유한다. 그들을 서로 갈라놓는 것은 이 이미지가 아니다. 기독교인이든 비기독교인이든 사람들은 그 이미지를 사실로 믿고 있다.

성서학을 통한 대중적 이미지의 몰락

대중적 이미지는 분명히 광범위하게 수용되었다. 그러나 대중적 이미지는 —죽음 이전의 역사적 예수는 어떤 인물이었느냐는 질문에 대한— 역사적인 예수의 이미지로는 적합하지 못하다. 사실 그것은 심각한 오해를 불러일으킨다. 대중적 이미지가 적합하지 못하다는 견해는 많은 사람(교회를 다니는 사람들을 포함해서)을 놀라게 하는 것일 수는 있지만, 주류 신약학의 기반이 되는 결론이다.[5]

이 결론은 지난 두 세기에 걸쳐 —대부분은 기독교학자들에 의해 이루어진— 신약성서에 대한, 꼼꼼한 연구에서 나온 것이다. 학문적 영역에서 대중적 이미지가 몰락하게 된 가장 중요한 요인은 요한복음에 나타난 예수상(the portraits of Jesus)과 다른 세 복음서(마태, 마가, 누가복음)안에 나타난 예수상 사이의 첨예한 대조다. 세 복음서는 많은 유사성이 있어서 총칭하여 '공관共觀'('함께 보다'라는 그리스어 어근에서 나옴)복음서라고 알려져 있다. 요한복음은 전혀 다르므로 별개의 것으로 보아야 한다.

우리가 이미 보았듯이 요한복음에 나오는 예수는 자기 자신의 고귀한 정체성과 목표에 대하여 자주 그리고 공공연하게 말했다. 그러나 공관복음서는 전혀 다른 모습을 보여준다. 지금까지 대부분 학자에 의해 복음서 중에서 제일 먼저 기록된 것으로 인정받고 있는 마가복음에서 예수는 결코 자신의 고귀한 정체성에 대해서 선포하지 않는다. 그것은 그의 공적인 가르침과 설교에 포함되지 않는다. 마가가 전하는 이야기에서 자신의 정체성에 대한 예수의 침묵은 다른 등장인물들이 보여주는 침묵과 조화를 이룬다. 사실 예수가 누구인가에 대한 예수와 다른 사람들 간의 의견 교환은 두 번뿐이었다. 그 두 번도 사적이지, 공적인 것은 아니었다. 그리고 그 두 경우도 공생애의 마지막이 가까웠을 때의 일이었다.6 전반적으로

---

5 주류 교파의 신학교에서 가르치고 있는 성서에 대한 접근방법이 성서학의 주된 흐름이다. 이것은 신약성서에 역사적인 방법을 적용한 결과로써, 신약성서를 하나님에 의해 과오 없음을 인정받은 신성한 문서라기보다는 인간적인 문서로 다루고 있다. 17세기에 시작되어 19세기와 20세기에 와서 더욱 촉진된 이 방법은 이제 기독교의 주요 교파(예를 들면 가톨릭, 장로교회, 감리교회, 그리스도의 교회, 그리스도의 제자교회, 성공회, 루터교회 그리고 일부 침례교회) 신학교에서 가르치고 있는 성서접근 방식이다.

6 두 개의 사건이 막 8:27-30과 14:53-65에 보도되고 있다. 첫 번째는 예수와 제자들이 예루살렘으로 마지막 여행을 시작하기 바로 전, 예수와 제자들만이 있었던 곳에서 베드로가 이렇게 말했을 때이다. "당신은 그리스도이십니다"(막 8:29; '그리스도'는 히브리어의 '메시아'에 해당하는 그리스어로서 '하나님의 기름 부음을 받은 이'라는 뜻이다). 마가복음에서 예수의 추종자가 처음으로 예수를 고귀한 호칭으로 부르고 있는 이 장면은 요한복음의 첫 장에서부터 세례 요한과 예수의 제자들 몇몇이 예수에게 하나님의 어린 양, 하나님의 아들, 메시아(그

마가복음은 '메시아 비밀'(the Messianic secret)에 의해 지배되고 있다. 마가가 예수를 메시아로 믿었던 것이 분명하다 해도, 예수가 메시아라는 사실은 공생애 동안에는 비밀이었다. 간단히 말해 마가복음에서는 예수 자신의 정체성과 그의 죽음의 구원사적 목적에 대한 선포는 예수의 메시지가 아니었다. 예수는 자신을 선포하지 않았다.

과거에 요한복음과 마가복음 사이의 근본적인 차이가 드러났을 때, 역사적으로 중대한 '양자택일의 문제'가 학자들에게 제기되었다. 역사적 예수가 공공연하게 자신의 신적 정체성과 구원의 목표를 선포했는지(요한복음), 그렇지 않았는지(마가복음)의 문제였다. 단도직입적으로 말해, 예수는 끊임없이 자신의 정체성을 선포할 수도 없었고, 또 그러지도 않았다. 이렇게 해서 질문은 "예수에 대한 어떤 이미지가 역사적 예수에게 더 근접할 것인가, 요한복음인가 아니면 마가복음인가?"가 되었다. 최근 학자들이 제시한 일반적인 대답은 '마가복음'이다.7 이 대답으로 말미암아 역사적 이미지로서 대중적 이미지의 기반은 사라져 버렸다. 자신이 하나님의 아들이며 세상의 죄를 위해 죽으러 왔다고 가르치는 사람으로서 예수 이미지는 역사적으로 진실이 아니다.

리스도), 이스라엘의 왕과 같은 최고의 호칭을 붙여 주고 있는 요 1:29-51과 첨예한 대조를 보인다. 놀랍게도 베드로의 고백에 대해 예수는 제자들에게 이 사실을 아무에게도 말하지 말라고 당부했고(8:30), 제자들은 이것을 부활 때까지 지켜야 했다(막 9:9을 보라). 그러므로 마가복음에서는 예수도 그의 제자들도 공생애 기간 중 예수의 정체성을 드러내지 않았다.

7 이러한 대조는 1797년 Johann Gottfried Herder에 의해서 처음 개진되었다. 2권으로 된 David Friedrich Strauss의 책 *Life of Jesus*(1835)의 영향으로 그것은 예수 연구의 기초적인 결론 중 하나가 되었다. 마가복음을 요한복음보다 더 역사적이라고 하는 이유는 매우 단순하다. 명백하게 자기 자신을 선포하지 않았던 예수(마가복음)로부터 자신의 정체성을 명백하게 선포하고 있는 한 인물(요한복음)로의 신학적인 발전을 설명하는 것이 더 용이하고 이로써 역추적의 과정이 설명될 수 있다는 것이다. 만일 예수가 요한복음이 보도하고 있는 것처럼 지속적으로 자신의 정체성을 선포했다면 어떤 동기에서 마가와 같은 초대 기독교인 저자는 예수가 자신이 누구인지에 대해서 설교하지 않았다고 말할 수 있었을까?

마가에게 돌아간 역사적 판정승은 요한이 역사적이지 않다는 암시와 함께 일부 기독교인들에게는 당혹스러운 것이다. 사실 나 역시 그 말을 처음 접했을 때 그랬다. 요한복음과 또 거기에 나온 예수 이미지는 내가 기독교인으로서 믿어야 했던 것들의 핵심으로 보였다. 내가 처음으로 배운 성구는 유명한 3장 16절이다. "하나님께서 세상을 이처럼 사랑하셔서 외아들을 주셨으니…." 예수가 이런 말을 한 적이 없고 자신을 신성한 인물로 선포하지도 않았다는 의견은 우리를 당황하게 한다. 더욱이 그것은 요한복음이 예수의 사역에 대한 '잘못된' 보도임을 암시하면서 요한복음을 무가치한 것으로 만드는 것처럼 보인다. 어떤 의미에서 그것은 사실이다. 대체로 요한복음은 역사적 예수에 대한 자료의 근거로 사용될 수 없다. 하지만 이런 자각은 요한복음을 무가치하게 만들기보다는 우리에게 요한복음이 무엇인가를 더 명확하게 볼 수 있게 해준다. 요한복음은 역사적 예수의 전기(傳記)가 아니라, 기독교인들의 체험 속에서 부활하시고 살아계신 그리스도에 대한 기록이다. 요한복음은 부활 이후 몇십 년간 기독교 공동체의 체험으로부터 나왔다. 그 공동체 속에서 예수에 대한 역사적인 전승들은 초기 기독교인들의 끊이지 않는 부활 예수 체험에 의해 완전히 변형되었다. 요한복음은 교회의 변모한 기억이다.

이들 기독교인은 자기들의 체험 속에서 예수를 어둠으로부터 자신들을 건져주셨던 세상의 빛으로, 자신들을 영적인 음식으로 기르셨던 생명의 양식으로, 자신들의 몸속에 흐르고 있는 포도주로 그리고 자신들을 새 이름으로 인도하셨던 길과 진리로 이해했다. 그래서 요한은 이 모든 것, 즉 빛, 빵, 포도주, 길과 진리, 육신 되신 하나님의 말씀으로 예수를 묘사한 것이다. 요한복음에 나오는 예수에 대한 주목할 만한 주장들은 살아 있는 그리스도의 실재와 성격에 대한 유력한 증언이다. 그런 주장들은 예수의 자기 선언이라기보다는 부활 이후 초대교회의 체험으로부터 흘러나온 것이다. 그리고 그런 주장의 신실함은 그때부터 줄곧 기독교인들의 체험에 입증된다. 요한복음은 이미 2세기 말엽의 교부 알렉산드리아의 클레멘스가 말했듯이 '영적인 복음서'(the spiritual gospel)이다. 요한복음은 기독교인들의 영성 생활에서 차지하는 그리스도의 의미에 관해 말하고 있다.[8]

요한복음에서 참(true)인 것은 대체로 대중적 이미지에서도 참이다. 이 둘은 나중에 기독교인들의 확고한 믿음을 투영한 결과물이며, 기독교인들이 수 세기 동안 그리스도를 살아 있는 신적 실재로서 체험한 데에 근거하고 있다. 부활하셔서 살아계신 그리스도는 신적인 특성이 있다. 즉 그는 '참 신 중의 참 신'(very God of very God)이요, 아버지와 하나이신 분 그러므로 무소부재無所不在하신 분, 전지전능全知全能하신 분이다. 그러나 이런 말들은 부활한 예수에 대해서는 참일지 몰라도, 역사적 예수에 대해서는 참이 아니다. 역사적 인물 예수가 '어느 곳에나 다 계시지' 않았다는 것은 분명하다. 늘 어떤 특정한 장소, 예를 들어 나사렛, 길 위, 예루살렘 같은 장소에 있었다. 마찬가지로, 주목할 만한 능력이 그로부터 흘러나온 것은 사실이나 ―나중에 보겠지만― 그가 '모든 것을 할 수 있는' 사람이 아니었다는 것은 복음서마저도 인정하고 있다.[9] 또한, 우리는 예수가 '모든 것을 알고 있었다'라고 가정할 수도 없다. 그는 1세기 유대인으로서 자기의 문화와 경험이라는 정황 속에서 지식을 쌓았을 것이고, 그 시대 사람들과 많은 신념을 공유했을 텐데, 그중에는 오늘에 와서 오류로 판명한 세계관도 포함되어 있다. 하나님 우편에 앉아 계신 부활한 예수는 하나님의 특성 모두를 공유하고 있다. 그러나 역사적 예수는 그렇지 않았다.

신성을 예수에게 투영시키는 것은 아주 오래된 일이다. 이런 경향은

---

8 요한복음에 대한 문헌들은 무수하게 많다. 뛰어난 입문서로는 Robert Kysar, *John: The Maverick Gospel* (Atlanta: John Knox, 1976) 참조.

9 한 예로 막 6:5을 보라.

신약성서에서만 볼 수 있는 것이 아니다. 소위 '외경 복음서'라고 알려진 문서에서 그런 점이 특히 두드러졌다.10 거기서 예수는 이미 갓난아이 적부터 초인적 지식과 힘을 가졌던 것으로 그려진다. 예를 들어, 구유에 누운 예수가 어떤 동물을 가리키면 그 동물은 말을 하게 된다. 이집트로 가는 여행에서 아직 어린아이였던 예수는 용龍을 죽이고 부모를 구해낸다. 다섯 살 때 예수는 진흙으로 새를 빚어 생명을 불어넣는다. 이렇게 벌어지는 일들은 부활하신 그리스도께서 신적인 분이라는 체험적인 지식이 깊은 숙고 없이 인간 예수에게 투영된 것임이 분명하다.

이런 경향은 현대사회에서도 계속되고 있다. 몇 년 전 잘 알려진 부흥사 한 사람은 예수가 세계에서 가장 위대한 운동선수였을 수도 있다고 가정하고서, 예수가 1마일을 얼마나 빨리 달릴 수 있었나를 계산해 보기도 했다. 약간 낯설어 보이는 이러한 생각 이면에는 예수가 신적인 존재로서 초인적인 힘을 가지고 있었다는 생각이 자리 잡고 있다. 그러나 예수가 신적 초영웅超英雄(superhero)이라는 진술은 역사적인 사실과 아무 관계도 없다. 예수는 신적인 존재로서 단지 인간인 것처럼 보였을 뿐이라고 보는 대중적 이미지는 비역사적일 뿐 아니라, 초대교회에 의해서도 이단 선고를 받았다.11

요약하면, 신적인 혹은 신과 유사한(semi-divine) 존재로서 예수 이미지

---

10 외경 복음서들은 교회가 생겨나고 처음 몇 년 동안 초대 기독교인에 의해 쓰인 복음서들로 신약성서에 들지 못한 것들이다. E. Hennecke와 W. Schneemelcher의 *New Testament Apocrypha* (Philadelphia: Westminster, 1963, 1965) 참조.

11 이 이단은 가현주의(假現主義, docetism)라고 알려져 있으며 '나타나다' 혹은 '처럼 보이다'라는 뜻의 그리스어 doko에서 나온 말이다. 가현주의는 비록 예수가 인간의 모습으로 나타났으나 실제로는 하나님이셨다고 주장한다. 역설적인 것은 최초의 이단사상들 중 하나를 여전히 많은 사람—기독교인이건 아니건 간에—이 정통 기독교의 입장이라고 생각하고 있다는 사실이다.

는 예수가 스스로 신적인 구원자로 보았으며, 이 세상의 죄를 사하기 위하여 죽으려고 했으며, 이것을 선포하는 것을 자신의 주요 메시지로 삼았다는 것인데, 이것은 역사적으로 참이 아니다. 오히려 이 이미지는 초대교회에 의해 형성된 혼합의 산물이다. 즉 예수에 대한 교회의 기억과 부활한 예수에 대한 교회의 믿음이 혼합된 것이다. 전자는 후자가 제공하는 창窓을 통해서 볼 수 있다. 그들은 예수를 '믿음의 눈', 즉 부활과 부활 이후의 빛 속에서 기억했다.

이 혼합은 자연스럽기도 하고 타당성이 있기도 했다. 이런 혼합은 주로 어떤 신앙 공동체가 자신들의 지속적인 체험의 빛 속에서 그 공동체의 창시자를 회상할 때 일어난다. 이것은 신앙 공동체가 기독교인들의 삶 속에서 예수가 어떤 분인가에 관해 말하고 있다는 점에서도 타당성이 있다. 더욱 이 이미지는 수 세기 동안 수백만 기독교인들의 삶에 자양분이 되었다. 그러나 만일 우리가 원하는 것이 역사적 예수에 대한 사리에 맞는 명확한 이미지라면, 역사적인 방법을 이용하여 나중에 생겨난 교회의 믿음을 초대 기독교 문헌에서 발견한 예수 전승들로부터 분리하도록 해야 한다. 만일 우리가 예수의 '정체성', '선교', '메시지'에 대한 질문에 역사적으로 대답하기를 원한다면, 먼저 대중적 이미지가 제시한 대답은 제외해야 한다.

이 모든 것은 신학교에 다녔거나, 주류 교회(mainstrean church)의 신학대학에 다녔던 사람들에게는 이미 진부한 이야기다. 또한, 어떤 특정 종파에 속해 있지 않은 대학에서 종교 수업 과정을 이수한 사람들 대부분에게도 역시 친숙한 이야기이다. 그러나 아직 그런 이야기들은 우리의 문화권 안과 교회 내에 있는 많은 ―아마 대부분의― 사람들에게는 전혀 새로운 것이다. 정통 성서학이 역사적 예수에 대해 설득력 있고, 대안적인 이미지를 만들어내지 못했기 때문이다. 20세기 전반에 신약성서 신학을 지배했던 이미지는 예수를 이상하고, 별로 중요치 않은 인물로 보이게 만들었다.

예수에 대한 중요한 학문적 이미지

대중적 이미지가 역사적인 것은 아니라는 성서학 분야의 인식이 '역사적 예수 탐구'로 이어졌다.12 만일 역사적 예수가 자신을 메시아, 혹은 하나님의 아들, 세상 죄를 위해 죽은 신적인 구원자로 선포하지 않았다면— 만일 그런 것이 예수의 목적이나 가르침의 내용이 아니었다면— 도대체 그는 어떤 사람이었으며, 예수의 사명, 메시지는 무엇이었나? 20세기의 탐구가 이 질문들에 대해 매우 다양한 대답을 내놓았지만, 두 가지 특색이 주류 성서학의 주된 강조점으로 떠올랐다.

역사적 회의의 증가

첫째로 우리가 위에서 제기한 질문들에 어느 정도 개연성을 가지고 대답을 할 수 있는가에 대한 회의가 증가했다. 이런 회의는 복음서의 기원에 대한 더 세심한 연구, 특히 양식 비평(form criticism)과 편집 비평(redaction criticism)에서 나왔다.

20세기의 학계는 요한복음뿐만 아니라 공관복음서 역시 초대교회의 체험과 신앙을 반영하고 있다는 사실을 밝혀냈다. 1차 세계대전 이후에

---

12 역사적 예수의 탐구라고 알려진 신학적, 역사적 운동의 시작은 보통 Hermann Samuel Reimarus(1964-1768)가 쓴 논문들이 익명으로 그리고 유작으로 출간된 1778년으로 잡는다. 이 글은 H. S. Reimarus의 "예수와 제자들의 의도에 관하여"로 알려져 있으며, C. H. Talbert가 편집하고 R. S. Fraser가 번역한 *Fragments* (Philadelphia: Fortress, 1970), 59-269이다. 1900년까지의 탐구역사를 위해서는 무엇보다도 Albert Schwitzer의 *The Quest of the historical Jesus* (New York: Macmillan, 1968)(처음에 독일에서는 1906년에 출간, 영어로는 1910년 번역) 참조, 21세기를 포함한 논문으로는 John Hayes, *From Son of God to Superstar* (Nashville: Abingdon, 1976)을 보라.

등장한 양식 비평은 예수에 대한 전승들이 기록되기 이전, 즉 구전의 형태로 회자하던 30년 남짓한 기간 동안 어떻게 모양을 갖추게 되었는가를 연구했다. 2차 세계대전 이후 크게 발전한 편집 비평은 마태, 마가, 누가복음 속에 나타난 개별적인 문헌들을 분석해낼 뿐만 아니라, 복음서 하나하나가 어떻게 개별 본문들을 다루었는지 주의 깊게 비교했다. 편집 비평은 복음서가 각각 특정 공동체를 위해 저술된 특정 저자들의 작품이라고 보면서, 복음서 기자들 자신이 의도한 의미에 관심을 집중시켰으나 복음서 이면의 역사에는 관심을 두지 않았다.

양식 비평과 함께 편집 비평은 예수의 말씀이나 이야기들이 초대교회의 시각에서 형성되었다는 사실을 한층 더 명확히 밝혀냈다. 양식 비평과 편집 비평의 도움으로 우리는 복음서 기자들과 초대 기독교인이 구전 단계에서 형성된 각각의 자료들을 어떻게 자신들의 필요와 목적에 맞게 이용했는지를 알게 되었고, 역사적 예수에 대한 정보 자료로서 복음서를 사용하는 것이 어떠한 문제를 가졌는지에 대해 더 잘 알게 되었다.

텍스트의 세밀한 연구에 의해 불붙은 역사적 회의주의에 부채질을 한 것은 학자들의 다양한 예수 그리기이다. 예수를 하나님의 종이요 아들로 보는 순진한 전통적 견해로부터 시작해서, 예수를 정치적 혁명가로, 임박한 종말을 기대했던 사람 혹은 급속히 성장하는 밀교의 중심인물로 보는 견해에 이르기까지 여러 견해가 서로 각축을 벌이게 되었다.13 저마다 객관적·역사적 방법에 근거하고 있다고 주장하는 이런 다양한 견해는 우리가 예수에 대해서 많은 것을 알 수 없으며, 그렇기에 누구든지 자기가 원하는 예수의 모습—논리적으로는 아무 문제가 없는—을 구성하는 것이 가능

---

13 다양한 표현들에 대한 연구로는 특별히 Hayes의 *From Son of God to Superstar*와 John Bowman의 *Which Jesus?* (Philadelphia: Westminster, 1970) 참조.

하다는 생각을 뒷받침해 주었다. 그래서 신중한 학자들은 역사적 예수에 대한 탐색을 피하는 경향을 보였다. 실제로 20세기 중반은 예수 연구사에서 질문 폐기(no quest)의 시대로 기술되고 있다.[14]

우리가 직접 알 수 있는 것이라고는 초대교회의 설교(케리그마)[15]에서 선포한 그리스도뿐이라는 사실이 널리 인정되었다. 케리그마의 배후로 들어가려는 모든 시도는 사람들을 극도로 주관적인 사유에 빠져들게 한다. 그러므로 역사적 예수에 대한 지식을 얻는다는 것은 매우 어렵고 신학적으로도 부적절한 것처럼 보였다.

이미지 그 자체: 종말론적 예언자 예수

역사적 회의주의의 강세는(약간은 일관성이 없지만) 예수에 대해 알 수 있는 것이 거의 없다는 것을 수긍하는 데까지 이르렀다. 표현은 저마다 달라도 주류 학계에서는 주목할 만한 의견 일치가 있었다. 예수의 정체성과 메시지 그리고 선교에 대한 질문에 내려진 대답은 모두가 하나의 예수 이미지에서 파생한 것인데, 이 이미지는 지난 60여 년 동안 대부분의 학자 사이에서 당연한 것으로 받아들여졌다.

점증하던 역사적 회의주의는 예수 자신의 정체성에 관한 하나의 합의

---

14 한 예로 W. Barnes Tatum의 *In Quest of Jesus* (Atlanta: John Knox, 1982) 63-97에 요약한 예수 연구사를 보라.
15 케리그마는 설교(preaching)를 뜻하는 그리스어로서, 예수에 대한 부활절 이후 초대교회의 메시지를 가리키는 전문용어가 되었다. 복음서의 목적은 본질의 케리그마적인 것이지 역사적인 것이 아니라는 것과 복음서가 어떠한 역사를 포함하고 있든 간에 그것은 철저하게 교회의 케리그마에 의해서 완전히 덧칠되었다는 것이 자주 강조되고 있다. 질문 폐기 시대의 학자들은 케리그마의 배후로 들어가려는 시도가 거의 불가능할 뿐 아니라, 신학적으로도 불필요하다고 단언했다.

를 이루어냈다. 예수가 스스로 특별히 고귀한 정체성을 가진 사람—메시아 혹은 하나님의 아들—으로 생각했는지 우리가 알 수 없는 이유는 바로 자료들의 성격 때문이다. 우리가 복음서에서 그러한 구절들을 찾는다 할지라도(우리가 가진 초기 자료에는 거의 없다), 신중한 역사학자들은(비록 그 사람이 기독교인이라 할지라도) 그런 구절들은 부활 사건 이후 예수를 따르던 사람들의 시각이 공생애 기간에 투영된 것이라는 의심을 품고 있다. 그런 것들은 신학적으로는 참일 수 있다. 다시 말해, 그런 구절들은 부활 사건 이후 교회에서 예수가 어떤 존재가 되어갔나를 적절하게 보여준다. 하지만 그런 구절들을 공생애 시기에 하신 말씀에 대한 정확한 역사적 진술로 받아들일 수는 없다. 마찬가지로 '세상 죄를 사하기 위해 죽는 것'이 예수의 목적이자 의도였다고 말하고 있는 진술(역시 초기 자료에는 상대적으로 거의 없는 표현)들도 마찬가지이다. 그러므로 신적인 구원자로서의 역사적 예수 이미지—이에 따르면 예수 역시 자기가 그런 사람이라고 인식하고 있었으며, 그의 선교는 그 목적을 완성하는 것이다—는 사라져 버린다. 예수의 자의식과 그가 지향했던 삶의 목적은 그의 메시지에서 찾아내야지, 자신이 누구인지에 대해 예수가 직접 말했다고 여겨지는 진술들로부터 찾아낼 수 없다.

우리는 예수의 메시지와 선교에 관한 연구로 도출한 합의를 토대로 예수가 종말론적 예언자들 가운데 하나였다는 것, 아니 더 나아가 —다른 종말론적 예언자들의 모형이 되는— 바로 그 종말론적 예언자(the eschatological prophet)였다고 추론할 수 있다. 이 말은 자세히 분석해 볼 필요가 있다. 종말론(Eschatology)은 신학의 한 분과로서 '마지막 때' 세상의 끝, 최후의 심판, 영원한 왕국의 여명黎明 등을 다룬다. 종말론적 예언자란 마지막을 알리는 사람이다. 예수가 오시기 얼마 전부터 유대 전통에 서 있던 어떤 사람들이 모세와 같은, 아니 모세보다 더 위대한 인물—이 사람은 마지막 때가 오기 직전에 나타날 것이다—을 대망하고 있었다는 증거들이 있다. 예수가 종말론적 예언자였다는 말은 예수가 스스로 마지막 때의 예언자로 보았다는 말이며, 그의 생전에 보게 될 세상의 종말과 너무 늦기 전에 회개해야 한다는 절박함을 선포했다는 말이다. 그것이 예수 메시지와 선교의 핵심이었다.

예수가 종말론적 예언자였다는 합의된 이미지는 '하나님 나라'가 예수 메시지의 핵심이라는 주장에 근거하고 있다. 그래서 마가는 자신의 복음서 첫머리에 그 책의 내용 전체를 미리 요약하여 "하나님 나라가 가까웠으니 회개하고 복음을 믿으라!"[16]고 말하고 있다. 그러나 합의된 이미지는 하나님 나라라는 말의 특정한 해석에도 의존하고 있다. 즉 하나님 나라라는 말은 종말론적으로 이해할 수 있으며, 우리가 세상의 종말로 알고 있는 세속 역사에 종지부를 찍을 '최종적인' 나라를 가리키는 것으로 이해할 수 있다.

예수와 하나님 나라에 대한 종말론적 이해는 우선 20세기 초에 나온 알버트 슈바이처(1875~1965)의 저작 속에 뿌리를 내리고 있다.[17] 그는 세계적인 의료 선교사로, 노벨상을 수상한 현대의 성자로 우리에게 아주 친숙하다. 그뿐 아니라 그가 아프리카로 떠나기 전, 청년 시절에 쓴 빛나는 저서 두 권은 이후의 20세기 예수 연구에 결정적인 역할을 했다.[18] 슈바이처는

---

16 막 1:15. 이 구절은 마가복음에서 예수가 한 것으로 알려진 첫 번째 말이요, 그의 취임 연설(inaugural address)이다. 아마도 마가는 이 구절로 예수의 메시지와 선교를 함축적으로 드러내려 했을 것이다. 이것은 "무엇이 예수 선포의 핵심인가"에 대한 마가의 대답이었다.

17 슈바이처에게 가장 큰 영향을 미친 사람으로 Johannes Weiss가 자주 인용된다. 그의 책 *Jesus' Proclamation of the Kingdom of God*은 R. H. Hieers와 D. L. Holland에 의해 편집되고 번역됐다(Philadelphia: Fortress Press, 1971; 독일에서 1982년에 초판 출간, 제2판은 1990년).

18 그의 *The Mystery of the Kingdom of God*(New York: Schocken Books, 1964, 원래는 1901년 독일어 초판)과 *The Quest of the Historical Jesus* 참조.

모든 세속 역사에 종지부를 찍을 인자(the Son of man)에 관한 진술들 그리고 하나님 나라의 도래에 대한 진술들과 복음서의 저변에 흐르고 있는 위기 요소들을 환기하면서, 예수는 이 사건들이 곧 일어날 것으로 기대했으며, 자기 죽음도 종말을 가져오기 위한 결정적 역할을 하는 것으로 보았다고 주장했다. 그러나 예수는 잘못 판단했다. 즉 종말은 오지 않았으며, 그는 아마도 죽으면서 자신의 판단이 잘못된 것임을 깨달았을 것이다.19

비록 슈바이처의 저작이 나왔을 때 세상을 온통 떠들썩하게 했고, 아직 그것을 처음 듣는 많은 사람에게는 생소한 것으로 다가왔더라도, 예수를 종말론적 예언자로 보는 그의 기본적인 예수 이미지는 학자들 사이에서 점점 일치된 견해가 되었다. 그것은 세부 사항 몇 가지를 제외하고는 독일 신약학의 지배적인 이미지가 되었으며, 독일 학계의 영향을 받은 대부분의 북미 학계에서도 마찬가지였다.20 사실 많은 학자는 예수가 미래의 하나님 나라뿐만 아니라 현재의 하나님 나라에 대해서도 언급했다는 것을

---

19 그러나 슈바이처에게, 예수 이야기는 거기에서 끝나지 않는다. 슈바이처는 예수에 대한 자신의 논문을 결론지으면서, 여전히 우리에게 말씀하고 계신 영적인 그리스도에 대해 감동적으로 말했다. 이것은 20세기 신학에서 가장 유명한 말로 평가받는다. "그분은 우리에게 알려지지 않은 어떤 분으로, 이름도 없이, 그 옛날 호숫가를 거니시듯 우리에게 오신다. 그분은 그분을 알지 못했던 사람들에게 오셨다. 그분은 우리에게 똑같은 말씀을 하신다. '나를 따르라.' 그리고 우리 시대에 그분이 성취하여야 하는 과제들을 우리에게 맡기신다. 그분은 명령하신다. 그리고 그분은 똑똑한 자든지 무식한 자든지 그분에게 순종하는 사람들이 그분과 사귀면서 거쳐야 하는 온갖 수고와 갈등과 고난 속에서 자기를 드러내신다. 그리고 형언할 수 없는 신비로서 계시하신다. 그들은 자기 자신의 체험 속에서 그분이 누구인지를 배우게 된다"(Quest, 403).

20 이것은 20세기 전반에 걸쳐 가장 영향력 있는 신약 신학자라고 주장할 만한 Rudolf Bultmann(1884-1976)의 글 속에서 그리고 지난 30년 동안 예수에 대해서 쓰인 학술서로서 가장 광범위하게 읽은 Günter Bornkamm의 *Jesus of Nazarth* (New York: Harper, 1960; 원본은 1956년 독일에서 출판됨) 속에서 그리고 Norman Perrin의 초기 저작에서 다양한 형태로 발견된다. 특기할 만한 사실은 C. H. Dodd로 대표되는 영국의 학계는 이러한 의견 일치에 반대했다는 것이다.

인정하면서도 미래에 임하는 하나님 나라를 지속해서 강조했다. 따라서 예수가 이 세상의 종말과 회개의 절박성을 선포한 사람이라는 이미지는 계속 존재하게 되었다.

가톨릭 신학자 한스 큉이 쓴 예수에 대한 논문은 이런 합의를 단적으로 나타내 주고 있다. 큉이 쓴 베스트셀러『왜 그리스도인인가?』(*On Being a Christina*)의 핵심 부분에는 역사적 예수에 대한 아주 긴 항—책의 절반가량인 육백 페이지에 이르는—이 있다.21 큉이 신약학자가 아닌 조직신학자라는 바로 그 이유 덕분에 그러한 합의에 대한 예증이 될 수 있는 이 논문은 신약학의 합의에 대한 그의 이해에 근거하고 있다.22 복음서 자체가 가지고 있는 열정의 일부를 잘 파악하고 있는 힘 있는 문구들과 예리한 통찰들로 가득 차 있는 큉의 이야기 전체를 관통하고 있는 것은 '자기 대에 세상의 종말을 기대했던 사람으로서 예수상'이다.

비록 예수를 종말론적 예언자로 보는 학문적 이미지가 비교적 제한된 사람들에게만 알려졌다 해도, 그 이미지는 주로 성직자들을 상대로 하는 교육을 통해 교회의 행태에 영향을 끼쳐왔다. 주류 교단의 신학교 학생들은 수십 년 전부터 대중적 예수 이미지가 비역사적이라는 것을 배우고, 나아가서 예수에 대한 두 가지 사실을 근본적으로 배워왔다. 그 하나는 예수에 대해서 많이 알 수 없다는 것이다. 둘째는, 우리가 알 수 있는 것은 약간 충격적이면서 교회의 삶에는 대개 중요하지 않다는 것이다. 자기 대에 세

---

21 Hans Küng, *On Being a Christian* (Garden City, New York: Doubleday, 1984), 원본은 1974년 독일에서 출판됨.
22 큉이 인용한 자료들이 보여주듯이, 그에게는 그 의견 일치가 거의 배타적으로 독일 학계에 기반을 두고 있다. 이미 알고 있는 바와 같이, 독일 학계(적어도 최근까지)는 20세기 성서학을 주도해 왔다. 하나님 나라 연구에 대한 Bruce Chilton의 최근 연구 *The Kingdom of in the Teaching of Jesus* (Philadelphia: Fortress, 1984)를 보면, Chilton은 하나님 나라가 종말론적으로 이해되었던 세기 중반에 도달한 의견 일치에 대해 말하고 있다.

상의 종말이 올 것으로 기대했고, 그 종말이 가까웠으므로 사람들에게 회개를 촉구했던 인물로서의 예수 이미지는 기독교의 설교나 가르침에는 그렇게 적합하지 않다. 나는 "이 본문은 예수께서 그 시대에 세상의 종말을 바라고 계셨음을 보여줍니다. 즉, 예수님이 틀리신 겁니다. 하지만 어쨌거나 우리가 이 본문을 어떻게 이용할 수 있는지 살펴보도록 하겠습니다"라는 설교를 한 번도 들어본 적이 없다.

역사적 인물로서 예수상像에 대해서는 주류 교단의 성직자들 사이에 이상한 침묵이 감돌고 있다. 예수에 대한 기독교의 설교는 아직 대중적 이미지가 역사적이라고 생각하고 그 이미지를 자신 있게 선포하는 사람들에게 맡겨져 있다. 주류 교단의 성직자들이 예수에 대해 설교를 할 때는 자연스럽게 케리그마, 초대교회의 예수에 대한 메시지를 강조하는 경향을 보였고, 정작 예수 자신에 대해서는 그렇지 못한 실정이다. 대중적 이미지가 아직도 그렇게 큰 위세를 떨치고 있는 것은 당연하다. 그것은 기독교인들에게 어떤 설득력 있고 불가항력적인 대체 이미지가 떠오르지 않았기 때문이다.[23] 사람들에게 알려진 것은 비역사적인 이미지로, 어떤 사람들은 그것을 믿고, 어떤 사람들은 믿지 않는다.

그러므로 20세기 예수학의 두 가지 큰 흐름—역사적 회의와 종말론적 강조—은 역사적 예수의 관심을 주변적인 것으로 만들었다. 역사적 예수가 어떤 사람이었는지는 이해하기 어려울 뿐만 아니라 신학적으로도 중요하지 않다는, 즉 오늘날 우리에게는 의미가 없다는 —교회에 속해 있는 사람이든 그렇지 않든 간에— 생각이 만연해 있다. 슈바이처는 그것을 솔직하게 말했고, 이후 많은 신약성서 학자는 본질적인 면에 있어서 거기에 동

---

[23] *The Christian Century*에 실린 필자의 논문 "The Historical Jesus and Christian Preaching"(8월 28일-9월 4일, 1985), 764-767.

의했다. 역사적 예수는 중요하지 않다고.24

 이러한 입장에는 어떤 진실이 있다. 역사적 예수에 대한 지식이 본질적인 것은 아니다. 기독교인이 되기 위해서 꼭 정확한 역사적 지식을 가져야 하는 것은 아니다. 복음서에 나타난 예수의 모습을 '액면 그대로' 역사적인 사실이라고 받아들였던 사람들 세대는 예수에 대해서 역사적으로는 옳지 않은 신념을 가졌던 것이지만 그것이 그들의 믿음과 신앙에 해가 되지는 않았다. 기독교를 이루고 있는 근본적인 내용은 역사적 예수에 대한 정확한 신념을 가지는 것이 아니라, 살아계신 그리스도와 관계 맺는 일이다.

 그러나 역사적 예수가 어떤 인물이었는가 하는 것도 기독교 신앙에 결코 무의미하지는 않다. 비록 그에 대한 역사적 지식이 필수적인 것(sine qua non)은 아니라 하더라도 말이다. 교회 안에는 성자들의 삶이 도덕적으로 발전시켜 놓은, 즉 교훈적이고 지침이 될 수 있는 오랜 전통이 있다. 적어도 역사적 예수는 이러한 이유에서는 의미가 있다. 그가 역사적으로 어떤 인물이었는가 하는 것은 성 프란치스코나 간디, 디트리히 본회퍼의 삶만큼이나 흥미로운 것이 사실이다. 이 책의 나머지 부분의 목적은 예수가 어떤 면에서 중요한가를 밝히고 대안적 예수 이미지를 그려내는 것이다.

---

24 Rudolf Bultmann이 만들어 낸 유명한 경구를 보자. 문제가 되는 것은 오직 예수의 daβ (thatness)이지, 예수의 was(whatness)가 아니다. 즉, 신학적으로 문제가 되는 것은 예수가 존재했다는 사실(that Jesus was)이지, 예수가 무엇이었나(what Jesus was)가 아니라는 것이다. 예수 삶의 사실들(facts)은 신학적으로는 의미가 없다. 불트만의 입장이 일반적으로 지지를 받고 있지는 않지만 독특하고 영향력이 있다.

제삼의 이미지를 향하여

최근 신약성서 연구의 몇 가지 업적이 예수에 대한 역사적 이미지를 향한 길을 터주고 있다.

첫째, 예수를 종말론적 예언자로 보는 학문적 이미지 속에는 큰 결함의 조짐이 있다. 예수가 세상의 종말을 기대했다는 사실에 대한 합의가 사라졌다는 사실은 매우 중요한 점이다. 예수가 그 세대에 세상의 종말이 오리라고 기대했다고 생각하는 학자는 이제 거의 없다.[25]

합의가 결렬된 데는 몇 가지 요인이 있다. 특히 '오시는 인자'에 대한 언급—이것은 예수가 세상의 임박한 종말을 기대했다는 주장의 중심적인 토대이다—은 믿을 만하지 못하다는 확신이 점점 증가하고 있다. 즉 그것은 예수에게 소급되는 것이 아니라 초대교회의 산물이라는 것이다.[26] 더

---

25 1986년 봄, 필자는 현재 활동 중인 예수 연구자들, Robert Funk에 의해 발기한 예수 세미나의 회원들 그리고 성서학회 역사적 예수분과 회원들 72명에게 설문지를 만들어 우편으로 보냈다. 대상자 중 두 그룹은 현재의 주류 학계를 공정하게 대표하고 있다. (두 부류로 나누어져 있는) 응답해 온 사람들의 59%가 예수는 자기 세대에 세상의 끝을 기대하지 않았다고 생각했다. 여기서 주목해야 하는 것은 그 학자들 모두가 북아메리카 출신이라는 사실이다. 독일학자들로부터 얻은 설문 결과는 여전히 독일에서는 과거의 의견 일치가 존재하고 있음을 보여준다고 나는 생각한다. 설문지 자체의 내용과 상세한 결과들을 참조하려면 Society of Biblical Literature 1986 Seminar Papers(Atlanta: Scholars Press, 1986)에서 출판된 "A Temperate Case for a Non-Eschatological Jesus", 521-535과 예수 세미나에서 실린 Foundation and Facets Forum 제2권, 제3번(1986. 9) 81-102, 특별히 98-100을 보라. 똑같은 설문지를 1986년 10월 노트르담에서 있었던 예수 세미나의 국제 모임에서 돌렸고, 그 결과는 훨씬 더 결정적이었다. 39명의 학자가 투표했는데, 예수가 자기 시대에 세계의 종말을 기대했다고 생각하는 학자는 9명이었고, 30명은 그렇게 생각하지 않았다.

26 앞의 주에서 언급된 논문들에 덧붙여, The Glory of Christ in the New Testament (Oxford: Oxford University Press, 1987)에 실린 나의 다른 논문 "An Orthodoxy Reconsideed: The 'End-of-the-World Jesus'", 207-217과 필자의 저서 Conflicts, Holiness and Politics in the Teaching of Jesus (New York and Toronto: Edwin Mellen Press, 1984), 221-227을 보라.

욱이 만일 예수가 세상의 임박한 종말을 기대했다면 그것은 '하나님 나라'라는 말에 종말론적인 의미가 아닌 다른 의미가 부여한 결과이다. 합의가 무너짐으로 다음과 같은 물음이 가능해졌다. "만일 예수가 종말론적 예언자가 아니었다면 그리고 마지막이 가까웠음을 선포하여 회개를 촉구하는 것이 예수의 사명과 메시지가 아니었다면, 도대체 그는 어떤 사람이었으며, 그의 목표와 선포는 무엇이란 말인가?"

둘째로 지난 십 년간은 역사적 예수 연구의 르네상스였다. 20세기 중반을 지배했던 '질문 폐기'의 시대는 새로운 관심을 향한 길을 터주었다.[27] 많은 인접 학문(특히 사회과학, 인류학, 종교학)에 의해 제공된 사회 · 종교행태 연구에서 비롯된 총괄적 통찰과 모델에 대한 신선한 강조에 부분적으로 도움을 받아, 최근의 연구는 문학과 역사적인 방식에만 한정된 좁은 관점—전통적인 연구의 특징—을 넓히려 한다. 어떤 학자가 말했듯이 "간(間)학문적(interdisciplinary) 탐구가 막 시작되었다."[28]

---

[27] 최근 몇 년 동안 출판한 역사적 예수 혹은 그와 관련된 주제들(예를 들어, 1세기 팔레스타인의 사회적 배경)을 다룬 수많은 책 말고도 두 기구가 발족한 것이 (예수 연구의) '르네상스'의 시작이었다. 주류 성서학자들을 위한 주요 전문 기관인 성서학회에서는 1981년에 새로운 협의회가 구성되었고, 1983년에는 역사적 예수 연구에 전념하는 공식적 '분과'가 되었다. 1985년에는 Robert Funk 교수가 'The Jesus Seminar'를 창설하였다. 이 단체는 지금 예수에 대한 전승들을 조사하는 일을 맡은 백 명 이상의 '연구원'으로 구성되어 있다. 예수 세미나는 학술계에서뿐 아니라 공식 매체에서도 이미 상당한 국가적 관심을 끌고 있다. 1985년부터 출판하기 시작한 저널 *Foundation and Facts Forum*을 보라.

[28] Bernard Brandon Scott이 1984년 12월, 시카고에 있었던 성서학회 역사적 예수분과 총회 자리에서 했던 말이다. 신약성서 연구에 있어서 이러한 급속도의 발전에 대한 서지학적인 논문들로는 Paul Hollenbach, "Recent Historical Jesus Studies and the Social Sciences," *Society of Biblical Literature 1983 Seminar Papers* (Chicaco, CA: Scholars Press, 1983), 61-78; Bruce Malina, "The Social Sciences and Biblical Interpretation," *Interpretation* 36 (1982), 229-242, Philip Richter, "Recent Sociological Approaches to the Study of the New Testament," *Religion* 14 (1984), 77-90; Robin Scroggs, "The Sociological Interpretation of the New Testaments," *New Testament Studies* 26 (1980),

마지막으로 20세기 예수 연구의 대체적인 특징이었던 극단적 회의가 감소하려는 조짐이 있다. 비록 복음서가 전적으로 역사적인 기록이 아니며, 예수에 대한 모든 이야기가 초대교회에 의해 생성된 것이 사실이라 할지라도, 고대古代의 어떤 인물에 대해서 알 수 있는 것만큼 우리도 예수에 대해서 알 수 있는 것이다.29 비록 우리가 직접 그리고 정확하게 예수가 하신 말씀 그대로를 얻을 수 있다고 확신하기는 어렵더라도 그가 어떤 유형의 말씀을 하셨는지, 그가 베푼 가르침의 주요 내용, 요점은 무엇인지를 비교적 확실하게 알 수 있다. 또한, 우리는 그가 행한 일들—치유, 소외된 이들과의 유대, 열두 제자를 신중하게 선택한 것, 이스라엘을 향한 사명, 소명의식으로 가득 찬 마지막 예루살렘 여정—이 어떤 종류의 것이었나를 확인할 수 있다.

앞으로 보게 되겠지만 우리는 그가 어떤 사람이었는지를 비교적 확연하게 알 수 있다. 그는 카리스마적 존재로서 병 고치는 자였고, 현자賢者요 예언자였으며, 재활성화 운동(revitalization movement)의 창시자였다. 우리는 예수가 한 것으로 되어 있는 특별한 말들이 과연 정확하게 예수가 한 것인가 하는 물음에 마음을 빼앗기지 말고, 위에서 언급한 모든 것을 결합하여 대체로 만족스러운, 역사적으로도 크게 공격을 받지 않는 예수의 초

164-179을 보라. 또한, 이 주제에 몰두하고 있는 Semeia 시리즈 책들을 보라: John H. Elliott, ed., *Semeia 35: Social Scientific Criticism of the New Testament and Its Social World* (Decatur, GA: Scholars Press, 1986).

29 어떤 면에서, 하나의 역사적인 시도로서 역사적 예수 탐구는 역사적 시저 탐구나 역사적 붓다 탐구와 다르지 않다. 비록 우리가 이런 인물들에 대해 그들을 존경했던 공동체에 의해서 보존된 전승들을 통해서만 알고 있다 할지라도, 우리는 그들에 대해서 아무것도 모른다고 결론짓지는 않는다. 역사적 예수에 대해 우리가 가진 자료들도 또한 그렇게 볼 수 있다. 분명히 예수에 대한 자료들에는 '신학적인 덧입힘'이 있다. 그것은 그의 궁극적인 지위에 대한 초대교회의 신념 때문이다. 그러나 그렇다고 해서 역사적인 지식이 불가능한 것은 아니다.

상相像을 그려낼 수 있다.30

이 책에서 그리고 있는 예수상은 두 개의 중요한 범주를 중심으로 형성되었다. 제1부는 예수와 영(Spirit)의 관계를 다룬다. 제2부는 예수와 문화와의 관계를 다룬다. 영과 문화를 두 개의 주요 원리로 선택한 것은 임의로 한 것이 아니다. 이 두 가지야말로 예수 삶의 중심적인 실재이기 때문이다. 그는 영적인 세계와 집중적으로 아주 생생한 관계를 맺었으며, 사람들은 이 '다른 실재'를 신성한 것, 거룩한 것, 다른 세계, 혹은 그저 하나님이라 불렀다. 이 관계야말로 그의 권능과 가르침, 그의 자유와 용기, 자비의 원천이었으며 그 시대의 문화에 대한 그의 긴급한 선교의 원천이기도 했다. 예수에게 문화는 기본적으로 그와 함께 살아가는 사람들의 역사적 삶이었고, 1세기 팔레스타인의 사회적 세계(social world)였다. 그는 이 사회적 세계와 깊이 연관되어 있었다. 예수는 그 안에서 살았고, 어느 정도는 그 세계의 아들이었을 뿐 아니라 그 사회적 세계의 형성과 방향을 진지하게 고민했다. 예수는 급진적으로 그 세계를 비판했고, 현재의 모습이 초래할 역사적 결과에 대해 경고했으며, 대안적 전망과 조화를 이루는 변혁을 추구했다. 영의 사람 예수는 자신이 살았던 사회적 세계의 변혁을 추구했다.

영과 문화 외에도 다른 네 개의 주요 범주가 있다. 이 네 가지는 '종교적인 인성 유형'(religious personality types)이라 할 수 있는데, 이스라엘 역사뿐만 아니라 다른 문화권에서도 잘 알려진 것들이다. 문화에 따라 명칭의

---

30 대개 20세기의 방법론적 회의주의는 애초에 예수의 말들(saying), 특별히 기독론적인 의미하는 말들(즉, 직·간접적으로 예수의 궁극적 지위에 대한 진술을 하고 있는 말들)로부터 나왔다. 그러나 이 말씀들을 평가하는 데 따르는 역사적 난점들을 오히려 예수에 대한 모든 역사적 지식에 전형적인 것으로 취급하는 것은 건전한 역사적 판단을 넘어서는 것이다. E. P. Sanders, *Jesus and Judaism* (Philadelphia: Fortress, 1985), 3-13(이정희 역, 『예수운동과 하나님 나라』, 한국신학연구소, 1997)과 A. E. Harvey, *Jesus and the Constrainsts of History* (Philadelphia: Westminster, 1982), 5-10의 빈틈 없는 방법론적 언급들을 참조.

차이는 있겠지만 '카리스마적인 치유자', '현자', '예언자', '재활성화 운동의 창시자'가 그것이다. 카리스마적이란 용어는 여러 가지 의미를 지니고 있고, 그중 어떤 것은 오해를 불러일으킬 수도 있다. 가장 기본적으로 이 말은 영의 힘과 접촉하고 있는 사람이요 영적인 힘이 일상적인 경험의 세계로 들어오도록 하는 통로가 되는 사람이다.31 모든 문화권에 알려진 현자(sage)는 가르치는 사람이다. 그들은 삶의 도道를 가르쳐주는 현명한 사람들이다. 예언자는 다른 세계의 마음과 뜻을 알아서 그것을 다른 사람들에게 알려준다. 끝으로 재활성화 운동 창시자는 어떤 전통에 서 있으면서도 그 전통이 초기의 형태로 되돌아가거나 더욱 근본적인 형태로 변화할 것을 요청하는 사람이다. 우리는 이제부터 예수가 이 모든 범주에 속하는 인물임을 보게 될 것이다.

이러한 범주를 통해 부여된 시각에서 예수에 대한 전승들을 봄으로써 우리는 그를 역사적인 인물로서 아주 명확하게 볼 수 있을 것이다. 그뿐 아니라 현대 문화와 교회에 있어 그의 비범한 중요성을 알게 될 것이다. 그는 우리에게 실재를 보는 전혀 다른 방법을 제공해준다. 즉, 현대의 비전에 비해서 더욱 폭넓은 실재와 현대의 모델과는 첨예하게 대립하는 인간 존재의 모델을 제공해주는 것이다.

그러므로 예수는 영적이면서 지적인 인물이기에 중요하다. 실제로 그는 우리가 인정하고 있는 많은 것에 도전한다. 예수를 따른다는 것이 의미하는 바를 따라 제자로서의 삶을 살고자 하는 기독교인들에게는 예수가

---

31 이 용어의 의미는 다른 두 개의 상식적인 의미와는 구별해야 한다. 이 말은 오늘날 교회 안에서 통속적으로 사용되어 때때로 방언의 은사를 받는 것과 동의어가 되었다. 그런 용법은 너무 협소한 것이다. 이 용어는 영으로 충만한 사람을 가리킨다고 하는 것이 적절하다. 그런 사람은 방언으로 말할 수도 있고, 그렇지 않을 수도 있다. 또 이 용어는 세속 문화 속에 널리 퍼져 있는 두 번째 의미, 즉 비범하게 사로잡는 인물, 혹은 자력(磁力)과 같은 호소력을 가진 인물(정치권이나 연예계에서 자주 쓰이는 것처럼)을 가리킬 때와도 구별해야 한다.

어떤 사람이었는가 하는 것은 스쳐 지나가는 관심사 이상이다. 어떤 의미에서 예수를 따른다고 하는 것은 '그와 같이' 되는 것이고, 그가 신중하게 받아들였던 것을 신중하게 받아들이는 것이다. 이 책은 일차적으로 역사적 연구이긴 하지만, 예수라는 인물이 여러 세대의 기독교인에게 의미가 있었다는 것을 인정하고 있다. 또 예수가 교회 생활과 문화생활 속에서 지속적이고도 결정적으로 중요성을 갖고 있음을 확신하고 있다. 이러한 확신을 마음에 담고 이 책은 예수의 비전, 즉 우리에게 대안적 삶의 비전을 제시하는 통찰들을 밝히려 노력할 것이다.

I부
예수와 영

2장 _ 맥락: 유대교의 영으로 충만한 가슴
3장 _ 예수의 영으로 충만한 체험
4장 _ 영의 힘: 예수의 능력 있는 행동

2 장
맥락: 유대교의 영으로 충만한 가슴

내가 이십 대 중반의 젊은 교사였을 때, 나보다 나이가 많은 한 동료가 현대 신학을 '바람 빠진 타이어' 신학이라고 부르곤 했다. "모든 프뉴마 pneuma가 빠져버렸다"라는 것이다. 그가 한 말의 아이러니는 '프뉴마'라는 말의 이중성 때문이다. 그리스어 프뉴마는 공기 또는 영이라는 뜻이다.[1] 나는 그의 요점을 이해했다. 그러나 내가 그의 말에 동의했는지는 모르겠다. 내게는 현대 신학이 하나의 즐거움이었다. 현대 신학은 통찰력 있고, 도전해 오는 맛이 있고, 해방하는 힘도 있었다.

지금도 나는 현대 신학을 교회와 문화를 위한 큰 값어치를 지닌 보물이라고 생각한다. 그러나 나 역시 그 동료의 말이 그때나 지금이나 타당성이 있다고 본다. 그것은 신학 일반에 대해서 뿐 아니라, 성서학과 역사적 예수 연구라는 특별한 부문에도 마찬가지다.[2] 학계에서는 예수와 영적 세계

---

1 나는 그가 바르트를 인용했거나, 바르트의 말을 약간 다르게 표현했으리라고 믿는다. 그런 말이 바르트의 출판된 저서 어딘가에 나와 있는지, 아니면 그저 일화적인 이야기인지는 모르겠지만.

2 "Embarrassed by God's Presence", *The Christian Century* (January 30, 1985), 91-100에 실린 Stanley Hauerwas와 William Willimon의 탁월한 진술 참조. 그들은 현대 교회와 현대 신학에는 우리 시대의 '실용적 무신론', 즉 가시적인 것 너머에는 어떠한 실재도 없다고

의 관련이 거의 신중하게 다루어지지 않고 있다.3 그래서 예수가 말한 것, 때로는 예수의 행적에 관심이 쏠려 있을 뿐, 예수가 누구였는가 하는 물음에는 관심이 거의 없다시피 하다.

역사적으로 예수는 유대교의 카리스마적 전통에서 영으로 충만한 사람이었다. 그것이 예수를 역사적 인물로 이해하는 열쇠가 될 것이다. 예수의 존재, 가르침, 행위 등 모든 것이 영의 세계에 대한 체험에서 흘러나왔다는 점은 매우 중요하다.

'영의 세계'

'영의 세계'라는 개념은 현대사회에서는 모호하고 어려운 개념이다. 이 개념으로써 우리가 일상적인 경험을 통해 볼 수 있는 세상 이외에, 현실의 다른 차원, 다른 층(layer), 수준을 상상할 수 있다. 비물질적이긴 해도 실재로서 이해할 수 있는 이 '다른 세계'의 개념은 현대의 사유 방식과는 동떨어진 것이다. 현대의 세계관 혹은 '실재상實在像'은 실재를 단순히 일차원적이고 가시적인 물질의 영역만으로 보고 있다.4 이러한 현대 문화 속에서 자라

하는 관찰 방식과 삶의 방식이 만연해 있다고 주장했다.

3 여기에는 물론 예외도 있다. 나는 그 예외들의 덕을 봤다. 과거 10년 동안 두 개의 연구가 돋보였다. Geza Vemas의 *Jesus the Jew* (New York: Macmillan, 1973)는 예수와 동시대의 유대교의 카리스마 전통을 다루고 있다. 그리고 J. G. Dunn의 *Jesus and the Spirit* (Philadelphia: Westminster, 1975)는 예수와 영의 관련에 있어서 의미 있는 문서들과 전승들에 대한 학문적 연구이다.

4 현대의 세계관(혹은 Weltanschauung—영어로 쓴 책에서조차 자주 등장하는 독일어)을 주제로 한 많은 책 중에서 내가 특별히 유용하다고 생각하는 책은 W. T. Stace, *Religion and the Modern Mind* (Philadelphia: Lippincott, 1952)와 Huston Smith의 *Forgotten Truth: The Primordial Tradition* (New York: Harper& Row, 1976)이다.

난 우리 모두에게 자연스럽게 깊이 스민 이 세계관은 우리를 또 다른 실재에 대해서 회의적으로 만들었다. 우리 시대의 대부분 사람이 어떤 다른 실재를 믿기 위해서는 믿음이 필요하다. 여기서 믿음이란 다른 쪽에서는 의심스러운 '그것'을 확언하는 것으로 이해할 수 있다.5 영의 세계는 우리가 인정한 실재 이해의 한 부분도 아니고, 우리의 세계관의 일부도 아니다.

그러나 다른 실재, 즉 영의 세계라는 개념은 실로 우리 이전의 모든 문화권에서 공유하고 있던 자산으로, 우리가 '태고의 전통'(primordial tradtion)이라 불러왔던 것들로 구성하고 있다.6 문화 형식의 다양성 속에서, 실제로 문화가 존재하는 곳마다 이런저런 형태로 등장하면서, 이것은 거의 문화적 보편성이요, 현대 이전의 온 인류의 일치된 분위기였다. 여기에서는 두 가지 주장이 핵심적이었다.

첫째로, 우리에게는 일상적인 의식 작용(그리고 현대과학)을 통해 드러나 있는 가시적 물질세계 이외에 또 다른 실재의 경지, 에너지나 힘으로 가득 차 있는 비물질적인 제2의 세계가 있다는 것이다. 실재를 두 개의 차원으로 나누어 성聖과 속俗, 거룩한 것(누미노제)과 세속적인 것, 하나님과 '이 세상' 등으로 다양하게 표현할 수 있다.7 가장 중요한 것은 용어의 특별

---

5 여기서 그 점을 상세히 발전시킬 계제는 아니지만, 신앙이라는 용어는 현대에 와서 희미한, 그러나 결정적인 의미 변동을 경험했다. 많은 사람에게 있어서 지금 신앙이란 하나님의 존재를 믿는 것이다. 예전에는 하나님이 존재한다는 사실(that)을 믿기 위해서 신앙을 취하지는 않았다. 거의 모든 사람은 그걸 당연하게 여겼다. 오히려 신앙은 어떤 사람의 하나님께 대한 관계―그가 하나님을 신뢰하느냐의 문제―와 관련이 있었다. 존재할 수도, 안 할 수도 있는 어떤 것을 믿는 것으로서의 신앙과 하나님을 신뢰하는 것으로서의 신앙 사이의 차이는 엄청나다. 전자는 머리의 문제(matter of the head)이고 후자는 마음의 문제(matter of the heart)이다. 전자는 한 사람을 변화시킬 수 없으나, 후자는 한 사람을 본질을 변화시켰다.
6 이 문구는 Huston Smith의 *Forgotten Truth*에서 나온 것이다. 같은 저자의 *Beyond the Post-Modern Mind* (New York: Crossroad, 1982)도 볼 것. 다른 학자들은 똑같은 기본 이해를 발전시켰다. 그러나 나는 Smith의 태고의 전통이라는 문구는 그 개념에 대한 그의 설명만큼이나 특별히 계발적이고 도움이 된다는 것을 발견했다.

한 선택이라기보다는 다른 차원 혹은 실재의 여러 차원에 대한 개념이다. 더욱이 다른 세계—영의 세계—는 '이 세계'보다 더 생생하게 인식된다. 실제로 다른 실재는 이 세계의 원천, 근원이다.

둘째로, 이것은 매우 중요한 주장인데, 이 다른 세계는 단순히 신앙의 대상이 아니라 경험 요소이기도 하다는 것이다. 즉, 다른 실재에 대한 개념은 그 근원을 사물의 근원에 대한 과학 이전의 사유나 죽음에 대한 원시적인 공포 혹은 보호 본능에 두고 있는 것이 아니라, 인류의 종교체험에 두고 있다.[8] 그것은 단순히 믿음의 대상일 뿐 아니라, 앎의 대상이기도 하다.

이 두 번째 주장을 조금 달리 표현해 보자. 영의 세계와 일상적인 경험의 세계는 완전히 분리된 것이 아니라 여러 면에서 서로 교차점을 형성하고 있는 것으로 보였다.[9] 많은 문화권에서 사람들은 어떤 특정한 장소를 '지구의 배꼽', '두 세계를 연결하는 탯줄'(umbilical cord)이라 불렀다.[10] 어

---

[7] 그 예로 Mircea Eliade, *The Sacred and the Profane* (New York: Harcourt, Brace and World, 1959; 원서는 1956년에 불어로 출판됨)과 Rudolf Otto, *The Idea of the Holy* (New York: Oxford University Press, 1958; 1917년 독일에서 처음 출판됨)을 보라. Otto는 '거룩'에 대해서 언급하는 방식으로 '누미노스'라는 용어를 소개했는데, 이 용어는 정의로운 혹은 순결함을 뜻하는 도덕 용어로서가 아니라 특수한 상황들 속에서 경험되는 압도적인 신비(the mysterium tremendum)를 지시하는 용어로 이해했다.

[8] 이미 언급된 Smith, Eliade, Otto의 작품들 이외에도, William James의 고전적인 연구인 *The Varieties of Religious Experience* (New York: Macmillan, 1961; 1902년 처음 출판)을 보라. James는 종교가 말하는 실재들을 직접 체험하는 종교적 천재들의 경험 속에 있는 어떤 보이지 않는 세계에서 믿음의 근원을 찾는다. 그리고 그가 제2차적인 종교라고 부르는 것, 사람들이 전통을 통해서 얻어내는 믿음들을 이 원초적인 체험과 구별한다. 이 구분은 그의 책 전반에 걸쳐 중요한 요소이지만 특별히 24-25을 보라.

[9] 이런 순간을 가리키는 Eliade의 용어를 빌자면, 그 두 세계는 '테오파니'(신의 현현)와 '히에로파니'(거룩함의 현현) 속에서 교차한다. Otto는 그러한 현상들의 바닥에 깔린 누미노제 체험(즉 거룩의, 라틴어로 '하나님'을 가리키는 누멘의 체험)을 이야기한다.

[10] 예를 들어, 사람들은 그리스의 델포이 신전을 지구의 배꼽, 즉 두 세계를 이어주는 세계의 축(axis mundi)으로 생각했다. 다른 예들을 찾아보기 위해서는 Eliade의 *Sacred and Profane*, 32-47을 보라.

떤 문화권에서는 특별한 역사적 사건들 속에서 이들 두 세계가 교차하는 것에 대해 말하기도 한다. 그러나 '다른 세계'가 우리에게 알려진 모든 문화 속에는 영의 세계와의 일치 및 합일의 체험을 함으로써 그 세계에 들어가거나, 그들에게 직접 다가온 그 세계를 경험하는 사람들이 있다. 이렇게 그 세계를 자주, 생생하게 경험하는 이들은 문화적 다양성 속에서 각각 병 고치는 사람, 예언자, 입법자, 무당 혹은 신비주의자 등의 모습으로 두 세계의 중재자 역할을 떠맡는 경우가 많다. 그런 사람들은 말뜻 그대로 카리스마적 존재들이다. 즉 영의 세계를 직접 알고 있는 사람들이라는 말이다.

성서 전통 속에 나타난 태고의 전통

예수가 살았던 시대의 문화 전통은 태고 전통의 핵심 주장을 당연한 것으로 받아들였다. 그 주장이란, 최소한 두 개의 세계가 존재한다는 것과 인간이 다른 세계를 알 수 있다는 것이다. 영의 세계와 일상적 경험 세계 만남의 이야기는 유대 전통에서 핵심적인 요소이며 실제로 유대 전통 자체가 그것을 구성해 나갔다. 이스라엘의 경전은 그것을 위해 존재했다. 히브리인의 성서는 그들이 '영의 드러냄'이라고 보았던 사건들, 영의 중재자로 드러난 사람들, 영에 의해 부여받았다고 믿었던 율법, 선지자 말씀의 이야기다.

현실에 대한 이런 다각적인 영상이 성서 전반을 흐르고 있다. 창세기를 여는 첫 구절을 눈에 보이는 이 세계가 그 근원을 영(Spirit)에 두고 있다는 것을 보여준다. "태초에 하나님이 천지를 창조하시니라." 여기서 중요한 것은 영을 추상적이고, 현실과 동떨어진, 가상으로 만들어낸 어떤 첫 원인으로 보지 않았다는 점이다.[11] 오히려 영의 세계는 생동적이며 '인격적인'

모습으로 드러나고, 다양한 존재의 형태로 대중들에게 알려진다. 예를 들어, 천사, 천사장, 거룹(cheribum), 스랍(seraphim) 등으로 말이다. 그 모든 것들의 중심에 하나님이 계시고, 사람들은 그분께 자주 아버지, 어머니, 임금, 목자, 애인 등과 같은 인격적인 호칭을 붙였다. 물론 불, 물, 빛, 영과 같은 비非의인화된 용어들도 사용했지만 말이다.

이런 표현들을 어떻게 받아들여야 하느냐의 문제는 결코 쉬운 일이 아니다. 다른 세계에 관한 언어들은 은유적이거나 비유적일 수밖에 없는데, 그 이유는 간단하다. '이 세계'와는 너무나 다른 실재와 에너지에 의해 구성된 다른 세계를 말하는데 눈에 보이는 이 세계의 언어들을 사용해야 하기 때문이다. 어떤 것을 전달하려 할 때 우리는 일상적으로, 혹은 일상의 세계에서 도출해낸 이미지를 통해 알고 있는 것을 가지고 비유할 수밖에 없다. 그래서 하나님이 아버지, 어머니, 임금, 목자, 불과 같은 분이 된 것이다. 하나님은 글자 그대로 그런 존재인 것은 아니다. 그 언어가 은유적이라고 해서 현실도 그런 것은 아니다.

더욱이 이 다른 세계라는 것이 글자 그대로 어딘가에 있는 것도 아니다 통속적으로 상상하는 것처럼, 하늘 어딘가에 있는 것도 아니다. 하나님을 하늘에 계신 분이라고 말하지만, 하나님 그리고 영의 세계가 문자 그대로 어딘가에 있는 것은 아니라는 것을 그 전통은 명백하게 해주고 있다. 전통에 의하면 하나님은 오히려 어디에나 계신 분이다. 약간 전문적이지만 신학 용어를 빌자면 성서 전통이 전하는 하나님은 내재(무소부재, 편재)하시

---

11 이것이 현대 세계에서 '창조주 하나님'이라는 개념의 뜻이 되었다. 17세기의 이신론자들에게서 시작된 이 하나님 개념은 주로 만물의 근원을 설명하기 위한 지적인 가정으로 사용하기 시작하였다. 문화적으로 회고해 볼 때, 이러한 발전은 서구의 인텔리 문화가 종교적 세계관을 극복하고(혹은 종교적 세계관으로부터 타락하여—관점에 따라서 달라짐) 세속적인 세계관을 받아들이는 과정의 한 부분으로 볼 수 있다.

는 분이시면서 동시에 초월적인(어떠한 특정 사물과도 동일시될 수 없고, 모든 사물을 다 합친 것도 아닌) 분이다. 어디나 계신, 내재하시는 하나님과 영의 세계는 우리 모두를 둘러싸고 있으며, 포함하고 있다. 하나님이 어디 있다기보다는, 우리와 이 세상에 존재하는 모든 것들이 하나님 안에 있다.[12] 보통은 이런 실재를 의식하지 못할 뿐이지 우리는 모두 영의 영역 안에 살고 있다.[13]

성서에 나타난 두 세계의 중재자

이스라엘은 영의 세계가 있다는 것을 확신했다. 영의 세계는 여러 면에서 '이 세계'와 교차한다. 이를테면 역사적으로는 이집트 탈출과 포로 귀환과 같은 이스라엘 역사의 중심적인 사건 속에서, 제의적으로는 이 세계를 다른 세계와 연결해 주는 지구의 배꼽으로 믿었던 예루살렘 성전에서, 개인적으로는 일반 백성들의 신앙적이고 영적인 체험들 속에서, 특히 모세나 다른 예언자들과 같이 영으로 충만한 중재자들에게서 말이다. 역사적

---

[12] 구약성서도 신약성서도 무소부재라든지 초월과 같은 추상적인 용어를 전혀 사용하지 않는다. 그러나 그러한 주장은 분명히 존재한다. 하나님의 무소부재성을 지적하고 있는 고전적인 구약성서 본문은 시 139:7-10; 왕상 8:27; 사 6:3("온 땅에 그의 영광이 가득하다")이다. 요한복음의 첫 부분에 나오는 로고스 편재론은 "우리는 하나님 안에서 숨 쉬고 움직이며 살아간다"는 행 17:28의 말씀(누가가 기꺼이 바울에게 돌린)이 취하는 것과 똑같은 방향을 가리키고 있다. 하나님은 어떤 곳에 계시는 것이 아니다. 우리가 그분 안에서 살고 있다.

[13] Smith의 Forgotten, 21을 보라: "(태고 전통의) 더 높은 차원들은 글자 그대로 어디엔가 있는 것이 아니다. 그것들은 우리의 일상적인 의식에는 접근할 수 없는 존재의 지각 안에서만 지각될 수 있다" 혹은 The Varieties of Religious Experience에 나오는 William James의 말을 조금 바꾸어 말하자면, 우리가 이 다른 세계와 분리되는 것은 단지 의식의 가장 얇은 막에 의해서이다. 특별히 305, 331, 335, 401을 보라.

예수 이해에 있어서 가장 중요한 것은 영으로 충만한 중재자들의 전통이다. 창세기의 족장, 즉 이스라엘 선조들의 이야기로부터 시작해서 성서는 시종일관 그런 인물들의 이야기를 중심에 두고 있다. 아브라함은 비전을 보고 하늘의 사자들을 대접했다. 야곱은 두 세계를 이어주는 계단 위로 천사들이 오르락내리락하는 비전을 보았다. 후에 그는 "여기가 바로 하늘로 들어가는 문이다" 하고 외쳤다. 또 다른 세계로 들어가는 입구라는 것이다.14 성서의 마지막 책에 등장하는 요한의 비전도 유사한 이미지로 시작한다. "내가 보니, 하늘에 문이 하나 열려 있었는데…."15 성서 이야기의 처음과 끝에 드러난 진실은 이스라엘 전통에 나타난 위대한 인물들에게도 역시 진실이었다.

성서의 처음 다섯 권(모세오경)은 이스라엘 역사의 핵심 인물이자 '창건자'라 할 수 있는 모세에게 집중되어 있다. 신명기 마지막 부분에 있는 짤막한 사망 기사에 의하면 모세는 '여호와께서 대면하여 아시는 자'였다. 탈출기에 의하면 모세는 반복해서 하나님의 산(두 세계를 연결하는 상징)에 올랐으며 거기서 하나님의 법을 받아 백성들에게 '신적인 말씀'으로 전해 주었다. 한 번은 산에서 내려온 그의 얼굴이 그가 만난 거룩한 분의 광채로 빛이 난다고 했다.16 모세오경에서 모세는 시종일관 두 세계의 중재자로서 하나님의 율법 수여자, 영적 세계에서 나오는 힘의 통로, 백성을 대신하는 중보자의 역할을 했다.17

---

14 창 28:17. 다른 세계와의 접촉을 보여주는 족장들의 다른 경험들을 살펴보려면, 창 12:7-9; 15:1-17; 17:1-2; 18:1-33; 26:23-25; 32:22-31을 보라.
15 계 4:1. 이 책의 저자는 우리에게 그 자신이 '영 안에'(1:10) 있을 때 이런 비전을 받았다고 이야기한다. 아마도 그는 잠시이기는 하지만, 비정상적인 의식상태 속에서 다른 세계를 힐끗 들여다보았던 것 같다. 신약성서의 한 부분인 계시록은 물론 히브리 성서에 속하는 것은 아니지만 동일 세계관을 반영했다.
16 출 34:29-35.

다른 세계를 경험하는 것과 중재의 역할을 하는 것은 엘리야나, 고전적 의미의 다른 예언자들을 포함해서 많은 예언자에게도 핵심적인 내용이었다. 엘리야는 모세보다 희미한 인물이기는 하나 유대 전통에서 중심적인 영웅 중 한 사람이었다. 모세처럼 그도 주로 광야에서 생활하였고, 거룩한 산에 체류하면서 신의 현현(하나님 체험, 거룩 체험)을 경험한다. 그에 관한 이야기가 사회정의나 하나님에 대한 신뢰의 문제를 강조하고 있고, 또 그것이 후기 선지자의 특징이기도 했지만, 그는 명백히 '영의 사람'으로 묘사한다. 영 아래서 움직였고, 병을 고쳐주고, 비를 내리게 하는 등 영의 힘이 나오는 통로의 역할을 했다. 삶의 종국에 이르러서는 불 병거를 타고 다른 세계로 갔다.[18]

백 년 후인 기원전 8세기경에 예언자 이사야의 예언 활동은 다른 세계에 대한 압도적인 체험과 함께 시작했다.

> 웃시야 왕이 죽던 해에, 나는 높이 들린 보좌에 앉아 계시는 주님을 뵈었는데, 그의 옷자락이 성전에 가득 차 있었다. 그분 위로는 스랍들이 서 있었는데, 스랍들은 저마다 날개를 여섯 가지고 있었다. 둘로는 얼굴을 가리고, 둘로는 발을 가리고, 나머지 둘로는 날고 있었다. 그리고 그들은 큰소리로 노래를 부르며 화답하였다. "거룩하시다, 거룩하시다, 거룩하시다. 만군의 주님! 온 땅에 그의 영광이 가득하다." 우렁차게 부르는 이 노랫소리에 문지방의 터가 흔들리고, 성전에는 연기가 가득 찼다.[19]

이 지상과 다른 세계를 연결하는 거룩한 장소인 성전에서 이사야는 일

---

17 특히 출 32:7-14 그리고 민 14:13-19을 보라.
18 오경의 대부분 모세와 관계가 있지만, 열왕기에서는 겨우 몇 장만이 이 9세기의 예언자에 대해 말하고 있다. 왕상 17-19; 21; 왕하 1-2.
19 사 6:1-4.

시적으로 다른 세계를 들여다보았다. 세상에서 볼 수 없는 날개 여섯의 생물이 하늘의 보좌 위에 앉으신 하나님을 모시고 있는 광경이었다. 그러나 그가 단순히 다른 세계를 들여다본 것만이 아니라, 어떤 의미에서 '그 안에' 있었다. 그가 그 광경의 참여자가 되었기 때문이다. "그 때에 스랍들 가운데서 하나가, 제단에서 타고 있는 숯을 부집게로 집어 손에 들고 나에게 날아와서, 그것을 나의 입에 대며 말하였다. '이것이 너의 입술에 닿았으니…'"[20]

다른 세계를 들여다본다는 이미지는 약 150년 후 예언자 에스겔의 소명을 묘사하는 장면에서 또 사용되었다. "때는 제 삼십 년 넷째 달 오 일이었다. 그때 내가 포로로 잡혀 온 사람들과 함께 그발 강가에 있었다. 나는 하나님이 하늘을 열어 보여주신 환상을 보았다."[21] 또 다른 경우에 예언자들은 영이 자기들 위에 내려온다고 말했다. "주님의 영이 내 위에 내리셔서…" 혹은 "주 하나님의 영이 나에게 임하셨다."[22] 이사야나 에스겔이 전하는 영의 세계와의 직접적인 만남은 일반적으로 예언자들의 특징이 되었다. 그들은 아는 것과 하나님이 알려주신 것에 대해, 비전을 보는 것과 천상 회의에 참여했던 것에 대해 말했다.[23]

이러한 흐름은 과거 속에 화석화하지 않고 예수 시대에도 계속되었다.

---

20 사 6:6-7.

21 겔 1:1.

22 겔 11:5; 사 61:1.

23 히브리 성서에서 거명되고 있는 영으로 충만한 중개자는 거의 모두 남자이다. 이것은 분명히 고대 이스라엘 종교를 남자들이 지배하고 있었기 때문이다. 제사장, 예언자와 같은 공식적인 종교가들과 현자들은 남자들에게만 제한되어 있었다. 그리고 우리가 아는 한 성서의 저자들은 한결같이 남자들이었다. 이렇게 볼 때, 이 전통이 카리스마적 여성 두 명의 이름— 판관 드보라와 예언자 훌다—을 언급하고 있다는 사실은 주목할 만하다. 가부장제에 의해 지배되었던 다른 문화권에서도, 비록 종교 관리들은 남성들이었겠지만, 영이 특정 성(性)을 선호하는 것 같지는 않다.

예수 이전과 이후의 세기에는 카리스마적인 현상들이 주로 갈릴리에서 활동하던 다수의 거룩한 유대인들에게서 나타났다.24 하나님과의 직접적인 관계, 장시간의 기도와 기도의 효험으로 유명했던 이들 카리스마적 존재들은 백성들을 대표하여 다른 세계에 파송된 이들로서 영의 힘을 중개했는데, 병 고치는 일과, 비를 내리게 하는 일 등이 그것이다. 그들 중 가장 유명했던 원圓 그리는 사람 호니Honi the Circle-Drawer와 하니나 벤 도사Hanina ben Dosa는 그 옛날 영의 사람이었던 엘리야와 비교되었다. 그들은 자기들을 알아보고 두려워하는 악마들을 압도했다. 기원후 1세기 무렵 활동한 사람으로 병을 잘 고치기로 명성이 자자했던 하니나는 멀리 떨어져 있는 사람을 고쳐주기도 했다. 예루살렘에 있던 가말리엘이라는 랍비의 아들이 열병에 걸려 죽을 지경이었는데, 하니나는 거의 160km나 떨어져 있는 갈릴리에서 그 병을 고쳐주었다는 것이다.

이들 카리스마적 존재들은 하나님과 친밀한 관계를 유지했던 것으로 알려져 있었다. 그들 중 일부는 하늘의 음성에 의해 하나님의 아들로 공포되기까지 했다. "전 우주는 나의 아들 하니나에 의해서 유지되고 있다."25 영으로 충만한 전통의 특징인 중재 역할은 신의 아들로서의 언어를 사용했던 호니(기원전 1세기)가 말한 것으로 전해지는 한 발언에서도 드러난다. "우주의 주인이시여, 당신의 아들들이 내게 돌아왔습니다. 이는 내가 당신 앞에서 이미 그 집의 아들이었기 때문입니다."26 '그 집의 아들'인 그를 다른

---

24 예수 시대에 유대교의 '거룩한 사람들'에 관한 연구로는 특별히 Vermas, *Jesus the Jew*, 65-78, 206-213; E. E. Urbach, *The Sages* (Jerusalem: Magnes, 1975), volume 1, 97-123을 보라. 그리고 더 이전의 것으로는 A. Büchler, *Types of Jewish Palestinian Piety* (New York: KTAV, 1968; 1922년 처음 출판됨), 87-107, 196-252를 보라.

25 바빌론의 탈무드에서: B.Taan,24b; B.Ber.17b, B.Hul,86a. 모두 Vermas, *Jesus the Jew*, 206에 인용되었다. Vermas는 랍비 Meir도 '내 아들 Meir'로 불렀다고 기록하고 있다.

26 Mishnah, M.Taan.3.8, Vermas, *Jesus the Jew*, 209에 인용.

'아들들'이 영의 중재자로 보고 찾았다.27

예수가 죽은 후 가장 유명한 추종자였던 사람 역시 영으로 충만한 중재자였다. 1세기 중엽 사도 바울은 영의 세계로 들어갔던 자신의 여행에 대해 이렇게 적었다.

> 나는 그리스도를 믿는 사람 하나를 알고 있습니다(바울은 자신을 가리키고 있다). 그는 십사 년 전에 셋째 하늘에까지 이끌려 올라갔습니다. 그 때에 그가 몸 안에 있었는지 몸 밖에 있었는지, 나는 알지 못하지만, 하나님께서는 아십니다.
> 나는 이 사람을 압니다. 그가 몸을 입은 채 그렇게 했는지 몸을 떠나서 그렇게 했는지를, 나는 알지 못하지만, 하나님께서는 아십니다. 이 사람이 낙원에 이끌려 올라가서, 말로 표현할 수도 없고 사람이 말해서도 안 되는 말씀을 들었습니다.28

여기서 특기할 만한 것은 실재가 몇 개의 층을 이루고 있다고 하는 실재관, 그 안으로 들어간다는 이미지, 그 경험이 몸 안에 있었는지 몸 밖에 있었는지가 불확실하다는 표현, 지금 들어갈 수도 있는 왕국인 낙원에 대한 언급, 이 세상의 언어로는 충분히 묘사해낼 수 없는 실재들로 가득 차 있는 세계의 신성함 등이다. 바울의 회심 사건을 일종의 카리스마적인 체

---

27 그들은 기도할 때 대단한 집중력을 가진 사람으로, 신성한 힘의 중재자로 알려져 있었을 뿐 아니라, 몇 가지 다른 특성들을 공유했다. Vermas는 그들이 상대적으로 제물을 멀리했다고 기록하고 있다. 이것은 아마도 다른 세계가 가진 어떤 실재와 비교해 봤을 때, 이 세상의 소유물들이 하찮아 보였기 때문일 것이다. 이들은 또한 전통적인 율법들을 부당하게 취급하고 있다는 의심을 샀다(예나 지금이나 다른 세계에 대해서 직접적이고 실존적인 의식을 하고 있던 많은 사람처럼). 결국, 갈릴리에만 제한하지는 않았으나, 이들은 크게 보아 하나의 갈릴리 현상(Galilean phenomenon)이었던 것 같다. 예를 들어, 하나는 나사렛에서 16킬로미터쯤 떨어진 갈릴리의 한 마을 출신이었다.

28 고후 12:2-4. 또 고전 12-14를 보라. 여기서 바울은 '영의 은사들'에 대해 말하고 있는데, 그것들 중 몇 개는 영의 세계와의 직접적인 관계를 명백하게 포함하고 있다.

힘으로 이해하는 것이 가장 좋다.29 사도행전에 의하면 바울은 병을 고쳐주는 자로서 영의 세계에서 흘러서 나오는 힘의 통로였다.

그러므로 예수가 속해 있던 흐름—예언자들은 거슬러 올라가 이스라엘의 창건자와 선조들에게까지 소급하는—과 예수로 나온 흐름은 모두 세계를 이어주는 영으로 충만한 중재자들에게 초점을 맞추고 있다. 이 흐름은 그 전통의 근원이었다. 이러한 배경에서 나온 문헌인 히브리 성서와 신약성서는 그 흐름을 중심으로 형성되어 있다. 실제로 여기서 사용된 용어의 특수한 의미에 비추어 볼 때, 성서적 전통의 핵심은 '카리스마'이고, 그것의 근원은 비범한 영적인 힘을 부여받아 다른 세계에 대해서 완전히 개방되어 있던 사람들의 체험이었다.

우리가 보는 방식과의 대립

성서와 아주 친숙한 사람들조차도 다른 세계 체험이 성서에 미친 영향을 의식하지 못하는 경우가 빈번하다. 그것은 다른 영역 혹은 실재의 다른 차원, 두 세계의 중재자에 대한 언급 등이 현재 우리가 사물을 보는 방식과는 전혀 성격을 달리하고 있기 때문이다. 이 장章을 마치기 전에 다시 이 주제로 돌아올 필요가 있다.

현대사회에서 사회화의 과정을 겪은 우리는 현실을 일차원적으로만 이해하는 매우 세속화된 문화권에서 자랐다. 비록 종교적인 세계관의 잔여물이 남아있긴 하지만 현대의 주도적인 세계관은 최근 몇십 년 동안 계속된 과학, 기술혁명에서 나온다. 실재를 단지 이러한 세계관의 틀에서 인

---

29 이것은 사도행전에서 세 번 묘사되어 있다. 9:1-8; 22:6-11; 26:12-18.

식하는 우리에게 실재적인 것이란 물질, 즉 시공의 제약을 받는 가시적인 세계일 뿐이다. 실재적인 것은 궁극적으로 잡동사니들의 미세한 조각들로 이루어졌으며 그것들은 하나같이 우리가 잘 아는 인과법칙과 조화를 이루면서 작용한다. 실재는 일단 물질 그리고 가시적인 세계를 형성하는 데에 영향을 주는 에너지로 구성되어 있다. 한 마디로 단 하나의 세계만이 존재한다는 것이다.

우리는 성장하면서 이런 세계관을 배우고 있다는 것을 거의 의식하지 못했다. '세계관'이라는 주제를 가지고 직접 교육을 받지 않았다. 그러나 그것은 모든 다른 주제들의 전제조건이었다. 게다가 그런 것이 존재하는지, 어떻게 작용하는지 마음속에서 전혀 의식하지 못하는 것이 보통이다. 실재에 대한 근본적인 그림으로서 현대의 세계관은 실재 위에 놓인 하나의 지도와 같은 것이며, 우리의 경험과 이해를 결정짓는다. 우리는 소위 실재적이라는 것에 주의를 기울인다. 이해에 영향을 끼치는 이런 세계관은 지극히 당연한 것으로 우리에게 내면화되어 있으며, 그것은 종교적인 환경에서 자란 사람들 역시 마찬가지다.[30]

실재에 대한 비종교적, 일차원적인 이해는 다른 세계라든가 두 세계의 중재라든가 하는 말을 비실재적으로 받아들이게끔 만든다. 기적적으로 병이 치료되는 일을 인정하면서도 우리는 그것을 정신작용의 영향이 아닌가 생각하는 경향이 있다. 설사 어떤 예외적인 사람들이 무아지경으로 들어

---

[30] 내가 10여 년 동안 대학교와 교회에서 수집한 설문 조사 결과 응답자의 90%가 '과학적으로 설명할 수 없는'(paranormal) 현상의 이야기에 비슷한 답변을 하고 있었다. 그 현상들이란 남아시아나 폴리네시아에서 불타는 석탄 위를 걸었다든가 하는 것으로서 그들은 그런 현상들이 "무엇이 가능한 것인가에 대한 내 생각을 침해한다"라고 응답했다. 무엇이 가능한 것인가에 대한 생각은 실재에 대한 현대의 일차원적인 이해에서 흘러나온 것이고, 그 생각 속에서는 모든 것이 물질적인 세상에서 인과율의 고리에 의해 명백해져야만 한다. 이것은 단순히 우리가 '실재적'이라고 보는 유일한 세상이기 때문이다.

가 또 다른 세상을 체험한다는 사실을 인정한다고 할지라도, 그 비범한 실재 체험을 순전히 주관적인 것으로, 영혼 속의 어떤 내면적인 만남 내지는 환각 작용쯤으로 치부하려는 경향이 우리에게 있는 것이다. 다시 말해 '다른 세계'는 더는 '또 다른 하나의 실재'로서 객관적으로 받아들여지지 않는다. 현대의 이런 사유 틀에서 어떤 사람이 전혀 다른 어떤 실재를 자주, 생생하게 경험한다고 했을 때 그는 정신병자로 취급받을 수밖에 없다.

현대 성서학계마저도 '영'에 관한 문제에 있어서 무엇을 해야 할지 모르고 있는 형편이다. 성서학자는 대부분 현대학문의 범위 내에서 연구작업을 하고 있다. 존경스러운 그들의 저술은 현대 세계관에 대한 신뢰를 전제로 하는 방법론을 차용하고 있다. 대개 8년 이상을 학부와 대학원에서 보내고, 또 여전히 가르치는 일을 하는 우리는 시간을 일 년 단위보다는 십 년 단위로 생각하곤 했다. 과학으로 설명할 수 없는 사건들을 보도하는 텍스트들은 다른 영역에 대한 비전이건 기적에 관한 것이건 대체로 무시하거나, '어떤 것이 가능하다, 실재적이다'라고 생각하는 우리의 사고를 침해하지 않는 방식으로 해석해버렸다.[31] 그러므로 영의 세계에 관한 한 무엇을 해야 할지 모르는 우리는 성서 전통을 역사적으로 연구하는 데에 큰 비중을 두지 않았다.

---

[31] 신약성서를 탈신화화하자는 Rudolf Bultmann의 제안은 바로 이 점에서 주목하고 있다. 불트만은 신약성서의 저자들이 자주 3층의 세계('저 위'의 하늘, '아래'의 지옥, '중간'의 땅)에 관한 언어를 사용하고 있음을 인정하면서, 그러한 언어는 글자 그대로(하늘은 정말로 위에 있는 것이 아니라는 등의) 받아들여져서는 안 된다는 것을 강조하고 있다. 그것은 설득력이 있다. 하늘로 승천하신 예수, 지옥으로도 내려가셨던 예수에 대해 초대 기독교인이 말할 때 글자 그대로 공간 속에서의 상하 운동을 묘사하지는 않았을 것이다. 그러나 불트만이 이런 작업을 계속함으로써 드러난 것은 이 탈신화화는 삼층 세계의 탈문자화(deliteralizing) 뿐만 아니라 영의 세계 자체의 몰락을 내포할 수밖에 없다는 사실이었다. 물론 이것도 역시 현대의 세계관에 들어맞지는 않는다. 특히 그의 논문 "New Testament and Mythology," in H. W. Bartsch, *Kerygma and Myth* (New York: Harper & Row, 1961; 1941년 독일에서 첫 출간), 1-16을 보라.

그러나 다른 세계의 실재는 우리가 신중히 고려할 만한 가치가 있다. 이성적으로나 경험적으로나 추천할 만한 요소가 많이 있다. 현재의 세계관이 실재에 대한 경직된 정의를 내리고 있다는 사실이 그것에 대한 이성적인 반대의 근거가 된다. 현대의 사유 구조는 실재를 알기 위해 인간들이 만들어놓은 수많은 지도 중 하나일 뿐이다. 그것은 역사적으로 가장 최근의 것이며, 우리에게 통제력을 선사했기 때문에 가장 강한 인상을 주는 세계관이다. 그러나 그 세계관은 더 이상 실재에 대한 절대적인 지도가 아니다. 이전의 것들보다 나을 것이 없다. 모든 것은 상대적이며, 특정한 역사와 문화의 산물이다. 그리고 현대의 세계관 역시 이전 것들처럼 다른 사유 구조에 의해 대체될 것이다.

이미 현대 세계관이 실추하고 있다는 징조가 나타나고 있다. 이론과학 분야에서는 대중화된 현대 세계관을 포기하고 있다.[32] 거시적, 미시적 분야에 있어서 실재는 대중적 세계관의 한계를 뛰어넘는 특별한 형태를 보여주고 있다. '낡은 지도'는 뒤에 팽개쳐진다. 물론 이것이 종교적 세계관의 진실을 입증해 주는 것은 아니며, 단지 그것을 거부했던 중요한 토대를 뒤흔드는 것이다. 영의 세계를 거부하고 무시하는 세계관은 상대적일 뿐만 아니라, 그 자체가 이미 거부당하고 있는 과정에 있다. 실재에 대한 일차원적인 이해의 대안은 인간 경험의 역사 대부분을 지지 기반으로 요구할 수 있다. 몇 세기에 걸쳐 서로 다른 문화권에 있던 사람들이 우리들의 일상 체험의 세계보다 더 실재적이고, 더 강렬하고, 더 근본적으로 보이는 또 하나의 영역을 자주 체험했다. 제이의 세계가 실재적이지 않다는 가정에 합리적인 이유가 있는 것도 아니다. 오히려 그것의 실재를 암시하는 경

---

[32] Smith, *Forgotten Truth*, 96-117; Ian Barbour, *Issues in Science and Religion* (New York: Harper & Row, 1971), 273-316; Fritjof Capra, *The Tao of Physics* (Berkeley: Shambhala, 1975)에는 이러한 상황이 잘 요약되어 있다.

험적인 증거가 많이 있다.33

아무튼, 궁극적인 진리가 무엇이냐는 물음과는 별개로, 만일 우리가 유대교 전통의 중심인물을 신중하게 여기고자 한다면 영적 세계의 실재를 신중하게 받아들일 필요가 있다. 다른 세계에 대한 언급들을 거부하거나, 그것을 단지 심리적인 것으로 축소해버리면서 유대 전통과 예수를 이해하려고 하는 것은 현상을 제대로 보지 못하는 것이요, 카리스마적인 중재자들이 경험했고 전했던 것들을 신중하게 받아들이지 않는 것이다. 이것은 우리 시대의 많은 사람에게 의혹을 잠시 멈출 것을 요구했다. 이제 우리는 영의 실재에 대한 예수의 생생한 체험이 지금 우리 문화가 실재를 보는 방식에 철저하게 도전한다는 사실을 보게 될 것이다.

---

33 이에 대한 역사적이고 인간학적인 증거는 아주 강렬하다. 주관적으로 다른 세계에 들어갔다는 진술들이 많이 있을 뿐 아니라, 이 세상에서 과학적으로 설명할 수 없는 사건들이 많이 보도되고 있다. 과학으로 설명할 수 없는 치유의 사건들은 고대나 현대 세계 속에서 압도적으로 확인되고 있다. 천리안(千里眼)도 확인되었고, 심지어 공중부양(空中浮揚)과 같은 괴상한 것들도 합리적인 토대를 제공받았다.

3 장
예수의 영으로 충만한 체험

예수의 역사적 중요성을 감안할 때 그의 공적 활동 기간이 그렇게도 짧았다는 사실은 주목할 만하다. 공관복음서는 그의 사역이 기껏해야 일 년에 불과한 것으로 보도하고 있으며, 요한복음서는 3년 남짓에 지나지 않았다는 암시를 주고 있다. 둘 중 어느 것이 옳은지는 정확히 알 수 없지만 둘 다 예수의 사역 기간이 이상하게도 짧았다는 데는 의견이 같다. 석가모니는 깨달음에 들고 나서 40년을 가르쳤고, 무함마드도 20년 정도 가르쳤다. 유대교의 전통에 따르면 모세는 이스라엘 백성을 40년 동안 인도했다. 하지만 예수의 사역은 짧았다. 마치 순간적으로 번쩍이는 불빛과 같았다. 그러나 밤하늘의 유성처럼 찬란한 불꽃이었다. 그는 어떤 인물이었는가?

예수는 헤롯 1세(기원전 4년 사망)의 시대가 기울어 가고 있던 때에 태어났다. 성인이 되어 사역을 시작하기 이전의 삶에 대해서는 알려진 게 없고 추측만이 있을 뿐이다.[1] 그는 나사렛에서 성장했다. 나사렛은 갈릴리 북

---

[1] 복음서 중 마가복음과 요한복음은 공생애 이전의 예수에 대해서, 심지어 그의 탄생에 대해서도 전혀 말하지 않는다. 마태복음과 누가복음은 그의 탄생과 어린 시절에 대한 보도를 포함하고 있으나 그 형식은 약간 다르다(마 1-2와 눅 1-2를 보라). 더욱이 그 보도는 상징적인 요소를 많이 담고 있다('상징적'이라는 말의 의미에 대해서는 제4장, 87-89를 보라). 상징적 요소

부의 한 언덕 마을로, 지중해에서 내륙 쪽으로 약 32㎞, 갈릴리 바다에서는 동쪽으로 24㎞, 예루살렘에서는 북쪽으로 대략 160㎞ 거리에 있었다. 이웃들은 대체로 그 마을에 살면서 밭에서 일하는 농부들이나, 농경 생활을 꾸려나가는 데 필수적인 소규모 교역에 종사하는 사람들이었을 것이다. 그는 목수였던 것 같기도 하고 아니었던 것 같기도 하다. 목수 혹은 목수의 아들이라는 표현은 유대교에서 학자 혹은 스승을 나타내는 은유적인 의미로 사용되었으니 말이다.2

우리는 예수가 유대 문화 속에서 소년들이 겪는 전형적인 사회를 경험했다고 가정할 수 있다. 유대교 가정에서 자라면서 대략 6살부터 적어도 12살 혹은 13살까지 학교—기초 교육 기관으로 팔레스타인 유대교 안에 널리 퍼져 있던 학교—에 다녔을 것이다. 그의 입문서(primer)는 레위기였던 것 같다. 예수가 그 당시 모든 아이에게 주어진 정규 학교 교육 이외에 토라3 선생이 되기 위한 어떤 형식적인 훈련을 받았는지 아닌지는 우리가 알 수 없다.

소년 시절과 청년 시절에 예수가 안식일마다 회당(지역 공동체에서 경전

들이 실제 역사적인 사건에 바탕을 두고 있을 수도 있으나 과연 얼마나 역사적인가는 우리가 알 수 없다. 탄생 이야기에 대한 간단한 논문을 보려면 W. Barnes Tatum, *In Quest of Jesus* (Atlanta: John Knox, 1982) 108-112을 보라. 더 상세한 논문을 보려면 Raymond Brown의 권위 있는 저작 *The Birth of the Messiah* (Garden City, New York: Doubleday, 1977)를 보라.

2 막 6:3; 마 13:55 그리고 Geza Vermas, *Jesus the Jew* (New York: Macmillan, 1973), 21-22.

3 히브리어로 토라는 신성한 가르침 혹은 교훈을 뜻하고 보통 율법(law)으로 번역하는 것이 가장 일반적이다. 이 말은 여러 가지 뜻을 가졌으니, 어떤 때는 '율법과 선지자들'과 같은 문구에서처럼 성서의 처음 다섯 권('오경')을 가리키기도 한다. 또 그 말은 오경에 담겨 있는 613개의 기록된 율법, 더 넓게는 그 기록된 율법들을 확대하고 있는 구전 율법(oral law)을 모두 합해 놓은 것을 가리킬 수도 있다. 토라 안에서 훈련을 받았다는 것은 그 기록된 율법뿐만 아니라 그것의 해석과 논증에도 능통함을 가리킨다.

을 읽고 기도를 드리는 장소)에 다녔으리라는 것은 거의 분명하고, 어쩌면 월요일이나 목요일에도 나갔을 것이다. 신앙심 깊은 유대인으로서 예수는 그곳에 들어가고 나올 때 쉐마Shema를 암송했을 것이며 마음속에 "이스라엘은 들으시오. 주님은 우리의 하나님이시오, 주님은 오직 한 분뿐이십니다. 당신들은 마음을 다하고 뜻을 다하고 힘을 다하여, 주 당신들의 하나님을 사랑하시오"[4]라는 말씀을 굳게 새겼을 것이다. 아마도 그는 유대교 축제에도 참석했을 것이고 예루살렘으로 가는 순례의 길에도 올랐을 것이다. 복음서를 보면 그가 경전, 즉 히브리 경전에 아주 정통해 있었음을 분명하게 드러난다. 그는 이 경전을 외우고 있었을 텐데, 이것은 그 당시 학식 있는 사람들 사이에서 그렇게 특별한 것이 아니었다. 그의 기도서는 아마 시편이었을 것이다.

잃어버린 세월을 메워 보려는 시도가 후기 외경 복음서나 일련의 학술적 연구 속에서 나타나긴 했으나, 공식적인 인물로 떠오르기 이전의 예수에 대해 우리가 알고 있는 것이라고는 위의 내용이 전부이다. 예수가 에세네파[5] 사람 중에 있었다거나, 이집트에서 공부했거나, 인도로 여행을 떠나 어떤 방식으로 석가모니의 가르침과 접촉하게 되었다는 등의 가정은 역사적인 근거도 없을 뿐 아니라 불필요한 것들이다. 우리가 예수에 관해 말하고 있는 모든 것의 '본거지'를 찾기 위해 유대교 전통의 주된 흐름을 벗어날 필요는 없다.

---

4 신 6:4-9; 11:2-21; 민 15:37-41에서도 이것이 낭송되고 있다.
5 에세네파는 유대교 금욕주의 단체였다. 제5장, 127-131 참조.

예수 사역의 근원: 영의 강림

예수가 성인成人이 되어 역사의 무대에 등장했을 때의 첫 번째 일화는 예수를 유대교의 카리스마 전통에 세워 놓는다. 그의 선교 활동은 '다른 세계'에서 오는 비전, 곧 성령이 그에게 임하심으로 시작했다. 본디오 빌라도6의 통치 초기, 서른한 살가량의 예수는 무엇인가에 이끌려 광야에서 회개를 설교하고 있는 요한이라는 사람—이 때부터 세례자 요한으로 알려지게 되었던—을 만나게 되었다. 모든 복음서(사도행전도 마찬가지)는 예수 공생애의 시작을 예수가 요한에게 받은 세례와 연결하고 있다.

우리가 신약성서를 통해서, 유대의 역사가 요세푸스7를 통해서 이미 알고 있듯이, 요한은 유대교의 카리스마 전통에 서 있었다. 그의 옷 입는 방식은 엘리야를 본받았고, 그의 동시대인들은 그를 예언자와 비교했다.8

---

6 눅 3:23에 의하면 그는 서른 살 정도 되었을 때 공생애를 시작했다. 요 8:57에 의하면 예수는 아직 나이 오십이 못되었다. 비록 오십 세가 안 되었다는 것이 서른 살쯤 된다는 것과 모순되지는 않지만, 후자를 말하기 위해서 전자의 표현을 쓴다는 것은 이상한 방식이다. 또 이와는 다른 이유에서 예수의 나이를 낮게 책정하는 것을 선호했다. 즉, 예수가 태어난 때가 헤롯 1세(기원전 4년 사망) 말년이라는 전승이 그럴듯하게도 강세를 보이고 있는 것이다. 따라서 예수가 공생애를 시작할 때의 나이는 삼십 대 초반이었을 것이다. 빌라도는 기원후 26년부터 36년까지 유대의 로마 총독이었다. 그러니까 예수는 아마도 기원후 30년에 십자가 처형을 당했을 것이고, 그의 공생애는 일 년 전 혹은 그보다 조금 전에 시작되었을 것이다.

7 요세푸스의 저작은 1세기 유대 역사에 대한 우리의 일차 자료 중 하나다. 젊은 시절 요세푸스는 기원후 66년 로마에 대항하여 발발한 큰 전쟁에서 유대의 장군이었다. 그는 전쟁 초기에 갈릴리에서 로마인들에게 체포되었고, 그 후 자기 여생의 대부분(아마 나머지 35년)을 로마에서 보냈다. 거기서 그는 여러 권으로 되어 있는 『유대 고대사』와 『유대 전쟁사』 그리고 적은 분량의 책 두 권을 썼다. 요세푸스는 세례자 요한을 언급하고 있지만, 예수의 사역에 대해서는 전혀 언급하지 않았다. 기독교인들이 첨가한 것이라고 믿어지고 있는 한 구절에서 유일하게 직접적인 언급이 나온다. 지금 요세푸스의 저작 번역의 표준판은 H. St. J. Thackeray와 R. Marcus 그리고 A. Wikgrin이 번역한 9권짜리 *The Loeb Classical Library edition* (Cambridge: Harvard University Press, 1958-1965)이다.

8 막 1:6에 의하면 요한은 낙타 털옷(아마도 낙타의 가죽)을 입었고 가죽 띠를 띠고 다녔다.

열정적으로 호소력 있게 회개를 촉구한다고 명성이 자자했던 요한을 유대인들이 '아브라함의 자손'인 것만 가지고는 충분치 못하다고 선포했으며, 어떤 입문 의식으로 인증을 받아서 하나님과 더 긴밀한 관계를 맺으라고 요구했다.9 많은 무리가 이 카리스마적 인물에게 모여들었고 몇몇 사람들은 세례도 받았다.

예수도 그들 중 하나였다. 예수는 요한에게 세례를 받을 때 어떤 비전을 보았다.10 성서는 이 부분을 아주 간결하게 묘사하고 있다. "하늘이 갈

왕하 1:8을 보면 이것은 엘리야를 묘사한 것과 유사하다. 슥 13:4을 보면 '털 외투'는 예언자의 표시이다. 막 11:32과 마 11:9= 눅 7:26을 보면 요한을 선지자로 그리는 것을 볼 수 있다.

9 막 1:4-6, 마 3:7-10= 눅 3:7-9. 물속에 담그는 의식(유대교나 다른 문화권에서)은 두 가지 상이한 의미를 가질 수 있다. 만일 그것이 자주 반복된다면(에세네파 사람들이 그랬듯이), 그것은 씻음, 정화의 의미를 갖는다. 그것이 단 한 번 있는 의식일 때(요한의 경우에 명백하게 그랬듯이)도 역시 정화(淨化)를 의미한다. 그러나 이때의 일차적 의미는 입문 의식인데, 이것은 새로운 정체성을 상징하고 또 그것을 수여하는 것이다. 그러므로 '단 한 번' 있는 세례는 유대교 내에서도 잘 알려져 있었다. 이방인이 유대교로 전향할 때는 세례를 받았던 것이다(그가 남자라면 할례도 받는다). 그러나 중요한 것은 요한의 세례가 이미 유대인이었던 사람들을 향한 것이었다는 사실이다.

10 요한이 그때 예수를 비상한 인물 혹은 메시아적인 인물로 알아보았다는 말은 역사적으로 신빙성이 없다. 마가, 누가 그리고 Q 자료에 의하면 그런 인식은 없었던 것으로 보인다. 요한계 기독교 공동체는 세례자 요한이 예수의 길에 앞서 온 분이라는 공통된 이미지를 가지고 있었다('Q'는 마태와 누가에서는 아주 비슷한 형태로 들어 있지만, 마가에는 나오지 않는 자료들을 지칭할 때 학자들이 사용하는 명칭이다. 그러므로 'Q'는 예수에 대한 초기 전승의 수집으로서 마태나 누가복음 이전에 있었던 것으로, 더 나아가서 마가복음보다도 이전 것일 가능성이 높다고 추정한다). 세례자 요한은 스스로 그러한 사람으로 알고 있었고 예수를 '오시는 그분'으로 알아보았다는 것이다. 그러나 이러한 이미지는 요한과 마태의 복음서에 바탕을 두고 있다. 요 1장에 보면 세례자 요한은 예수를 하나님의 어린 양으로, 하나님의 아들로, 심지어 자신보다 앞서 계셨던 분으로 공포한다. 그러나 요한복음을 역사적인 자료로 받아들일 수 없다는 것은 이미 지적하였다. 마 3:14은 예수와 요한 사이에 있었던 한 토막의 대화를 보도하고 있다. 요한이 말한다. "내가 선생님께 세례를 받아야 할 터인데, 선생님께서 내게 오셨습니까?" 그러나 이 물음(그리고 예수의 응답)은 마태가 이 이야기에 삽입시킨 것이 거의 확실하다. 요한이나 마가복음에 있는 역사적으로 의심스러운 이런 언급들을 제외하면 공생애를 막 시작하고 있던 예수를 세례자 요한이 '오시는 분'으로 믿었다고 생각할 근거는 없다. 그러므로 나중에 세례자 요한이 감옥에서 던진 물음("오실 그분이 당신이

라지고, 성령이 비둘기같이 자기에게 내려오는 것을 보셨다."11 여기에 사용된 언어는 일찍이 유대 전통 내에 있었던 다른 세계 체험을 상기시킨다. 약 6세기 전 사람 에스겔이 그랬던 것처럼 예수도 '하늘이 열리는 것'을 보았다. 마치 어떤 '문'이나 갈라진 틈을 통해 보는 것처럼, 잠시 '다른 세계'를 들여다본 것이다. 이 문을 통해 그는 '영이 자신에게 내려오는 것을' 보았고, 이전에 영으로 충만했던 한 사람의 말을 되풀이했다. "주님의 영이 내게 내리셨다."12

이 비전은 예수의 정체성을 그 자신에게 공표해 주는 '하늘의 음성'을 동반했다. "너는 내 사랑하는 아들이다. 내가 너를 좋아한다"(막 1:11). 이 세례나 비전 그 자체의 역사성에 대해서는 의심할 이유가 거의 없다. 만일 우리가 그런 비전은 있을 수 없다고 생각하려는 것이 아니라면 예수가 이런 체험을 했다는 것을 부인할 이유가 없다. 그러나 하늘의 음성이 정말 있었는지는 역사적으로 불확실하다. 왜냐하면, 그 말은 예수의 정체성에 대한 부활 사건 이후의 인식을 거의 그대로 드러내고 있기 때문이다. 이 사실만으로 보더라도 이것은 부활 사건 후에 예수의 추종자들이 만들어 낸 것이라는 역사적인 의혹을 벗을 수 없다.

    십니까? 그렇지 않으면, 우리가 다른 분을 기다려야 합니까?"—마 11:3= 눅 7:19, 그러니까 'Q'자료)는 의심의 시작이 아니라, 호기심 혹은 희망이 일기 시작한 것이라고 보아야 한다.

11 막 1:10. 마가복음에 의하면 그것은 예수의 사적인 체험이었다. 군중들이나 요한이 무엇인가를 봤다는 암시는 하나도 없다. 그러니까, 다음 절에 나오는 하늘의 음성('너는… 이다')은 예수에게만 들린 것이다. 마태와 누가는 본문을 살짝 고쳐서 아마 예수의 체험을 더 공공연한 것으로 만들어놓은 것 같다. 마태복음에 의하면 그 음성은 군중들에게 예수의 정체성을 선포했다(3:17). 누가복음에 의하면 성령은 구체적인 형태(3:22)를 띠고 하강했다. 그러나 마가는 그것을 예수의 내적인 체험으로 소개한다. 그러나 그렇다고 해서 그런 체험이 덜 실재적인 것은 아니다.

12 겔 1:1과 사 61:1을 보라. 하늘에 있는 찢진 틈(tear)이나 갈라진 틈(rent)에 대한 이미지를 보려면 사 64:1을 보라. "주님께서 하늘을 가르시고 내려오시면…."

그러나 우리가 이 말을 어떻게 해석하느냐가 역사적인 판단에 영향을 미친다. 만일 우리가 '사랑하는 아들'이라는 표현을 교회가 사용하는 바대로 하나님의 '독생자'를 뜻하는 말로 받아들인다면 이 구절을 역사적으로 의심해보지 않을 수 없다. 그러나 유대교의 카리스마적 성인聖人들에 관한 이야기들 속에서 이와 비슷한 표현들이 지니고 있는 의미로 받아들인다면 이 구절은 예수가 체험한 것의 일부라고 생각하는 것도 일리가 있다. 그들 또한 하늘의 음성이 자신들을 하나님의 아들이라고 천명해주는 체험을 했기 때문이다.13 우리가 이 구절을 이러한 방식으로 읽는다면 이 말은 역사적으로도 믿을 만할뿐더러 카리스마적 유대교와 더 깊이 연결하는 고리이기도 하다.

'하늘의 음성'에 관한 역사적인 판단이 어떠하든 간에 예수의 비전 이야기는 예수를 유대교의 영으로 충만한 체험의 한복판에 세워 놓는다. 이것은 그의 전통 속에서 선조들의 실재 경험 및 믿음 체계의 일부였던 여러 층위의 실재 이해를 반영해준다. 이 비전은 예수 사역의 첫 머리에 등장하면서 예언자들의 소명 이야기를 떠올리게 해준다. 예언자들과 마찬가지로 예수의 사역은 하나님의 영을 강렬하게 체험한 데서 비롯됐다.

예수 사역의 과정: 영의 사람

예수의 사역은 영의 체험으로 시작되었으며 다른 세계와의 접촉이 내내 그를 밀어붙였다.

---

13 제2장 53쪽을 보라.

비전

성령 강림의 비전에 뒤이어 또 다른 비전의 체험, 혹은 연속되는 체험들이 이어졌다. 마태와 누가가 기대고 있는 전승과 마가복음서에 의하면 영은 예수를 '몰아내시고, 인도하여' 광야로 나아가게 했다. 마가의 진술은 매우 간단하다. "예수께서 사십 일 동안 광야에 계셨는데, 거기서 사탄에게 시험을 받으셨다. 예수께서 들짐승들과 함께 지내셨는데, 천사들이 그의 시중을 들었다."[14]

그가 40일 동안을 광야에서 고독하게 보냈다는 데에 마태와 누가가 동의하고 있다. 광야는 그가 악마의 우두머리에게 시험을 받고 선한 영에 의해 재충전 받는 자리였다. 두 복음서는 예수가 단식했고, 서로 밀접하게 관련한 세 개의 비전을 가지게 되었다고 덧붙인다.[15] 첫째로, 예수는 자신의 능력을 이용하여 돌을 떡으로 바꾸라는 유혹을 사탄으로부터 받는다. 둘째, 예수가 사탄과 함께 영의 세계를 여행한다. 먼저 마귀는 예수를 예루살렘 성전 꼭대기로 데려간다. 다음에 마귀는 "예수를 높은 데로 이끌고 가서, 순식간에 세계 모든 나라를 그에게 보여주었다."[16] 시종일관 사탄은

---

14 막 1:13.

15 마 4:1-11= 눅 4:1-13.

16 눅 4:5= 마 4:8. 그러한 여행은 성서의 다른 곳에서도 등장한다. 예를 들어 에스겔은 "하나님이 보이신 환상 속에서, 주님의 영이 나를 들어서 하늘과 땅 사이로 올리셔서, 나를 예루살렘으로 데려다가"(겔 8:3; 11:1-2을 보라)고 보도한다. 엘리야가 경험한 '영 안의' 여행에 대해서는 왕상 18:12; 왕하 2:11-12, 16을 참조하라. 신약성서에서는 행 8:39-40을 보라. J. R. Michaels, *Servant and Son* (Atlanta: John Knox, 1981), 50에서는 "거룩한 성과 높은 산으로 간 예수의 여행은 에스겔의 여행과 똑같은 범주 속에 있다"라는 언급이 있다. 그런 현상은 전통적인 문화권들 곳곳에서 널리 보도되고 있다. 예를 들어 John Neihaardt, *Black Elk Speaks* (Lincoln: University of Nebraska Press, 1961) 그리고 Carlos Casteneda의 책들을 보라. 어떤 사람들이 주장하는 것처럼 돈 주앙이 비록 허구적인 인물로 여겨지긴 하지만, 그에 대한 묘사는 견실한 인간학적 연구에 바탕을 두고 있다. 그런 여행들은 아마도 우리가

카리스마적인 능력을 사리私利를 위해 사용하고 사탄에게 충성을 바치면 이 세상의 모든 나라를 줄 것이라며 예수를 유혹했다. 이 비전의 배경과 내용은 주목할 가치가 있다. 모세나 엘리야 혹은 다른 유대교 성인聖人들과 마찬가지로 예수도 인간적인 부대낌이나 문화가 제공하는 길들여진 실재관을 벗어나 홀로 광야로 들어갔다. 사해 근처의 적막한 광야 지역에서 그는 고독과 단식의 시간을 가졌고, 의식과 관념에 변화를 가져오는 일들을 겪었다. 이것은 다른 문화권에서 '비전 탐색'(vision quest)이라고 부르는 것의 전형이었다. 실제로 영의 세계로 들어가기 위한 일련의 입문 의식(세례)에 광야에서의 시험이나 시련이 뒤따르는 것은 다른 여러 문화권에서 카리스마적 인물들에 대해 보도하고 있는 것과 놀라울 정도로 비슷하다.17

공관복음서는 비전의 성격을 보다 강하게 띠고 있는 예수의 체험을 보도한다. 누가복음에 따르면 공생애 기간 중 예수의 추종자들이 이렇게 외쳤다. "주님, 주님의 이름을 대면, 귀신들까지도 우리에게 복종합니다!" 예수가 응답하셨다. "사탄이 하늘에서 번개처럼 떨어지는 것을 내가 보았다."18 비록 이 구절이 사탄의 패배에 은유적인 선언일 수 있지만 하나의 비전을 소개할 때 전형적으로 등장하는 언어("내가 보았다")를 쓰고 있다.

예수가 다른 비전을 갖고 있었는지는 알 수 없다. 보도되지 않았다는 사실은 별 의미가 없을 것이다. 짐작하건대 예수는 일상적으로는 그런 것

가끔 '육체를 벗어난'(out-of-body) 체험이라고 부르는 것들을 포함하고 있는 것 같다.
17 Stephen Larsen, *The Shaman's Doorway* (New York: Harper & Row, 1976), 61-66. 또 하나 살펴봐야 할 것은 Joseph Cambell, *Hero with a Thousand Faces* (Cleveland: World, 1956), 97-109, "The Road of Trials"라는 제목이 붙은 부분이다. 샤머니즘 전반에 대해서는 Mircea Eliade, *Shamanism: Archaic Techniques of Exstasy* (New York: Phantheon, 1964); W. A. Lessa & E. Z. Vogt, *Reader in Comparative Religion: An Anthropological Approach*, third edition (New York: Harper& Row, 1972), 381-412.
18 눅 10:17-18.

들을 드러내지 않았고 자기의 가르침에 유용하다고 여겨질 때만 드러낸 것 같다.19 신약성서의 다른 책들도 여러 가지 비전을 우리에게 전해 주는데, 그것은 예수가 그랬듯이 초대교회도 성령의 충만함을 통해 실재를 체험했음을 암시했다.20

기도

현대 세계에 사는 우리가 성령의 실재를 신뢰할 수 없는 이유 가운데 하나는 우리의 경험 세계에서 깊이 있는 기도가 사라져 버렸다는 것이다. 기본적으로 우리는 대부분 회중 기도의 맥락에서 소리를 내서 하든, 개인적인 기도를 통해서 내면으로 하든, 말로 하나님께 드리는 기도를 알고 있다. 그렇게 입으로 하는 기도는 비교적 짧다. 기껏해야 몇 분밖에 되지 않는다. 때때로 개인적 기도를 드릴 때 조금 더 길어지기는 하지만 말이다.

그러나 입으로 하는 기도는 유대-기독교 전통 안에서 단지 기도의 한 형태에 불과하고, 오히려 기도의 제일 초급 수준이다. 이 단계를 넘어서면 내적인 고요와 '오랜 시간의 소요'를 특징으로 하는 더 깊은 수준의 기도가 있다. 이 상태에 들어선 사람은 의식의 심층으로 들어간다. 일상적인 의식은 가라앉고 고요히 하나님의 현존 안에 머문다. 보통 정관靜觀(contemplation) 혹은 명상(meditation)이라고 부르는 기도의 깊은 단계는 하나님과의 교제(communion) 혹은 하나됨(union)으로 묘사했다.21 여기서 그는 영의 왕국

---

19 그가 세례받을 때의 이 비전은 그의 소명 이야기이기도 했을 것이다(구약성서의 예언자들은 그런 이야기들을 하는 것이 중요하다고 생각했던 것 같다). 그리고 유혹 설화는 그 체험을 단순히 보도하는 것 이외에 어떤 교훈적인 기능을 가진 것으로 보였다.
20 이것은 사도행전에서 아주 빈번하게 등장한다. 그리고 계시록 전체가 일련의 비전들로 그려지고 있다.

에 들어가 하나님을 경험했다.

이런저런 이유로 이런 형태의 기도는 현대 교회에서 정말 어색한 것이 되어버렸다. 물론 이것이 수도회에서, 퀘이커 교도들과 같은 혹은 기독교 종파들 이곳저곳에 흩어져 있는 개인들에 의해서 보존되고는 있지만, 현대 문화 속에서 살아가는 사람들 대부분의 경험에서는 거의 자취를 감추어 버렸다.

예수가 속해 있던 전통은 이러한 형태의 기도를 알고 있었다. 모세와 엘리야는 고독 속에서 그리고 하나님과의 교제 속에서 긴 시간을 보냈다. 예수 시대에도 갈릴리의 거룩한 사람들은 자기들의 중심을 하늘로 향하게 하려고 마음을 가라앉히느라 규칙적으로 한 시간을 보냈다.22 명상 역시 유대교 신비주의에서 찾아볼 수 있다. 우리에겐 이 명상이 중세의 카발라학(역주: 유대교 성경의 밀교적密敎的 해석)을 통해 친숙해졌지만, 유대교 신비주의는 예수 시대 혹은 그 이전의 '보좌寶座(merkabah) 신비주의까지 거슬러 올라갔다.23 보좌 신비가에게 정관적 기도는 하늘을 통과하여 올라가

---

21 하나님과의 교제와 하나님과의 하나됨의 차이는 미묘할 뿐 아니라, 어떤 의미에서는 그다지 중요한 것이 아니다. 둘 다 신비로운 상태이고, 둘 다 유대-기독교 전통에 익숙한 것이었다. 하나님과 하나됨 속에서 모든 분리 의식(분리된 자아라는 의식도 포함해서)은 일시적으로 사라지고, 사람들은 오직 하나님만을 경험한다. 하나님과의 교제 속에서 어떤 관계의식이 남게 된다. 전형적으로 교제는 서구의 신비주의와 하나됨은 동양의 신비주의와 관련되어 있으나, 그 차이는 우리가 전형적으로 생각하는 것만큼 그렇게 확연하지는 않다. Peter Berger, ed., *The Other Side of God* (Garden City, New York: Anchor, 1981)을 보라. 유대교 내의 '양극성'에 대해서는 특별히 Michael Fishbane의 글 "Israel and the Mothers," 28-47을 보라. 동양의 교제신비주의(communion mysticism)에 대해서는 힌두교의 가장 대중적인 형태인 박티(bhakti)를 보라.

22 Mishnah Ber. 5.1; 또 살펴볼 것은 A. Büchler, *Types of Jewish Palestinian Piety* (New York: KTAV, 1968; 초판은 1922), 106-107.

23 예수 시대 혹은 그 이전까지 소급되는 유대교 신비주의의 역사에 대해서는 특별히 Gershom Scholem, *Major Trends in Jewish Mysticism* (New York: Schocken Books, 1946)과 *Jewish Gnosticism, Merkabah Mysticism and Talmudic Tradition*, 2nd. ed.

하나님의 보좌를 눈으로 보는 비전과 하나님의 왕 되심을 경험하는 비전을 갖게 해주는 매체였다.

복음서는 예수를 현대 서구문화 속에서 점점 잊혀 가고 있는 이러한 형태의 기도했던 기도의 사람으로 그렸다.24 모세나 엘리야처럼 예수도 규칙적으로 일상에서 물러 나와 고독 속으로 침잠했고 오랫동안 기도했다. "아주 이른 새벽에, 예수께서 일어나서 외딴곳으로 나가셔서, 거기에서 기도하고 계셨다." 또 다른 때에는 "그들과 헤어지신 뒤에, 예수께서는 기도하시려고 산에 올라가셨다."25 누가는 예수가 가끔은 밤새 기도했다고 보도했다.26 고독이 수반하는 이렇게 긴 기도는 '입으로 하는 기도'(verbal prayer)가 아니라 정관과 명상, 하니나 벤 도사나 유대교의 영적 전통 안에 있는 다른 사람들이 말했던바 마음을 가라앉히고 중심을 하나님께 향하도록 하는 것을 가리키는 것이다. 예수는 영의 세계에 등장하도록 하기 위한 고전적인 방법 가운데 하나를 실행했다.

그러나 예수의 기도 생활이 가지고 있는 독특한 일면이라고 지적할 수

(Hoboken: KTAV, 1965)을 보라. 다른 세계로 여행하는 비전과 묵시문학 사이의 연결성은 유대교 묵시문학 연구에서 점점 더 확실해지고 있다. 그 예로 John J. Collins, *The Apocalyptic Imagination* (New York: Crossroad, 1984)을 보라. 그는 유대 묵시문학에 두 갈래의 전통이 있다고 말한다. 하나는 묵시적인 것이요, 다른 하나는 다른 세계로의 여행을 포함하는 것이다.

24 예수와 기도에 대해서 참고도서 목록까지 갖춰가며 잘 요약해 놓은 글로는 Donald Georgen, *The Mission and Ministry of Jesus* (Wilmington: Michael Glazier, 1986), 129-145 참조. Georgen의 이 책은 본서에 의미 있게 반영하기에는 때늦은 감이 없지 않지만 나는 이 책을 역사적 예수에 대한 최근의 작업 중에서 최고의 것으로 추천하고 싶다.

25 막 1:35; 6:46.

26 눅 6:12. 다른 복음서 기자들보다 누가는 예수의 삶 속에서 기도의 역할을 더 강조한다. 6:12 이외에도 3:21; 5:16; 9:18; 9:28-29; 11:1을 보라. 그러나 그러한 상(像)은, 다른 복음서 안에서 예수의 기도 생활에 대해 언급한 것에서 명확히 알 수 있는 것처럼, 단순히 누가의 편집 때문만은 아니다.

있는 것은 예수의 영적 체험의 친밀성이다. 그는 하나님을 부를 때 '아바'라는 말을 썼다.27 이 말은 아주 어린 아이가 자기 아버지를 부를 때 쓰는 아람어이다. 아바는 영어의 파파papa와 비슷하다. 유대교에서는 하나님을 아버지라는 좀 더 형식적인 말로 부르지, 아바라고 부르는 경우는 무척 드물다. 예수가 인습적인 언어 사용을 탈피할 수 있었던 것은 그의 영적 체험이 강렬했기 때문이라는 것이 가장 그럴듯한 설명이다. 이것은 유대교 내에서 이와 유사한 경우에 의해 뒷받침되는 가정이다. 예수와 동시대에 살았던 유대의 카리스마적 존재들에 대해 보도하고 있는 전승 속에서 '아바'라는 말은 하나님을 가리키는 용어로 사용했다.28 이처럼 예수의 기도 생활의 핵심은 하나님과의 일치 체험이다.

"주의 성령이 내게 임하셨다"

유대교 카리스마 전통(stream) 속에서 영으로 충만한 사람으로서의 예수의 이미지는 누가복음에서 보도된 것처럼 공생애를 시작하면서 했던 그의 말에서 구체적으로 드러났다.

---

27 막 14:36을 보라. 비록 복음서(그리스어로 쓴)에서 아람어 아바가 여기에 단 한 번 나오지만, 누가복음에 기록된 주기도문(눅 11:2)에 나오는 수식이 없는 '아버지'라는 표현의 이면에도 이 말이 있을 것이다. 학자들은 이런 진술의 진정성에 대해 대체로 일치된 견해를 보인다. 롬 8:15과 갈 4:6에 그 단어가 등장한다는 사실―그리스어를 하는 청중들을 위해서 그리스어로 쓴 편지에서 나온다는 사실은 주목할 만하다―은 그것이 1세기 기독교인들의 기도 생활의 일부분이기도 했다는 것을 암시했다. 초대 기독교인들의 이러한 언어 사용은 바로 예수로부터 유래했다고 가정하는 것이 합리적이다. 아바라는 말에 대한 고전적인 연구로는 J. Jeremias, *The Prayer of Jesus* (Naperville, IL: Allenson, 1967)가 있다. 그러나 예레미아스는 그 말을 **예수에게만 돌려야 하는 고유한 것**이라고 주장―아마도 신학적인 숙고에 근거한 주장―하면서 그것의 구별성을 지나치게 강조했다.

28 Vermas, *Jesus the Jew*, 210-213 참조.

> 주님의 영이 내게 내리셨다. 주님께서 내게 기름을 부으셔서, 가난한 사람에게 기
> 쁜 소식을 전하게 하셨다. 주님께서 나를 보내셔서, 포로 된 사람들에게 해방을 선
> 포하고, 눈먼 사람들에게 눈 뜸을 선포하고, 억눌린 사람들을 풀어 주고, 주님의
> 은혜의 해를 선포하게 하셨다.

옛 선지자의 말을 인용해 온 이 구절에 대해서 예수는 이렇게 말했다. "이 성경 말씀이 너희가 듣는 가운데서 오늘 이루어졌다."29 비록 이 구절 전체가 예수 자신의 말이 아니라 누가의 진술이라는 주장30이 많이 있다 할지라도, 성령으로 기름 부음 받은 자로서 예수상은 복음서에서 우리가 발견할 수 있는 모든 것을 간결하게 요약해 놓은 것이다. 세례받은 데서 시작하여, 광야에서의 시련을 거쳐, 공생애 전반을 관통하는 예수의 삶과 선교는 "영과의 강렬한 체험적 관계"가 그 특징이었다.

지금까지 우리는 예수 내적인 삶, 즉 기도 생활, 그가 체험했던 비전, 하나님과 친밀함에 대한 감각 등에 대해서 말해 왔다. 우리는 또한 그의

---

29 사 61:1-2을 인용한 눅 4:18-21. 또 살펴봐야 할 곳은 사 58:6.
30 아무리 보수적인 학자라 할지라도 눅 4:18-30은 일반적으로 누가가 첨가한 것이고 '비본래적인' 것으로 —즉 예수님이 실제로 하신 말이 아닌 것으로— 분류한다. 그것은 이 설교의 자리가 너무도 명백하게 누가의 짜맞추기 작업의 산물이라는 점 때문이다. 이 구절들은 마가복음에 나오는 예수의 첫 설교를 대신하고 있다(막 1:15—하나님의 나라가 가까이 왔다). 더욱이 이 구절은 누가복음의 중심 주제 중 하나와 일치한다. 즉 누가는 다른 어떤 복음서보다 더 예수에게 영이 임하였음을 강조한다. 그러므로 누가는 예수라는 인물에 대해서, 예수 사역의 핵심에 대해서 미리 요약해 놓은 것 같다. 그러나 예수가 사역을 행하고 있던 다른 어떤 때에 자기 자신을 가리키기 위해서 이런 단어들을 사용했을 가능성은 남아있다 (회당에서 읽고 있는 상황에서도 역시 가능하다. —이 장면이 일어나지 않았으리란 법은 없다). 비록 누가가 바로 그 지점에 그 이야기를 삽입한 데 대한 책임은 있지만, 그렇다고 누가가 그것을 완전하게 만들어 낸 것은 아니다. 누가가 그 이야기를 만들어냈다 치더라도, 그 이야기는 우리가 다른 근거들에 의해서 사실이라고 확인한 것들을 적절하게 묘사한 것이다. 누가가 그 이야기를 그저 보도만 하고 있든 만들어 냈든 그는 옳게 본 것이다.

공생애의 중심적 차원—그가 다른 사람들에게 준 인상, 권위 주장 그리고 그가 말하는 스타일—에서 그가 영의 세계와 맺고 있던 관계를 보게 된다.

예수가 남에게 준 인상

루돌프 오토Rudolf Otto는 '거룩' 또는 '누미노제'(the numinous) 체험에 대한 자신의 고전적인 저서에서 카리스마적 인물들 안에 있는 신령한 기운이 있고, 그 주변에 있는 사람들은 빈번히 그 기운을 느낀다고 기술하고 있다. 그러한 인물들에게는 경외심과 놀라움을 일으키고 사람들로 하여 다른 세계에 대한 감수성을 느끼게 하는 어떤 불가사의한 것이 있다. 그들이 말하는 방식에는 어떤 권위가 있고, 사물을 보는 방식에는 사물을 꿰뚫어 보는 힘과 그들의 현존에는 뭔가 강력한 것이 있는 것 같다.31

예수도 그러했다. 마가복음의 한 구절은 그가 주었던 인상을 생생하게 전해 준다. 누미노제의 구름(the cloud of numinous)이 그를 에워싸고 있었다. "그들은 예루살렘으로 올라가고 있었다. 예수께서 앞장서서 가시는데, 제자들은 놀랐으며, 뒤따라가는 사람들은 두려워하였다."32

---

31 Rudolf Otto, *The Idea of the Holy* (New York: Oxford University Press, 1958; 독일어 초판은 1917년) 특히 155-159을 보라. 158에서 Otto는 이렇게 쓴다. "애초부터 거룩한 사람 혹은 예언자는 이들을 열렬히 믿는 사람들 집단의 체험을 고려할 때 단순한 사람 이상이다" 그들은 경이롭고 신비스러운 존재이며, 사람들은 이들이 사물들의 더 높은 질서에, 즉 누멘(the numen) 그 자체에 속해 있다고 느낀다. 그 스스로가 자기 자신이 그런 사람이라고 가르치는 것이 아니라 다른 사람들이 그 사람을 그렇게 **체험하는** 것이다(강조는 저자). F. V. Filson과 B. L. Woolf가 번역한 Otto, *The Kingdom of God and the Son of Man* (Grand Rapids, ca. 1938), 특히 162-1639, 333-376을 보라.
32 막 10:32. Otto가 지적했듯이 마가는 "몇 안 되는 교묘하고 함축적인 단어들을 사용해서 간결하면서도 극도로 힘있게 예수에게서 나오는 **누미노제의 즉각적인 인상**"을 진술한다. *The Idea of the Holy*, 158(강조는 저자).

스승으로서 예수는 공적인 교사들과는 아주 다른 어떤 강렬한 인상을 주었다. "사람들은 그의 가르침에 놀랐다. 예수께서 율법 학자들과는 달리 권위 있게 가르치셨기 때문이다."33 권위에 해당하는 게부라Gevurah가 고대 그리스어 이면에는 하나님의 권위를 가리키는 랍비 전통의 용어였다. "그는 게부라의 입으로 말한다."34 즉 권세 혹은 영의 입으로 말한다.

사람들은 흔히 예수를 이전 시대의 카리스마적 인물들, 즉 엘리야나 선지자들 혹은 세례 요한과 연결한다.35 그의 주변에 뭔가 특별한 기운(aura)이 감돌고 있었다는 것이 그의 가족들이 보인 반응을 적절하게 설명해 줄 것이다. "예수의 가족들이, 예수가 미쳤다는 소문을 듣고서, 그를 붙잡으러 나섰다." 다시 말해 제정신이 아니었다는 것이다.36 심지어 예수의 적대자들조차 예수 안에는 어떤 영적인 권위가 작용하고 있다는 것을 인정했다. 다만 이들은 그것이 '귀신의 왕, 바알세불'(막 3:22)에게서 나오는 것이라고 해석했다.37 그가 군중을 끌어모았다는 것은 놀랄 만한 일이 아니다. "온 동네 사람이 문 앞에 모여들었다", "무리 때문에 예수께로 데리고 갈 수 없어서…", "큰 무리가 뒤따라오면서 예수를 밀어댔다."38 이러한 진술은 예수의 공생애에 대한 초대교회의 설명 속에서나 기대할 수 있는 것이다. 그러나 그것도 역시 의심의 여지 없이 예수가 주었던 역사적인 인상을 전달해

---

33 막 1:22.

34 '게부라'에 대해서는 E. E. Urbach, *The Sages Gevurah* (Jerusalem: Magnes, 1975), 80-96을 보라. 이 구절에 대한 그의 번역은 85-86 참조.

35 막 6:14-16; 8:28; 마 21:11; 눅 7:12.

36 막 3:21. 그리스어 본문의 문자적인 의미는 "그는 정신이 나갔다"(He is out of himself)이다. 이것은 황홀경 혹은 어떤 비정상적인 상태로서 거룩한 사람들의 특징적인 면이였으나, 정신분열증(dementia)으로 오해할 소지도 있다.

37 막 3:22; 마 12:24-32; 눅 11:14-23.

38 인용한 구절은 막 1:33; 2:4과 5:24에서 온 것이다. 이 모티프는 복음서 전반에 흐르고 있다.

준다. 예수는 카리스마적 인물로서 널리 알려져 있었다. 그의 주변에 군중들이 모여들었던 것은 그가 '영의 사람'이라는 평판 때문이었다.

권위에 대한 예수 자신의 생각

예수 자신도 다른 사람들이 자기에게서 알아차렸던 이런 능력이나 권위에 대해 알고 있었다. 예루살렘에서 몇몇 종교지도자는 그의 권위에 대해 질문했을 때, 예수는 다른 질문으로 여기에 응수했다. "나도 너희에게 한 가지를 물어보겠으니, 나에게 대답해 보아라. 그러면 내가 무슨 권한으로 이런 일을 하는지를 너희에게 말하겠다."[39] 요한의 권위가 하늘로부터 온 것인가, 즉 '다른 세계로부터' 온 것인가 아니면 사람에게서 온 것인가? 겉으로 표현하지는 않았지만, 예수 자신의 관점은 명확하다. 예수는 어떤 기관이나 전통이 아니라 영에 기반을 둔 사람인 요한 같은 권위를 가지고 있음을 은연중 주장했다.

예수는 자기 자신에게서 흘러나오는 영의 능력을 알고 있었다. 귀신을 내어쫓을 때, 예수는 그 능력을 하나님의 영과 동일시했다. "내가 하나님의 영을 힘입어서 귀신을 쫓아내는 것이면, 하나님의 나라는 너희에게 왔다."[40] 또 한 여인이 병 고침을 받고자 하여 예수의 옷자락을 만졌을 때, 예수는 능력이 자기에게서 나간 줄을 스스로 알아챘다.[41]

예수가 가르치는 방식 또한 전통에서 나온 것이 아닌, 어떤 누미노제의

---

[39] 막 11:27-33. 예수가 적대자들을 곤경에 빠뜨리는 이 이야기 역시 예수가 논쟁할 때 재치있는 응답의 명수였음을 보여주는 훌륭한 예이다.

[40] 마 12:28=눅 11:20. 마태는 '하나님의 영', 누가는 '하나님의 손가락'이라고 했다. 그러나 두 표현은 같은 뜻이다.

[41] 막 5:30.

권위에 대한 의식을 보인다. 이것은 예수가 특별히 강조했던 "나는 너희에게 말한다…"라는 진술 속에서 찾아볼 수 있는데, 그는 전례 없이 그 앞에 "아멘(진실로, 분명히)"—보통 하나의 진술 다음에 나오는 엄숙한 표현이었다—을 붙이기도 했다.42 그가 강조했던 "나는 너희에게 말한다…"라는 진술은 때때로 "너희는 이러이러하였다는 말을 들었다…. 그러나 나는 너희에게 말한다…"라는 틀을 사용하면서 전통적인 말씀들과는 구체적인 대조를 이루었다.43 예수가 사용했던 언어는 그가 전통을 초월하는 어떤 권위, 영의 입에서 나오는 권위를 자각했음을 가리킨다.

더욱이 예수가 제자들을 불렀다는 것은 그가 다른 사람들에게 깊은 인상을 주었다는 사실을 입증해 주는 행동인 동시에 카리스마적인 권세에 대한 예수 자신의 의식을 지적해 주는 행동이기도 하다. 유대교에서 스승이 충실한 학생들을 받아들이는 것은 그리 특별한 일은 아니었다 해도 제자직(discipleship)이라는 현상은 무언가 다른 비범한 것이다. 그것은 오랫동안 익숙했던 삶의 방식을 근본적으로 바꾸는 것인 동시에 그를 따라나서는 것까지 포함하고 있었다. 제자들의 소명 이야기는 예수의 긴박한 부름, 제자들의 즉각적인 응답, 옛 생활과 철저하게 결별하는 모습을 아주 간결하고 생생하게 묘사하고 있다.

---

42 '아멘'에 대해서는 J. Jeremias, *New Testament Theology* (New York: Scribner, 1971), 35-36 참조. 그의 목록에 의하면 마가복음서에서는 그 말이 13번 나오고, Q문서에서는 9번, 마태복음서에서만 9번, 누가복음서에서는 3번, 요한복음서에서는 25번 나온다. 그러므로 복음서 전승의 모든 층(Stratum)이 그것을 입증해 주고 있다.

43 산상수훈에서 나오는 여섯 개의 서로 대조되는 명제들을 보라. 마태 5:21-22, 27-28, 31-32, 33-34, 38-39, 43-44. 어떤 학자들은 이런 대조되는 표현 중 첫째, 둘째 그리고 넷째 것만을 진정성이 있는 것으로 받아들이다(예를 들어 Bultmann, *The History of the Synoptic Tradition* [New York: Harper & Row, 1963], 134-136). 이에 비해 Jeremias, *New Testament Theology*, 251-253은 대조되는 표현 여섯 개 전부가 본래 것이라고 변호한다.

예수께서 갈릴리 바닷가를 지나가시다가, 시몬과 그의 동생 안드레가 바다에서 그물을 던지고 있는 것을 보셨다. 그들은 어부였다. 예수께서 그들에게 말씀하셨다. "나를 따라오너라. 내가 너희를 사람을 낚는 어부가 되게 하겠다." 그들은 곧 그물을 버리고 예수를 따라갔다. 예수께서 조금 더 가시다가, 세베대의 아들 야고보와 그의 동생 요한이 배에서 그물을 깁고 있는 것을 보시고, 곧바로 그들을 부르셨다. 그들은 아버지 세베대를 일꾼들과 함께 배에 남겨 두고, 곧 예수를 따라갔다.44

제자 중 하나가 나중에 이렇게 외쳤다. "보십시오, 우리는 모든 것을 버리고 선생님을 따라왔습니다."45 제자직이라는 현상은 유대교의 카리스마 전통에 깊이 뿌리내리고 있는 것으로서 카리스마적인 지도자에 대한 응답으로서 나타났다.46

이 모든 것을 고려해 볼 때 예수가 예언자 의식을 갖고 있었다는 사실은 그리 놀라운 일이 아니다. 그와 동시대에 살았던 사람들 몇몇은 예수를 예언자 전통에 포함했을 뿐 아니라, 예수 자신도 두 번이나 ―비록 조금 간접적이긴 했지만― 스스로 그러한 인물로 지칭했다. "예언자는 자기 고향과 자기 친척과 자기 집 밖에서는 존경을 받지 않는 법이 없다." 나중에 또 이렇게 말했다. "예언자가 예루살렘이 아닌 다른 곳에서는 죽을 수 없기 때문이다."47 예수는 자신을 예언자들과 일치시키면서 하나님을 알았던 사람들의 전통에 자신이 속해 있다고 생각했다.48

---

44 막 1:16-20; 막 2:13-14에서 레위를 부르는 것도 보라.

45 막 10:28.

46 Martin Hengel, *The Charismatic Leader and His Followers* (New York: Crossroad, 1981; 독일어 원문은 1968년 출판)을 보라. Hengel은 마 8:21-22이 이것을 특별히 잘 설명해주고 있다고 본다. 그는 또한 이 장면이 왕상 19:19-21에 나오는 엘리야에 의한 엘리사의 소명(the call)을 연상시켜준다고 지적했다.

47 막 6:4; 눅 13:33.

변모

예수의 제자 중 몇 명은 영의 세계와 예수의 접촉을 드러내는 특이한 사건을 경험했다. 마가복음을 보면 예루살렘으로 가는 최후의 여행을 떠나기 얼마 전에 예수의 핵심 제자들은 잠깐이나마 예수의 변화한 모습을 보았다. 그의 몸과 옷은 빛으로 뒤덮였다. 그는 제자들 앞에서 변모한 것이다. 그의 의복은 강렬한 흰색으로 번쩍거렸다. 엘리야가 모세와 나타났고 예수와 이야기를 나눴다.[49]

이 이야기는 세부적인 묘사들로 예수를 카리스마의 세계와 연결한다. 예수 이전 사람 모세가 그랬던 것처럼, 예수는 잠시 영의 광채로 인해 "빛이 났다"(다른 곳에서도 거룩한 사람이 '빛이 난' 이야기가 있다). 모세와 엘리야라는 유대교 전통의 위대한 카리스마적 인물 두 명이 예수와 함께 있는 것이 보였다.[50] 물론 이 이야기를 역사적으로는 어떻게 다루어야 하는지를 알아내는 것은 무척 어려운 일이었다. 제자들이 실제로 이런 경험을 했을까, 아니면 이 이야기 전체가 예수의 정체성에 대한 상징적인 표현인가? 비록 이 이야기를 교회의 산물로 본다고 해도, 이 전승이 예수를 이스라엘 역사 속에 등장한 두 명의 위대한 영의 인물과 연결하고 있다는 사실은 여전히 의미 있게 받아들여야 할 것이다.

---

48 예언자 의식(하나님을 알았던 사람으로서의 예언자도 포함해서)에 관한 멋지고 정열적인 해설로는 Abraham Heschel, *The Prophets* (New York: Harper& Row, 1962), 특별히 1권을 보라.

49 막 9:2-4; 마 17:1-8; 눅 9:28-36. 마태는 이 체험을 비전이라고 불렀다.

50 모세와 엘리야가 의미 있는 것은 보통 주석서들이 언급한 것처럼 율법과 예언자를 대표하기 때문이 아니다. 왜냐하면, 예수 시대에는 이들이 율법과 선지자들을 상징하지 않았기 때문이다. 오히려 그들은 유대교의 경전에 등장하는 위대한 두 명의 거룩한 사람이었다.

예수 자신의 정체 의식

예수를 유대교의 카리스마적 전통과 일치시키는 것은, 즉 예언자들과 유사한 의식을 가진 분으로 보는 것은 예수 자신과 그의 동시대인들 그리고 복음서 기자들도 마찬가지였다. 과연 예수 자신도 스스로 초대교회가 예수를 선포할 때 사용했던 고귀한 호칭에 합당한 사람이라고 생각했을까? 그가 자신을 메시아(그리스도)로 생각했을까? 아니면 '하나님의 아들'로? 우리가 이미 주지한 바와 같이 역사적 연구는 여기에 대해 부정적이다.[51] 하지만 예수가 세례를 받을 때 들려온 하늘의 음성의 경우와 마찬가지로, 여기에 대한 역사적인 평가도 위의 호칭들을 어떤 의미로 이해하느냐에 따라 달라진다.

만일 하나님의 아들이라는 말이 신약성서의 나머지 부분에 나타나고 있는 것처럼 특별한 기독교적 의미—바울과 요한의 시대는 '성령으로 잉태되어 동정녀에게서 나셨다'는—로 쓰인다면, 예수는 스스로 바로 그 하나님의 아들로 생각하지 않았음이 거의 확실하다. 그러나 하나님의 아들이라는 말이 예수 당시 유대교 내에서 통용되었던 의미로 쓰였다면, 예수 스스로 그렇게 생각했을 가능성도 있다. 유대교에서 하나님의 아들이라는 말은 의미상 공통된 뉘앙스를 띠고 있지만, 서로 다른 세 가지 상황 속에서 세 가지 다른 실재實在를 가리키는 말로 쓰였다. 히브리 경전에서 이 말은 이스라엘 전체 혹은 이스라엘 왕을 지칭했다.[52] 예수 당대에 유대교의 거룩한 카리스마적 인물에 관한 이야기를 보면 하나님의 이미지는 아버지로, 어떤 특별한 인물은 하나님의 아들로 그려지고 있다. 이 셋은 한 가지 공통점을

---

51 제1장, 26-29쪽 참조.
52 이 말이 예루살렘 전체를 지칭하고 있는 본문으로는 호 11:1; 출 4:22-23이 있다. 이스라엘의 왕을 가리키는 경우로는 시 2:7; 삼하 7:14.

가지고 있다. 셋 모두 하나님과의 특별히 친밀한 관계를 지적하는 것이다. 즉 이스라엘은 선택된 민족으로, 왕은 선택된 아들로, 카리스마적 인물은 하나님을 알고 하나님께서도 알고 계신 사람으로 드러났다.

유대교적인 맥락에서 예수는 자기 자신을 하나님의 아들로 생각했을 것이다. 그는 특별히 친밀한 관계를 분명하게 의식하고 있다. 예수가 '아바'라는 용어를 사용했다는 것은 반드시 '아들'이라는 용어를 추측하게 한다. 또한, 예수가 직접 한 말일 가능성이 짙은 구절 중에서 예수는 '아버지-아들'이라는 비유적인 표현을 사용해서 적어도 간접적으로는 하나님과 자기의 관계를 말하고자 했다. 결론적으로 예수 당시 유대교의 카리스마적 존재들—예수는 이들과 많은 공통점을 가지고 있었다—이 그 이미지를 사용했다는 것은 이 용어('하나님의 아들')가 적절할 뿐 아니라, 사실상 기대되고 있었던 상황을 보였다.

더욱이 하나님과의 친밀함에 대한 체험적 깨달음을 메시아라는 용어와 연결해 주는 어떤 연상의 망網이 있다. 유대교 경전에서 메시아Meshiah는 단지 "기름 부음 받았다", "기름으로 흠뻑 칠해졌다"라는 뜻이다. 이렇게 기름을 붓는 행위는 이스라엘 왕의 대관 의식의 일부로서, 왕은 그 의식을 통해 하나님의 아들이 되었다. 우리가 이미 살펴보았듯이 예수는 자신의 아들됨(sonship)을, 성령으로 기름 부음 받은 존재임을 의식하고 있었다. 그러므로 "하나님에게서 기름 부음 받았다" 거나 하나님의 아들이라는 말과 메시아라는 용어는 모두 밀접한 관련이 있다.

이러한 연상들의 고리를 예수 자신이 만들었는지는 알 수 없다. 그것이 예수의 말이라고 확실히 언명할 수 있는 말은 하나도 없다. 게다가 우리는 예수가 자신이 누구냐는 문제를 생각하느라 시간을 많이 보내지 않았다고 가정할 수도 있다. 물론 그가 자신을 메시아로 생각했는지, 하나님의 아들로 생각했는지는 중요하지 않다. 왜냐하면, 그가 그러한 존재인가 아닌가는 그가 그렇게 생각했는가 그렇지 않은가에 달려 있지는 않기 때문이다.53 그러나 영으로 충만한 사람으로서 그의 삶에 관한 우리의 탐구를 통해 알 수 있는 것이 있다. 그것은 교회가 예수에게 붙인 고상한 칭호들은 제멋대로 가져다 붙인 것이 아니라 예수 자신의 역사적인 체험에 깊이 뿌리내리고 있다는 것이다.

영의 세계와 예수의 밀접한 관계는 우리로 하여 역사적인 인물 예수가 어떤 사람이었는지를 어렴풋이나마 알게 할 뿐만 아니라, 나중에 사람들이 예수를 선포할 때 사용한 칭호들의 근원과 적합성을 이해할 수 있게 한다. 부활 사건은 예수의 추종자들로 하여 당대의 문화 속에서 가장 영예스러운 용어로 예수를 그리게 하는 데 중심적 역할을 했음이 분명하다. 그러나 교회의 이런 선포의 맹아萌芽는 역사적 예수의 체험이었다. 비록 충분히 자라난 식물이 꽃을 피우기 위해 부활이라는 체험이 필요했다 하더라도 말이다.

공관복음서가 만들어낸 누적된 인상, 즉 이스라엘의 시작까지 소급되는 유대교 카리스마 전통 속에 예수가 서 있다는 인상은 매우 강렬하다. 마태와 마가 그리고 누가복음은 한결같이 예수를 영으로 충만한 사람, 영적인 힘을 분출하는 사람으로 그린다. 영과 예수의 관계는 그가 기도祈禱했던 선교의 근원이요 에너지였다.

초기의 이런 예수상에 의하면 그는 다른 세계를 알고 있었으며, 엘리야와 모세에게까지 소급해 가는 중재자의 긴 반열에 서 있는 사람이었다. 더욱이 영의 세계와 예수의 관계는 예수 사역의 중심적 차원들—치유자, 현

---

53 이것은 중요한 점이다. 아주 세속적인 예를 들어보자. 조지 워싱턴은 합법적으로 나라의 아버지(國父)라 칭함을 받는다. 그가 스스로 그런 칭호에 합당치 않은 사람이라고 생각한다 해도 마찬가지다. 이처럼 기독교인들의 관점에서 보면 예수는 메시아로 불려지는 것이 적절하다. 비록 그가 스스로 그렇게 생각하지 않았다고 할지라도 말이다.

자(Sage), 재활성화 운동(revitalization movement)의 창시자, 예언자—을 이해하는 열쇠이기도 하다는 것을 이제 보게 될 것이다.

4 장
영의 힘
: 예수의 능력 있는 행동

　복음서가 그리고 있는 예수의 모습 중에서 예수가 기적의 사역자요 기적을 행하는 사람이었다는 전승처럼 현대인들을 곤혹스럽게 하는 요소는 아마 없을 것이다. 오늘날 우리 문화는 기적적인 힘이 이 세상에서 작용하고 있다는 것을 좀처럼 받아들이려 하지 않는다. 그리고 인과의 자연법칙을 넘어서는, 뭔가 설명을 요구하는 듯한 사건들에는 의심한다. 기적은 — 심신작용성(psychoshomatic explanation)을 가지고 설명하는 것이 가능해 보이는 경우를 제외하면— '무엇이 가능한가'에 대한 현대인들의 감각을 침해하는 것이다.
　교회에서조차 복음서에 나오는 기적적인 요소들에 대한 의구심이 존재하고 있다. 주류 교단에 속해 있는 교인들은 현대의 지적 풍조와 이 시대의 진정한 성과물들에 대해서는 열린 마음을 갖고 있으면서도 예수의 기적 이야기에 관한 한 우리의 문화권이 보여주고 있는 의심을 하거나 그 이야기를 무시하려는 경향이 있다. 또는 그것들을 다르게 해석하여 '무엇이 가능한가'에 대한 현대인들의 생각에 침해가 없도록 하는 경향이 있다. 그런가 하면 더 '보수적'이고 근본주의적인 전통에 서 있는 기독교인들은 기적들이 실제로 일어난 일임을 주장하면서, 기적의 역사적 사실성을 확신하지 않는 사람들은 마치 하나님의 능력을 믿지 않는 사람인 양 의심하는 경향을 보인다. 심지어 어떤 사람들은 그 기적들—그 기적들을 엄밀한 이성적 주장의 하나로 전환하면서—이야말로 예수가 신神임을 드러내는 것이라고 주장한다. 하지만 카리스마적인 기독교인들의 강조점은 다르다. 그들은 기적을 독특한 것이라거나 '예수는 누구인가'에 대한 증거로 이해하지 않는다. 그들은 오늘날에도 옛날과 똑같은 영의 선물이 가까이에 있으며 아직도 활동하고 있음을 확신하고 있다. 물론 그들은 그런 능력이 예수를 통해 나온다고 믿는 데 조금도 망설임이 없다.

현대 성서학은 나름대로 독특한 접근 방식을 발전시켜 왔다.[1] 초대교회 예수 이야기의 일부분인 기적 이야기의 의미를 다루면서, 현대 성서학은 그 기적의 역사성(실재의 소기성所起性)에 크게 관심을 두지 않았다. 그들의 관심은 더 광범위한 담론 혹은 문학적인 단위라고 볼 수 있는 복음서 자체의 구성요소로서, 기적 이야기를 가지고 복음서 기자들이 의도한 바가 과연 무엇이었는가였다. 우리는 복음서와 특정한 기적 이야기들이 맺고 있는 관계—저자에게 중요했던 주제나 모티프들이 일정 간격을 두고 부각하기 위해 사용했다거나 특정한 복음서에 배치했다거나 하는—에 세심한 주의를 기울임으로써 그 의미들을 발견할 수 있다. 학자들의 관심은 이 기적 이야기들과 그것들이 속해 있는 더 광범위한 종교·문학적인 전통 사이의 관계에도 집중하고 있다. 예수의 기적 이야기를 현재의 형태로 만

---

[1] 기적 이야기에 대한 현대의 학문적 접근을 다루고 있는 훌륭한 입문서로는 R. H. Fuller, *Interpretating the Miracles* (Philadelphia: Westminster, 1963)가 있다. D. L. Tiede, *The Charistmatic Figure as Miracle Wolker*(SBL Dissertation Series 1, 1972)와 H. C. Kee, *Miracle and the Early Christian World: A Study in Socio-Historical Method* (New Haven: Yale University Press, 1983)은 더 전문적인 연구 내용을 담고 있다.

든 초대교회 기독교인들은 이것을 부활 사건 이후에 살아계신 그리스도 체험의 빛 아래에서 그려냈을 뿐 아니라, 유대교와 히브리 성서(그때까지 그들의 신성한 경전이었던)에 기반을 둔 풍부한 문학적·종교적 전통의 한 부분이 되도록 만들었다. 그들이 예수에 관한 이야기를 할 때 자기네 전통을 슬며시 언급했다는 사실은 전혀 놀랄 만한 일이 아니다.

예를 하나 들어보자. 예수께서 광야에서 오천 명을 기적적으로 먹이신 이야기는 모세의 인도 아래 이집트에서 탈출한 후 이스라엘 백성들이 겪었던 광야 생활을 넌지시 암시하고 있다. 아무런 음식도 없었던 그곳에서 이스라엘 백성들은 만나, 즉 매일 아침 하늘에서 내려오는 빵 비슷한 신비스러운 음식으로 자신들을 먹이시는 하나님 덕에 살아갈 수 있었다. 예수께서 오천 명을 먹이신 이야기의 핵심은 예수가 '모세와 같은' 혹은 모세보다 훨씬 위대한 분이라는 것이다. 즉 그의 사역은 이스라엘을 태동한 그 사건과 맞먹는 해방 행위였으며, 하나님의 백성은 광야에서 다시 초자연적인 음식을 공급받았다는 것이다.

이 이야기는 '이집트 탈출' 사건을 상기할 뿐 아니라, 초대교회의 거룩한 식사를 예기豫起하는 것이다. 초대교회의 거룩한 식사에서 사람들은 성만찬(주의 만찬, 성찬, 미사 등 여러 가지 다른 이름으로 알려진)의 빵을 '그리스도의 몸'으로 이해했다. 성만찬의 빵은 광야에서 먹은 만나와 같고, 하나님이 그 백성들을 먹이신 초자연적인 음식과도 같다. 실제로 요한복음의 저자는 그 관계를 명백하게 보여주었다. 요한복음에 나오는 오천 명의 먹이신 사건의 결론 부분에서 예수는 "나는 생명의 양식이다", "나는 하늘로부터 내려와 세상에 생명을 주는 하나님의 양식이다" 하고 말씀하신다.2 다시 말해 이 이야기는 ―다른 빵 덩어리가 아닌― 바로 예수가 광야의 양식

---

2 전체 이야기를 살펴보려면 요 6:1-59을 보라. 6:35, 48, 33에서 인용한 것이다.

이요 생명의 양식이라는 말로써 끝을 맺는다.

현대의 학문적 접근은 많은 기적 이야기들이 일종의 상징적인 의미를 띠고 있음을 실감하도록 해준다. '상징적'이라는 단어가 어떤 기독교인들에게는 만족스럽지 않을 것이다. 그것은 상징적이라는 말을 '문자적인' 것으로 혹은 '역사적인 의미를 약화하는' 것으로 받아들이기 때문이다. 게다가 상징적인 것에 대한 현대인의 선입견도 있다. 우리가 뭔가에 대해 "그건 상징적이다"라고 말할 때 그것은 진지하게 취급할 필요가 없다는 뜻인 경우가 많다. 그러나 어떤 이야기가 상징적이라는 표현의 본래 뜻은 그 언어나 내용이 그 자체를 넘어서는 여러 가지 의미나 연상의 망을 가리키고 있음을 의미한다. 이러한 연상들은 그 이야기를 황폐하게 하기보다는 풍요롭게 한다.

그러나 이런 해석의 층위에서는 역사적인 물음이 그다지 중요하지는 않다. 즉 역사적인 사실성에 대한 물음 없이도 오천 명을 먹인 이야기에 대한 강력한 해설을 써 가는 것이 가능하다는 말이다. 기독교인들에게 예수는 생명의 양식이요, 거듭거듭 몸과 피로 그들을 먹여주시는 분이다. 이것은 공생애 기간 중 어떤 특정한 날짜에 무엇이 일어났는가, 일어나지 않았는가 하는 문제와는 별도로 언제나 진실한 사실이다. 어떤 설명이 상징적이라는 평가를 받았다고 해서 그것이 역사적인 것과 반대되는 것이 되란 법은 없다. 하지만 여기에서 역사적인 물음은 중심적인 것이 아니다. 실제로 현대 신학의 대체적인 경향은 그것을 별로 언급하지 않거나, 중요하지 않은 것으로 선언한다.

현대의 학문적인 접근은 하나의 견고한 통찰 위에 기초하고 있다. 그것은 기적 이야기가 교회의 예수 이야기의 일부분이라는 것이다. 그리고 그 이야기들의 의미는 초대교회가 그 이야기 속에서 어떤 의미를 발견했는지와 그들이 했던 진술에 귀를 기울일 때 더욱 고양된다는 것이다. 그러나 예수의 능력 있는 행동들은 예수 역사(history of Jesus)의 한 부분이다. 단순히 교회가 전하는 예수에 관한 이야기(story of Jesus)의 한 부분에 그치는 것이 아니다. 예수가 기적을 행하는 사람이었다는 전승은 역사적으로 매우 확고하게 입증한 사실이다. 그러므로 기적 이야기 자체에 대해서는 두 가지 범주로 나누어서 생각한다. 우선 우리가 역사적인 개연성을 가지고 이성적으로 "정말 일어났다"라고 말할 수 있는 예수 역사의 한 부분에 속하는 기적들이 있다. 다음으로는 우리가 "아마도 그런 일이 일어났겠지. 하지만 이야기의 의미는 다른 데 있는 것 같다"라고 말할 수밖에 없는 예수에 관한 이야기에 속하는 기적들이 있다.

예수 역사의 한 부분인 기적

태고의 전통에 등장하는 두 세계의 중재자들은 능력 있는 자나 귀신을 내쫓는 자, 특별히 질병 치유자가 되는 일이 자주 있었다. 물론 모두가 그랬다는 말은 아니다. 이스라엘이나 다른 문화권의 역사에서 어떤 사람들은 예언자나 입법자로서 신의 뜻을 전하는 중재자의 역할을 하거나, 점쟁이나 투시자透視者가 되어 초자연적인 지식을 전해 주기도 했다. 어떤 이들은 카리스마적 군사 지휘관, 즉 '영靈의 전사'였다. 또 어떤 사람들은 치유의 능력이 영의 세계에서 가시적인 세계로 나오는 통로가 되기도 했다. 유대인들이 '행동의 사람들'이라고 불렀던 이들 권능 있는 인물들은 1세기의 팔레스타인에 잘 알려져 있었다. 팔레스타인의 고대 전승(특히 엘리야)은 물론이고 하니나 벤 도사와 원 그리는 사람 호니 등 예수 시대의 카리스마적 인물들까지도 말이다.

예수: 병을 고치고 귀신을 내어쫓는 사람!

예수는 행동의 사람들 중 하나였다. 실제로 그 당시 사람들에게는 이것이 예수에게서 가장 특징적인 면이었다. 생전에 그는 주로 병을 고치고 마귀를 내어쫓는 사람으로 알려졌다. 그가 기적을 행한다는 소문에 이끌려 사람들이 그에게 몰려들었다. 이것을 복음서는 거듭해서 보도하고 있다. "그들이 모든 병든 사람, 귀신 들린 자들을 그에게 데려왔다." 병 고치는 사람으로서 "그의 명성이 퍼지고 많은 무리가 그를 따랐다." "사람들이 온 지경에서 그에게 몰려왔다."[3]

그의 치유 이적은 다른 측면에서도 흥미를 자아냈다. 세례자 요한은 헤롯 안티파스에 의해 처형하기 전 감옥에서 예수의 권능 있는 행적에 대해 듣고서 사람을 보내어 예수가 이스라엘 역사상 위대한 카리스마적 치유자 가운데 하나인 엘리야인지 물어보게 했다.[4] 요한이 죽은 후에 예수가 기적을 행한다는 소문을 들은 헤롯은 예수의 능력 있는 행동이 다시 살아난 세례 요한의 능력이 아닐까 생각하기도 했다.[5] 복음서 기자들은 사실을 보도하는 데 그치지 않고, 이야기 기술의 상당 부분을 그런 행동의 설명에 할애하고 있다.[6]

기적이란 것이 현대인들의 사고에 어려움을 주긴 하지만 예수가 병을

---

3 순서대로 막 1:32-34; 마 4:24; 막 1:45의 내용이다.

4 마 11:3과 눅 7:19에 나오는 요한의 말이다. "당신이 오실 그분입니까?"라는 그의 물음은 흔히 생각하듯 예수가 메시아인지를 묻는 물음이 아니다. 그 대신 '오실 그분'이라는 말은 명백하게 엘리야에 대한 기대와 연관되어 있지(말 3:1, 4:5를 보라), 메시아와 연관해 있는 것은 아니다.

5 막 6:14-16.

6 예를 들면, 마가복음의 적어도 3분의 2는 예루살렘의 마지막 주간 수난 설화에 앞서 기적 사화들을 다루고 있다.

고쳐주고 귀신을 내어쫓는 사람이었다는 데는 역사적으로도 논쟁의 여지가 없다. 이런 판단의 이유를 세 가지로 생각해 볼 수 있다. 첫째로 우리가 가진 자료들에는 그런 사실에 대한 증거가 어디에나 있다. 둘째로 병을 고치고 귀신을 내어쫓는 일은 예수의 주변 세계, 즉 유대교와 고대 그리스, 마케도니아 세계에서는 비교적 평범한 일이었다. 셋째로 예수를 적대시했던 사람들조차 병을 고치는 능력이 그를 통해 나온다는 주장에는 도전하지 않았다. 도리어 그들은 예수의 그 능력이 악한 영들의 우두머리에게서 오는 것이라고 주장했음을 볼 수 있다. 예수를 존경하던 추종자들뿐 아니라 예수에 대해 회의적인 시각을 품고 있었던 적들도 예수를 치유하는 능력 있는 거룩한 사람으로 보았다.

물론 현재 형태의 기적 이야기는 복음서 기자들의 산물이다. 상징적이고 문체론적인 요소들이 자주 엿보인다. 많은 세부적인 사항들이 생략된 것임을 분명하게 했다(이야기들을 아주 함축했다). 아주 많은 경우, 특정 치유사건을 직접 목격한 사람들의 증언인지는 불확실하다. 심지어 구체적인 이름이 거명하는 때조차도 그렇다. 그러나 그 이야기는 예수가 직면했던 상황의 양상 그리고 그가 행했던 행위의 양상을 반영해주고 있다. 비록 어떤 특정의 이야기가 문체상으로 전형적인 묘사인지, 아니면 특별한 사건의 목격자 진술에 정확하게 근거하고 있는 것인지를 확신할 수는 없는 경우에라도 말이다. 우리가 일반적으로 역사적인 자료를 다룬다고 해서 거기에 나오는 모든 세부 사항들이 다 역사적으로 정확한 것은 아니다.

귀신을 내쫓음

귀신축출자(an exorcist) 예수는 귀신 들린 많은 사람에게서 악령들을 몰아냈다. 여러 귀신을 쫓아낸 이야기(예를 들어, "더러운 귀신에 들렸던 사람들이 다 고침 받았다")와 일곱 귀신이 떠나간 막달라 마리아에 관한 이야기7 이외에도 공관복음에는 일련의 귀신축출 행위들에 대한 상세한 설명과 그 실행에 대한 언급이 있다. 복음서는 시종일관 병 고치는 일과 귀신 내어쫓는 일을 구별하고 있다. 모든 치유행위가 귀신축출 행위는 아니었으며, 모든 질병이 악령에 의해 생긴 것도 아니었다. 복음서는 예수 아닌 다른 귀신축출한 자에 대해서도 언급하고 있다. 익명의 바리새과 사람 하나가 예수의 추종자나 제자가 아니었는데도 예수의 이름으로 귀신을 내쫓았다.8 귀신을 쫓아내는 일이 매일 일어나는 것은 아니었지만, 그렇게 특별한 일도 아니었음이 분명했다.

특히 현대사회에 사는 우리에게 귀신축출 행위는 비일상적인 치유행위보다 더 이질적이다. 우리가 이러한 현상을 정상으로 보지 않기 때문이다. (우리가 다른 이름으로 부르는 '신들림'의 경우가 있지 않은가?) 더욱이 실재의 다른 차원에서 나오는 영에 의한 '들림'에 대한 진술은 우리의 세계관에 맞지 않기 때문이다. 신들렸다는 것과 귀신을 쫓아내는 일은 가시적可視的인 세계와 상호작용하고 있는 영의 세계가 실재한다는 것을 전제로 한다. 즉 태고의 전통이 옳다는 것을 전제하는 것이다.

이런 현상에 대한, 비교문화적 연구는 몇 가지 전형적인 특징들을 제시한다. 신들림이 나타나는 것은 어떤 사람이 하나의 악령 혹은 악령의 무리에 의해 지배를 받게 되었을 때이다. 그런 사람들(그리고 다른 사람들)은 '자신과는 전혀 다른' 것으로 경험하게 되는 어떤 이상한 기운에 사로잡히게 된다. 그들은 두 개 혹은 그 이상의 인격들을 갖게 될 뿐 아니라 기괴한 행동을 보이고 파괴적이거나, 자기 파괴적이 되는 경우가 많다. 경련을 일

---

7 눅 8:2.
8 마 12:27=눅 11:19; 막 9:38-39, 막 6:7-13; 9:18; 마 10:1-8; 눅 9:1-6;, 10:17.

으키고, 땀을 많이 흘리고, 발작을 보이는 것이 일반적인 모습이다. 때때로 비범한 힘이나 이상한 지식을 갖게 된다는 기록도 있다.9 귀신축출 행위란 악령을 어떤 사람으로부터 몰아내고, 그 사람에 대해 악령을 가지고 있던 소유권을 박탈하는 것이다. 악령을 제압하기 위해서는 더 우월한 영의 도움을 받아야 한다. 그래서 사람들은 주문이나 영험한 물건들을 동원하여 정성스런 의식을 벌이곤 했다.10

공관복음서는 신들림의 두 가지 예를 아주 생생하게 기술하고 있다. 군대 귀신에 들려 초자연적인 힘을 지니게 된 '거라사의 광인'은 갈릴리 바다 동쪽 기슭에 있는 묘지에서 괴성을 지르며 살고 있었다.

> 예수께서 배에서 내리시니, 곧 악한 귀신 들린 사람 하나가 무덤 사이에서 나와서, 예수와 만났다. 그는 무덤 사이에서 사는데, 이제는 아무도 그를 쇠사슬로도 묶어 둘 수 없었다. 여러 번 쇠고랑과 쇠사슬로 묶어 두었으나, 그는 쇠사슬도 끊고 쇠고랑도 부수었다. 아무도 그를 휘어잡을 수 없었다. 그는 밤낮 무덤 사이나 산속에서 살면서, 소리를 질러 대고, 돌로 제 몸에 상처를 내곤 하였다. 예수께서 그에게 물으셨다. "네 이름이 무엇이냐?" 그가 대답하였다. "군대입니다. 우리의 수가 많기 때문에 붙여진 이름입니다."11

---

9 귀신 들림과 축귀(逐鬼) 행위에 대한 연구를 참고하기 위해서는 I. M. Lewis, *Ecstatic Religion: An Anthropological Study of Spirit Possession and Shamanism* (Harmondsworth, England: Penguin, 1971)을 보라.

10 예를 들어, 예수와 동시대에 살았던 유대교 귀신축출자에 대한 다음의 이야기를 보라: "엘레자는 문장(紋章) 아래 솔로몬의 처방이 들어 있는 반지 하나를 귀신 들린 사람의 코에 넣었다. 이윽고 귀신 들린 자가 그 냄새를 맡자, 귀신은 그의 콧구멍을 통해 나오고 그 사람은 갑자기 쓰러졌다. 이때 엘레자는 솔로몬의 이름을 부르고 자기가 직접 만든 주문을 암송하면서 그 귀신에게 다시는 그에게 들어가지 말라고 엄명했다." 이 일화는 요세푸스의 *Jewish Antiquities* 8:46-48에 나온다.

11 막 5:2-5, 9.

마가의 설명에 따르면 귀신도 역시 비범한 지식을 갖고 있었다. 마가복음에서 그때까지는 한 사람도 알아채지 못했던 예수의 지위를 귀신이 인정한 것이다. "더없이 높으신 하나님의 아들 예수님, 나와 무슨 상관이 있습니까?"12

우리는 거라사의 광인이 보였던 자기 파괴적인 성격을 귀신 들린 소년에 대한 마가의 묘사에서 또 찾아보게 된다. 악령이 그 아이를 붙잡을 때마다, 악령은 아이를 땅에 자빠뜨리고 입에 거품을 물게 했으며 이를 갈게 몸이 뻣뻣해지게 만들었다. 어떤 때는 아이를 물이나 불 속에 던져 "파멸시키려고"도 했다.13

갈릴리, 가버나움 회당에서 귀신을 쫓아낸 사건에 대한 마가의 보도에서 볼 수 있듯이 예수는 그저 말로 명령함으로써 악령들을 몰아냈다.14 이런 경우에는 귀신 들린 사람이 하나 이상의 인격을 가진 상태라는 것과 그 더러운 영이 예수를 알아보는데 그것은 마치 비상한 지식을 통해서인

---

12 이 이야기는 또 하나의 상징적인 의미를 지시해 주는 많은 요소를 포함하고 있다. 마가가 자신의 이야기에서 그리고 있는 그림은 어떤 사람을 거룩(하나님)으로부터 분리한다고 사람들이 믿고 있던 부정함과 불결의 이미지들로 가득 차 있다. 이 귀신 들린 사람은 이방(부정한) 지역에 살고 있었다. 또한, 무덤들 사이(그 당시 사람들은 죽음과 근접해있음을 더러움의 가장 강력한 근원 중의 하나로 보았다)에서 살고 있었다. 그는 '부정한' 짐승이었던 돼지들 곁에 있었고 '부정한 영'에 사로잡혀 있었다. 이 장면은 그 당시 종교적인 신념의 틀에서 보았을 때 하나님으로부터 분리한 사람의 전형적인 모습이다. 이 이야기는 예수가 더러움과 소외의 가장 강하고 파괴적인 근원들을 극복하고, 악의 세력들을 세상에서 추방하고, 그 희생자들을 회복시켜 건강하고 인간적인 공동체로 돌아가게 하는 사람임을 가리키고 있다(이 귀신축출 행위는 귀신 들렸던 사람이 "옷을 바로 입고 멀쩡한 정신으로 되돌아온" 장면에서 끝난다. 예수는 그에게 "집으로 가라"고 말한다).

13 막 9:17-18, 21-22. 이 일화에 나오는 발작(seizure)에 대한 묘사가 귀신들림(possession)과 간질(epilepsy)을 같은 것으로 보도록 해서는 안 된다. 이 둘은 완전히 다른 현상이다.

14 막 1:23-27. 복음서에서 이 이야기의 위치는 마가에게 예수의 귀신축출 행위의 중요성을 보여준다. 이것은 마가가 보도하고 있는 예수의 사역에서 첫 번째 공적인 사건이기 때문이다. 곧이어 예수는 핵심 제자를 불러 모았다.

것 같다는 사실 이외에 귀신 들린 자의 상태에 대한 언급이 없다. 귀신을 내어쫓을 때는 경련과 큰 외침이 뒤따랐다. 그러나 여기서 눈에 띄는 것은 군중들의 반응이다. 사람들은 놀라서 외쳤다. "이게 어찌된 일이냐? 권위 있는 새로운 가르침이다! 그가 악한 귀신들에게 명하시니, 그들도 복종하는구나!" 이들의 외침은 이들이(또는 복음서 기자가) 더러운 영들을 쫓아내는 예수가 지닌 힘의 근원이 무엇이라고 생각했는지를 암시해 준다. 그가 권위 있게 더러운 영에게 명령한다는 말은 그가 게부라(하나님의 영)의 입으로 귀신들을 축출했다는 뜻이다.15

현대 의학에서 의사들이나 정신의학자들이 '귀신 들림'(possession)의 상태를 어떻게 진단하는지, 귀신을 쫓는 과정을 어떻게 묘사하는지—그들이 이런 것 중 하나를 증언한다면—를 말하는 것은 쉬운 일이 아니다. 현대적 세계관의 틀에서 사람들은 귀신 들림을 뭔가 다른 설명이 필요한 어떤 상태에 대한 원시적이고, 과학 이전의 진단이라고 보는 경향이 있다. 대체로 우리는 그것을 정신병리학적 상태로 볼 것이다. 스스로 귀신 들렸다고 믿는 허황한 상상도 그 증상에 포함된다. 어쩌면 정신병리학적 진단이나 설명이 가능할 것이다.16 사회적인 조건들 또한 하나의 요인으로 볼 수 있다. 정치적 억압이나 사회적 착취, 급격한 사회변동—이 모든 것들은 1세기 팔레스타인 사회의 특징이다—은 귀신 들린 사람들의 수가 늘어나는 것과 관련이 있다고 가정하는 인류학적, 사회심리학적 자료들도 많이 있다.17

그러나 아무리 현대적인 설명이 개연성을 띠고 많은 심리적, 사회적

---

15 게부라를 권능자의 입(mouth of Power) 혹은 영으로 보는 데 대해서는 이 책의 제3장 76, 34번 각주를 보라.

16 M. Scott Peck, *People of the Lie* (New York: Simon and Schuster, 1983).

17 특별히 Lewis, *Ecstatic Religion* 참조.

요인들이 개입될 수 있다 할지라도 예수와 그의 동시대인들(대부분의 문화권에 속한 사람들도 마찬가지)은 사람들이 귀신 들릴 수도 있고, 다른 층위에서 온 어떤 영에 사로잡힐 수도 있다고 생각했음이 강조되어야 할 것이다. 그들의 세계관은 그러한 영이 실재한다는 것을 인정하고 있었다.[18] 어쩌면 이런 공유된 확신이 부분적으로는 이런 현상들의 원인이 되었을지도 모른다. 어쨌든 그들은 그런 현상들을 단순히 귀신 들림과 귀신축출 행위의 사례로 생각하지 않았다. 오히려 귀신 들린 자, 귀신을 내어쫓는 자 그리고 구경꾼 모두가 그 사태를 사람을 사로잡은 영적인 힘을 축출하는 행위로 그런 사건들을 체험했다.

예수의 귀신축출 행위는 많은 무리를 모았을 뿐만 아니라 많은 논쟁을 불러일으켰다. 그의 적대자 중 몇 사람은 예수가 악한 권세의 도움으로 그런 일들을 행한다고 고소했다. "예루살렘에서 내려온 율법 학자들은 예수가 바알세불이 들렸다고 하고, 또 그가 귀신 두목의 힘을 빌려서 귀신을 쫓아낸다고도 하였다."[19] 그건 마법이요, 마술 행위라는 비난이다.[20] 몇 세기 후에 나온 유대의 사료史料를 보면, 예수의 이름을 아람어로 기록하면서 똑같은 고소의 내용을 반복하고 있고, 그것과 예수의 죽음을 연결하고

---

18 그러한 사람들의 우주론에 관해 설명이 잘 되어 있는 글로는 Mary Douglas, *Natural Symbols: Explorations in Cosmology* (New York: Pantheon, 1970), vii-ix, 103, 107-124 참조.

19 막 3:22. 완전한 설명은 막 3:22-30; 마 12:22-37; 눅 11:14-23을 보라. 바알세불은 악마의 이름이다. 바알세불(Beelzebul)이라고도 하고 바알세붑(Beelezebub)이라고도 하는데, '똥의 주님', '파리들의 주님'이란 뜻이다.

20 귀신들림과 귀신축출 현상을 인정하는 사회에서 어떤 사람을 마술을 시행했다는 혐의로 고발하는 것은 대체로 "경쟁자들이나 적대자들 사이의 적의(敵意)를 표현하기 위한" 것이었다(Lewis, *Ecstatic Religion*, 33). 마술을 행한다는 혐의로 예수를 고소했던 적대자와 예수의 갈등에 대해서는 Jerome Neyrey & Bruce Malina, *Calling Jesus Names* (Sonoma, CA: Polebridge Press, 1988), 제1장 참조.

있다.21 나사렛 예수(Jesus of Nazareth)는 "마술을 행하여 이스라엘 사람들을 미혹했기 때문에" 처형되었다는 것이다. 마술을 행한다는 고소는 예수의 능력에 대한 경멸적인 성격 규정이요, 그 능력의 근원을 어둠의 세력(바알세불에 대한 언급에서처럼)에 돌리는 것이다. 적대자는 예수를 정통에서 벗어난 거룩자(holy man), 즉 마술사(magician)로 보았다.22 그러나 그의 권능은 부인되지 않았다.

이런 비난에 대응하여, 예수는 자신을 통해 나오는 능력이 하나님의 영이라고 확실하게 말했다. "그러나 내가 하나님의 영을 힘입어서 귀신을 쫓아내는 것이면, 하나님의 나라는 너희에게 왔다."23 실제로 예수는 자신의 귀신축출 행위를 강한 자—예수는 그가 하늘로부터 떨어지는 것을 보았다24—가 하나님의 영에 의해 결박당하고 정복당하게 되는 신호로 보았다. "먼저 힘센 사람을 묶어 놓지 않고서는, 아무도 그 사람의 집에 들어가서 세간을 털어 갈 수 없다. 묶어 놓은 뒤에야, 그 집을 털어 갈 것이다."25

---

21 바빌로니아의 탈무드에서, 쉬네드리온 43a.
22 여기서 '마술사'라는 단어는 마술적인 속임수를 쓰는 연예인이라는 오늘날의 의미로 쓰인 것이 아니다. 오히려 이 말은 영적인 세계의 능력을 조작할 수 있는 사람이라는 고대적 의미에서 쓰인 것이다. 특별히 Morton Smith, *Jesus the Magician* (San Fransico: Harper& Row, 1978)과 그의 초기 저작인 *Clement of Alexandria and a Secret Gospel of Mark* (Cambridge: Harvard University Press, 1973)을 보라. Smith는 고대 세계에서 예수가 행했던 것과 같은 형태의 마술 행위에 관련된 엄청난 양의 증거자료를 모아서 예수의 적대자가 가졌던 관점을 근원적으로 확증해 준다. Smith의 첫 번째 책에 대한 Walter Wink의 비판적이면서도 안목 있는 관점은 두 입장에 대한 평가로서 적당하다. Wink는 이렇게 쓴다. 독자는 "잠재적으로 Smith의 관심이 예수를 헐뜯음으로 기독교를 불신하는 데 있다"는 느낌을 받는다. 그러나 Smith의 글 일부는 "멋들어진 학술적인 성과이다. 예수의 마술에 대한 Smith의 논점이 갖는 가치는 그가 예수의 치유와 귀신축출 행위를 1세기 마술적 행위들의 광범위한 맥락—지금까지는 대부분 무시되어 왔던—속에 놓았다는 것"이다. W. Wink, "Jesus as Magician," *Union Seminary Quarterly Review 30* (1974), 3-14; 9-10에서 인용.
23 마 12:28=눅 11:20.
24 눅 10:18; 제3장, 76-77쪽을 보라.

그러므로 예수의 귀신축출 행위와 적대자들의 비난은 공히 예수를 아주 분명하게 영으로 충만한 카리스마적 인물의 사상 세계와 경험 세계에 연결한다. 그는 하나님의 영이 자신을 통해 힘 있게 흘러나오는 것을 경험한 사람이었다.

치유

예수는 치유자로도 이름이 나 있었다. 실제로 복음서에는 그의 치유행위가 귀신축출 행위보다 빈번하게 등장한다. 치유행위는 예수가 한 것으로 추정할 수 있는 말들이나, 요약 진술들26 속에서 언급하기는 하지만 말이다. 세례자 요한이 보낸 사람에게 예수는 이렇게 말했다. "가서, 너희가 듣고 본 것을 요한에게 알려라. 눈먼 사람이 보고, 다리 저는 사람이 걸으며, 나병 환자가 깨끗하게 되며, 듣지 못하는 사람이 들으며, 죽은 사람이 살아나며, 가난한 사람이 복음을 듣는다."27

이렇게 요약한 진술들 이외에도 공관복음서는 열세 가지의 특별한 상태—열병, 문둥병, 중풍병, 오그라든 손, 굽은 등, 혈루증, 귀먹음, 벙어리 증세, 앞 못 봄, 수전증, 잘려 나간 귀, 죽을병,28—의 치유 이야기를 담고

---

25 막 3:27.

26 예를 들면 막 1:34: "그는 온갖 병에 걸린 사람들을 고쳐 주시고…"; 3:9-10: "예수께서는 무리가 자기에게 밀려드는 혼잡을 피하시려고, 제자들에게 분부하여 작은 배 한 척을 마련하게 하셨다. 그가 많은 사람을 고쳐주셨으므로, 온갖 병으로 고통받는 사람들이 누구나 그에게 손을 대려고 밀려들었기 때문이다."

27 마 11:4-5= 눅 7:22. 병 고침의 유형들(눈먼 자들이 보고, 귀먹은 자들이 듣고, 절름발이가 걷는 등)의 목록은 대부분 다가오는 시대(영을 부어주심으로 표현되기도 하는)를 가리키는 구약의 구절들에서 나온 것이다. 그러므로 이 목록이 예수의 실제 병 고침의 범주를 열거한 것인지, 다가오는 시대(영의 부어주심)가 시작되었음을 말해주는 하나의 방법인지는 분명치가 않다.

있다. 이 열세 가지가 예수가 행한 치유행위 전부라고 생각해서는 안 된다. 오히려 이것들은 전형적인 것으로 소개한 것이며, 때로는 다른 것을 지시하기 위해서 진술하였다. 복음서 이야기들의 이러한 성격을 감안해 볼 때, 우리는 개별 이야기들의 이면에 있는 정확한 사건의 진상에 대한 질문을 다루기보다는 단순히 그 이야기들이 빚어내고 있는 인상에 주목하려고 한다. 비록 우리가 신문 보도 자료를 다루는 것은 아니라 할지라도, 그때까지는 생생했던 구전口傳 전승과 접촉하고 있었던 예수의 처음 추종자들이 예수를 어떻게 '보았는가'는 다소나마 짐작해 볼 수 있다.

그 이야기들은 활동 중인 카리스마적 치유자에 대한 생생한 인상을 제공한다. 간혹 예수는 말로써 병을 고쳤다. 그는 손이 오그라진 남자에게 말했다. "네 손을 펴라!" 그러자 손이 회복되었다.29 하지만 접촉 행위가 가장 많았다. 문둥병자가 왔을 때, 예수는 '민망히 여겨' 그에게 손을 대었고 그 즉시 문둥병이 그에게서 떠나갔다.30 귀먹은 자의 경우처럼 예수가 그냥 손을 대는 데 그치지 않고 물리적인 수단을 사용하는 때도 있었다.

"예수께서 그를 무리로부터 따로 데려가서, 손가락을 그의 귀에 넣고, 침을 뱉어서, 그의 혀에 손을 대셨다. 그리고 하늘을 우러러보시고서 탄식하시고, 그에게 말씀하시기를 '에바다'(열리다) 하셨다. 그러자 곧 그의 귀가 열리고 혀가 풀려서, 말을 똑바로 하였다."31 여기에서 특별히 흥미로운 것은 '열리다'는 뜻의 아람어 에바다ephphatha이다. 문맥으로 보아 이 말

---

28 열병: 막 1-29:31; 문둥병: 막 1:40-45; 눅 17:11-19(열 명의 문둥병자들의 이야기); 중풍병: 막 2:1-12; 오그라든 손: 막 3:1-6; 굽은 등: 눅 13:10-17; 혈루병: 막 5:24b-34; 귀먹음과 말 못 함: 막 7:37; 앞 못 봄: 막 8:22-26; 10:46-52; 수족증(부종): 눅 14:1-6; 떨어져 나간 귀: 눅 22:51; 죽을병 혹은 중풍: 눅 7:1-10= 마 8:5-13.

29 막 3:5.

30 막 1:40-42.

31 막 7:33-35. 예수가 눈먼 자의 눈에 침을 발라주었다고 보도하고 있는 막 8:22-26도 보라.

은 분명 사람의 귀가 열리는 것을 가리키지만, 하늘이 열리고 있다는 뜻을 암시하고 있다. 분명 예수는 하늘을 우러러보면서 '열려라!' 했다. 하늘 문이 열려야 병이 고치는 권세가 오는 것이다.

동시대의 갈릴리 신령한 인물이었던 하나나 벤 도사와 마찬가지로 예수는 먼 거리에 떨어져 있는 사람의 병도 고쳤다. 어떤 로마의 백부장이 예수께 여기서 좀 떨어진 곳에 있는 자기 집에 중풍으로 누워있는 하인을 고쳐달라고 간청하였다. 백부장의 믿음을 보시고 예수께서 말씀하셨다. "가거라. 네가 믿은 대로 될 것이다." 이야기는 다음과 같이 끝맺는다. "바로 그 시각에 그 종이 나았다."32

어떻게 이런 일이 일어날 수 있는가를 설명하려는 시도는 우리의 의도와는 상관없을 뿐만 아니라 어쩌면 불가능할 것이다. 이런 것을 믿음 치료(faith healing)라고 생각하는 경향이 있는데, 그렇게 함으로써 심신 상호작용설이란 것은 현대 세계관의 한계를 조금 확정하기는 하지만, 깨뜨리지는 않는다. 비록 어떤 이야기 중에는 믿음이 관련되어 있으나, 고침을 받은 사람의 믿음이 관련되지 않은 다른 경우들도 분명히 있다.

오히려 예수의 치유행위는 보도 그 자체만의 사유체계에서 보면 '권능'의 결과였다. 실제로 예수의 권세 있는 행동을 가리키는 데서 복음서가 가장 즐겨 사용하고 있는 단어는 그리스어 뒤나미스dunamis이고, 이것은 번역하면 권능이다. 이 단어는 주로 복수로 쓰였는데, 예수의 권위 있는 행위들이 바로 이 권능이었다. 단수로 쓸 때는 보통 하나님의 권능이라든지, 지존자至尊者의 권능이라는 표현처럼 하나님의 주요 속성 중 하나를 가리킨다. 이 단어는 하나님의 이름으로 쓰일 수도 있었다. "내가 바로 그이요. 당신들은 인자가 전능하신 분의 오른쪽에 앉아 있는 것과 하늘의 구름을

---

32 마 8:5-13= 눅 7:1-10. 하나나에 대한 이야기를 참조하려면 이 책의 2장, 53쪽을 보라.

타고 오는 것을 보게 될 것이오."33 즉, 예수 자신과 복음서 기자들은 예수의 그런 행동들을 권능자(The Power)로부터 오는 권능(powers)이라고 이해했다.

누가가 기록했고 그래서 공관복음의 관점을 반영하고 있는 사도행전에서는 이 능력이 바로 하나님의 영과 연결되어 있다. "그러나 성령이 너희에게 내리시면, 너희는 능력을 받고…."34 누가 역시 자신의 복음서에서 이러한 연관을 다음과 같이 표현한다. "예수께서 성령의 능력을 입고 갈릴리로 돌아오셨다."35

그러므로 복음서의 입장으로 본 예수의 권세 있는 행동과 귀신축출, 치유의 행위들은 모두 신령한 사람 예수를 통해 나오는 권능의 산물이었다. 그의 권능은 카리스마적이었고, 그가 또 다른 영역의 권능을 전해 주는 통로가 된 결과 나타난 것들이었다. 예수와 그의 동시대인들은 그것을 영(Spirit)이라 불렀다.

기적: 예수에 대한 이야기의 한 부분

공관복음서는 귀신축출이나 치유 이적 이외에도 다른 '극적인' 행동을 적지 않게 보도하고 있었다. 분명히 죽었던 사람을 소생시킨 일이 두 번 있었고, 바다에서 일어난 사건 둘(풍랑을 잠잠하게 한 것과 바다 위를 걸은 것), 기적적으로 고기를 많이 잡히게 한 일, 무화과나무를 저주하여 말라 죽게

---

33 막 14:62.
34 행 1:8.
35 눅 4:14.

한 일 등이다.36 이러한 진술들을 역사적인 사실로 받아들여야 할 것인가? 그러니까 바로 예수가 그런 일을 했다는 것인가? 이에 대한 대답은 다음 두 가지 요인 때문에 어렵다.

첫째로 카리스마 있는 중재자의 권능에 한계가 있는지 없는지의 여부를 우리가 쉽게 알 수 없다는 것이다. 예를 들어, 정말로 죽은 사람들이 소생하는 일이 가능한가? 공중부양空中浮揚(영적인 작용에 의해 공중에 뜨는 현상)은 정말로 일어나는가? 그래서 특히 물 위를 걷는 것이 이 현상의 예증이 될 수 있는가? 그런 사건들이 실제로 일어났는지의 여부에 대한 역사적인 판단은 카리스마 있는 인물이 이 같은 일을 할 수 있다고 믿느냐, 믿지 않느냐에 어느 정도 달려있다.37

---

36 소생: 막 5:21-24, 35-43; 눅 7:11-17. 바다의 기적: 막 4:35-41과 6:45-52. 많은 사람을 먹인 기적: 막 6:30-44과 8:1-10. 고기를 잡게 한 이야기(눅 5:1-11)에서 예수는 어부 제자들에게 고기를 찾아주는 사람(game-finder)의 역할을 한다. 비록 이것이 그 이야기의 요점은 아니라 할지라도 말이다(이 이야기의 요점은 제자들이 이제 사람 낚는 어부가 되었다는 것이다). 사냥을 하고 물고기를 잡아먹고 사는 사회에서 신령한 사람들의 전통적인 역할 중 하나가 먹을거리 찾기(game-finding)이다. 그들은 자신의 힘을 부족(자기 백성들)을 위해 사용한다. 농경사회에서 이와 상응하는 역할은 비를 내리게 하는 것이다. 무화과나무를 저주하는 이야기(막 11:12-14, 20-25)는 특히 혼란스러운데, 그 이야기가 "성격에 맞지 않기" 때문이다. 학자들은 그 이야기가 예수가 말했던 무화과나무에 대한 비유(눅 13:6-9)로부터 생겨났을 것이라고 자주 생각했다. 어떤 경우든, 마가가 무화과나무 이야기를 그 대목에 배치한 것은 하나의 상징적인 의미를 암시하고 있다. 이 이야기는 두 부분으로 나뉘어 있는데, 그 사이에 성전 숙정 사건이 끼어있다. 마가는 (종종 이스라엘의 이미지로 나타나는) 열매를 맺지 못한 무화과나무와 본래의 목적에 부응하지 못하는 성전 사이에서 어떤 관련성을 보고 있음이 분명하다. 무화과나무의 말라죽음은 예루살렘과 그 성전이 맞이할 미래를 가리키고 있다.

37 이것은 "하나님은 권능에 한계가 있는가?" 하는 물음과는 다른 것이다. 우리의 물음은 인간 존재를 통한 그 권능의 중재가 어떤 방식으로는 제한되어 있는가에 대한 것이다. 성 데니스라는 기독교 성자의 이야기는 이 점에 대해서 시사하는 바가 크다. 그는 파리의 주교로서 3세기 로마인들에 의해 순교 당했다. 목이 베어진 후, 그는 자기의 잘린 머리를 주워들고 몇 km를 걸어가 자신의 교회에 도착했고, 거기에서 계속 자신의 잘린 머리를 팔에 안은 채 성가를 불렀다는 이야기를 우리는 듣는다. 이와 같은 일이 일어날 수 있는가? 어떤 사람은

둘째로 이런 담론들 속에는 상징적인 요소가 많다는 점이다. 이런 이야기들과 초대교회의 종교·문화적 전통에는 유사점들이 많으며, 전체 이야기들은 —그 안에 있는 세부적인 내용이 아니라— 그것이 역사적이냐 아니냐의 문제보다는 어떻게 이야기 그 자체를 넘어서 다른 무엇을 가리키고 있느냐를 통해 이해해야 하는 경우가 대부분이다.38 이미 우리가 주지한 바와 같이 그렇게 한다고 해서 역사적으로 꼭 부정적인 판단을 요구하는 것은 아니다. 상징적인 요소들을 지닌 이야기도 역사적 토대를 가질 수 있다. 하지만 우리는 이런 '다른 권능들'에 대한 이야기를 예수 역사의 한 부분으로서가 아니라 교회가 전하는 예수 이야기의 한 부분으로 보는 것이 가장 그럴듯하다는 것을 알게 될 것이다.

이들 중 가장 대표적인 것은 역시 예수가 수천 명을 먹인 이야기와 이

"하나님에게는 능치 못할 일이 없다"라고 말할지도 모르겠다. 그러나 이 말은 모든 일이 영으로 충만한 중개자에게도 가능하고 혹은 그 중재자를 통해서도 가능하다는 뜻인가? 그와 같은 이야기에 대한 역사적인 회의를 표명한다고 하나님의 능력을 의심하는 것은 아니다.

38 어떤 기적 이야기들은 완전히 상징적이고, 역사적이지 않다는 인식은 일반적으로 David Friedrich Strauss에게까지 소급된다. 2권으로 된 그의 책 *Life of Jesus*가 1835년 처음 출판되었을 때 그의 나이는 겨우 27세였다. Strauss 이전 학자들은 일반적으로 기적 이야기들이 역사적인 이야기들로 읽혀져야 한다는 데 동의했고, 그 이야기를 초자연적인 설명으로 추적할 것이냐 자연적인 설명으로 추적할 것이냐에 대한 견해에서 차이를 보였었다. Strauss와 동시대인 중 하나가 제기했던 자연적인 설명을 보면 오천 명을 먹인 사건이 다음과 같이 설명하고 있다. 무리 중 많은 사람은 음식을 가져왔다. 그런데 한 소년이 자기의 빵 다섯 덩어리와 물고기 두 마리를 나누는 행동이 나머지 군중을 감동하게 해 그들로 하여금 그와 비슷하게 관대한 방식으로 행동하게 했다. 아이러니하게도 이 설명은 그 이야기의 소기성(所起性, happenedness)은 보존했지만, 기적은 파괴했다. Strauss는 이 기적 이야기들을 역사적인 것으로 다루고 있는 이런 선입견을 잘라내고 그 대신에 많은 기적 이야기들이 구약의 풍부한 상상력을 끌어다 썼던 초대교회의 문학적 창작으로 이해해야 한다고 제안했다. 물론, 그 창작의 의미는 그것의 상징에 있다. Strauss의 책은 그 당시 급진적인 것이었다. 어떤 논평은 그 책을 페스트와 같은 가장 악질의 책으로, 지옥의 밥그릇으로부터 게워낸 것이라고 혹평했다. 그리고 그는 유럽의 대학들로부터 배척당했다. 그러나 그의 접근 방식에 조금 수정을 가한 것이 오늘날 주류 성서학의 입장이 되었다.

미 위에서 잠깐 등장했던, 예수가 풍랑을 잠잠하게 하고 물 위를 걸어간 이야기이다. 바다에서 일어난 이야기 중 어떤 것도 예수의 공적인 사역과 관련된 것이 아니다. 오히려 제자들이라는 내부 집단만이 그 자리에 있었다는 사실은 중요한 의미가 있다. 두 이야기에서 제자들은 한밤중에 배 안에 있었고, 크게 놀랐고, 근심하고 있었다. 두 이야기 모두, 예수가 이들에게 오자 바람이 그치고 바다가 조용해졌다.

이런 이야기에서 강조되고 있는 것은 '바다'이다. 바다는 히브리 성경 속에서 풍부한 의미의 반향을 간직한 채 반복적으로 등장하는 이미지이다. 바다에 해당하는 히브리어는 바벨론 창조 설화에 나오는 악惡의 신 이름에서 온 것이다. 이 단어는 악마, 즉 하나님을 거역하는 사악하고 위협적이며 불가사의한 힘이라는 뜻을 내포하고 있었다. 하나님의 권능과 권위를 강조하고자 할 때 고대 히브리인들이 '하나님이 바다를 지배하신다'고 말했던 것은 바로 그런 이유에서였다. 시편 기자는 다음과 같이 선언했다. "바다도 그의 것이며, 그가 지으신 것이다…", "주님은 소용돌이치는 바다를 다스리시며, 뛰노는 파도도 진정시키십니다."39 욥기에 의하면 "바닷물을 문으로 막은" 분이 바로 하나님이셨다. 그가 바다에게 말씀하셨다. "여기까지는 와도 된다. 그러나 더 넘어서지는 말아라! 도도한 물결을 여기에서 멈추어라!"40

곤경에 빠진 제자들과 이들의 부르짖음은 바다에서 폭풍을 만났던 사람들의 상황을 묘사하고 있는 시편의 다른 구절들을 연상시켰다.

그는 말씀으로 큰 폭풍을 일으키시고, 물결을 산더미처럼 쌓으신다. 배들은 하늘

---

39 시 95:5; 89:9.
40 욥 38:8, 11: "회오리바람으로부터 나오는 음성"으로 알려진 극적인 하나님 말씀의 일부분.

높이 떠올랐다가 깊은 바다로 떨어진다. 그런 위기에서 그들은 얼이 빠지고 간담이 녹는다. 그들이 모두 술 취한 사람처럼 비틀거리며 흔들리니, 그들의 지혜가 모두 쓸모 없이 된다. 그러나 그들이 고난 가운데서 주님께 부르짖을 때에, 그들을 곤경에서 벗어나게 해주신다. 폭풍이 잠잠해지고, 물결도 잔잔해진다.[41]

초대교회의 종교·문학적 전통의 일부였던 이런 언어와 이미지와의 관련은 그 이야기가 더 큰 틀에서 이해되어야 한다는 것을 시사해 주고 있다.

지금까지 여러 요소를 검토해 볼 때 이 이야기는 몇 가지 사실을 제시하고 있다. 풍랑을 잔잔하게 하는 분이신 예수상은 그가 하나님의 권능과 권위를 공유하고 있음을 말해준다. 즉, 구약에서 하나님이 하신 것으로 증언되었던 일들이 이제 예수가 하신 것으로 증거되었다는 것이다. 더욱이 악과 혼돈의 세력이 그들을 삼키려고 위협하는 때에 고통 속에서 부르짖고 있는 추종자들에게 예수는 시편 이야기 속의 주님처럼 응답해 주신다. 끝으로 그들이 탄 배는 초대교회를 가리키는 상징 중 하나였다. 아마 마가의 이야기가 쓰인 때부터 그랬던 것 같다. 마가가 이 이미지를 사용할 때 그 이야기들은 예수를 교회의 주님이요, 고통 속에서 그를 향해 도움을 청하는 백성을 구원하시는 분으로 그려냈다. "주님, 살려 주십시오. 우리가 죽게 되었습니다"[42]라는 제자들의 부르짖음은 (초대) 교회의 부르짖음이다. 또한, 제자들에게 그랬던 것처럼 예수는 교회를 향해서도 "안심하여라. 나다. 두려워하지 말아라"고 말해주고 있다.[43] 간단히 말해, 이 이야기

---

[41] 시 107:25-29. 이 시 전체는 도움을 청하기 위해 하나님을 찾는 사람들의 여러 유형을 묘사하고 있다: 사막의 황무지에서, 감옥이나 흑암 속에서 헤매고 있는 사람들, 죽을병에 걸린 사람들 그리고 바다에 의해 위협당하고 있는 사람들.
[42] 이 구절은 풍랑을 잔잔하게 하는 이야기에 대한 마태의 기록에서 인용한 것이다. 마 8:25.
[43] 막 6:50에 나오는 물 위를 걷는 이야기에 대한 설명.

의 목적은 역사적인 것이라기보다는 상징적인 것이다. 그것이 상징적이라고 해서 진실성이 떨어지는 것도 아니다. 실제로 그 진실성은 기독교인들의 경험 속에서 줄곧 입증돼 왔다. 그 이야기가 어느 날 밤 갈릴리 바다에서 실제로 일어난 우연한 사건을 기록하고 있는지의 여부에 대한 역사적 판결은 완전히 다른 문제이다.

이와 비슷한 다른 장엄한 이야기들 속에서도 이 상징적인 요소들은 역사적인 보도 배후에 있는 어떤 의미에 강조점을 두고 있다. 소생(resuscitation) 이야기 중에서도 가장 세상을 떠들썩하게 했던 나사로의 소생은 요한복음에 등장한다. 그런데 이미 우리가 주지한 것처럼 학자들은 이 복음서가 본질로 역사적이지 않다고 보고 있다.[44] 복음서에 나오는 두 가지 소생 이야기 중 다른 하나는 실제 사건이 아니었던 것으로 보이지만, 현대적인 진단 방법이 없었던 시대에는 비교적 흔하게 일어날 수 있었던 바 죽은 것처럼 보였던 한 생명의 회생이었다. 야이로의 딸이 누워있는 침대 주위에 모여 통곡하고 있던 사람들에게 예수는 이렇게 말했다. "어찌하여 떠들며 울고 있느냐? 그 아이는 죽은 것이 아니라 자고 있다."[45]

우리가 이런 이야기들 배후에 있는 역사성에 대해 어떤 생각을 하든 간에 이 보도들은 상징적인 면이 있다. 즉, '죽은 자를 살림'은 메시아와 새 시대(new age)의 도래와 연관되어 있다. 그러므로 이 같은 보도들은 메시아와 새 시대가 이미 왔다는 확신을 상징적으로 표현하고 있는 것이리라. 마지막으로 예수께서 말씀은 했지만, 이상하게도 실제로 이런 능력을 사용했다는 기록이 없는, 독사에 물려도 죽지 않는 권능이 있었다. "보아라, 내가 너희에게 뱀과 전갈을 밟고, 원수의 모든 세력을 누를 권세를 주

---

[44] 요 11:1-44. 요한복음의 비역사적인 성격에 관해서는 이 책의 1장, 18-25쪽을 보라.
[45] 막 5:38-39.

었으니, 아무것도 너희를 해하지 못할 것이다."⁴⁶ 흥미로운 것은 이와 똑같은 권능을 다른 유대교의 거룩한 사람인 하나나 벤 도사 역시 가지고 있었다는 사실이다. 그가 기도하고 있을 때, "독사가 그를 물었으나 그는 기도를 멈추지 않았다." 얼마 후에 구경하던 사람들은 그 뱀이 굴 입구 앞에서 죽어 있는 것을 발견하고 이렇게 외쳐 말했다. "이 뱀에게 물린 자에게 화가 있을지어다! 그러나 랍비 하나나 벤 도사를 문 뱀이여, 너에게 화가 있을지어다!"⁴⁷ 사도행전에 의하면 사도 바울도 비슷한 일을 겪었다.⁴⁸ 분명히 그 권능은 예수를 다시 한번 유대교의 카리스마 전통과 연결해 준다. 그런데 뱀을 이기는 권능에 대한 이런 이야기들을 그 자체로서가 아니라 더 문학적이고 상징적으로 보아 사탄을 이기는 권능으로 이해할 수 있지 않을까? 뱀의 형태를 띠었던 에덴동산의 유혹자 이야기를 떠올린다면, 이것은 죄를 이기는 권능으로도 이해할 수 있지 않을까?

그러므로 다른 권능을 전하는 이런 이야기들에 대해 명백한 역사적 평가를 내린다는 것은 불가능하다. 더욱이 우리는 신앙 행위를 관통하고 있는 역사적 모호성을 극복할 수 없다. 어떤 보도를 실제로 일어난 일로 믿는다고 해서 역사적인 진실로 될 수는 없다. 예를 들어, 조지 워싱턴이 실제로 은화 1달러를 포토맥강 너머로 던졌다는 이야기가 있는데, 나는 이 이야기를 믿는 쪽을 택하겠다. 하지만 이런 나의 믿음은 실제로 그가 그랬는가, 그렇게 할 수 있었는가 없었는가의 문제와는 아무런 관계가 없다.⁴⁹

---

46 눅 10:19. 똑같은 주제가 마가복음의 더 확장된 결말 부분에 나타난다.

47 예루살렘의 탈무드, Ber. 9a에 나오는 말. 바빌로니아의 탈무드, Ber. 33a와 Tosefta, Bar. 2. 20에서도 보도하고 있다.

48 행 28:1-6.

49 믿음과 역사적인 평가 사이의 관계에 대한 걸출한 토론으로는 Van Harvey, *The Hisorian and the Beliver* (New York: Macmillan, 1966)을 보라.

예수가 실제로 이런 일들을 했는지에 대한 역사적인 질문도 그와 같다. 그가 그렇게 했다고 믿는 것은 실제로 그가 그렇게 했는가의 여부와는 아무런 관계가 없다. 역사적인 질문을 신념이나 믿음으로 풀 수는 없다. 간단히 말해 예수의 귀신축출 행위나 치유 행위를 제외한 권세 있는 다른 행동들은 "역사적 미결 보도"로 남을 수밖에 없다.[50]

비록 예수 전기의 일부분인 이 이야기들이 불확실한 것임에는 틀림이 없지만, 예수에 대한 교회의 이야기 일부분으로서 이런 이야기들이 지닌 의미는 명확하다. 그 시대와의 연관성을 가지고 비유적 표현을 풍부하게 사용한 이 이야기들은 초대교회가 경험한 살아계신 그리스도께서 —오늘날의 기독교인들에게도 여전히— 하나님의 능력을 가지고 성도들을 위험과 악에서 구하시며 광야에서 먹여주시고 죽음에서 생명을 가져다주시는 분임을 확실하게 전해 주고 있었다.

결론

역사적인 맥락에서 볼 때, 예수가 행했던 기적들이 예수가 신神이라는 것을 증명해 주지는 않는다. 고대의 인물들로부터 예수와 동시대의 사람들까지 포함하는 긴 전통에서 보면, 예수가 행했다고 전하는 치유 행위라든가 귀신축출 행위는 결코 독특한 것이 아니었다. 하지만 기적에 관한 역사적인 연구의 결과 그 독특함은 잃어버렸을지 몰라도 신뢰도에서는 어떤 소득이 있었다. 그와 같은 사건들이 불가능하다는 현대인들의 생각과는 반대로 우리는 예수가 유대의 카리스마 있는 치유자 전통에 속해 있었다

---

50 Fuller, *Interpreting the Miracles*, 38.

는 역사적 증거가 매우 강하다는 것을 인정하지 않을 수 없다.

예수는 그 역사적인 그리고 문화적인 충돌에 의해서 그 전통 내에서 가장 특별한 인물이 되었다. 그는 그런 흐름에서 나왔을 뿐 아니라 오히려 다른 사람들이 그의 발자취를 따르기까지 했다. 복음서에 의하면 예수는 자신의 열두 제자들을 카리스마 있는 치유자로 임명했다.51 1세기 예수의 가장 중요한 추종자 두 사람인 베드로와 바울 역시 카리스마적 성자였다. 세월이 흐른 뒤, 기독교인 중에서 가장 예수를 닮은 사람으로 칭송을 받는 아시시의 성자 프란치스코(1176~1226)는 신비로운 사람이었으며, 꿈을 가진 사람이요 치유자였다. 현대사회에 사는 우리들의 경험과 사유 방식에는 비록 낯설지라도, 예수와 그의 선조들 그리고 유대-기독교 전통의 추종자들에게 영과 하나님의 세계는 단순히 믿음의 요소로서가 아니라 경험에 의해 아주 실재적인 것이었다.

---

51 막 6:7-13; 마 10:5-8; 눅 10:8-9.

II부
예수와 문화

5장 _ 예수의 사회적 세계 유대

6장 _ 현자(賢者) 예수: 인습적 지혜에 도전함

7장 _ 예수: 재활성화 운동의 창시자

8장 _ 예언자 예수: 위기에 처한 사회적 세계

9장 _ 도전으로서의 예수: 예루살렘과 죽음

10장 _ 결론: 예수의 새로운 비전 — 우리 시대에 주는 의미

5 장
예수의 사회적 세계 유대

예수가 당시의 다른 유대교의 카리스마 있는 인물과 많은 공통점을 지녔지만, 몇 가지 점에서는 차이를 보였다. 예수를 다른 이들과 가장 크게 구별하는 것은 —그가 십자가 처형을 당했고, 나중에 세계종교가 될 어떤 종파의 중심인물이 되었다는 특이한 사실 이외에— 그가 자기 민족의 정치·사회적 삶에 깊이 관여했다는 점이다. 다른 유대교의 카리스마적 인물들은 대체로 어떤 지역에 살면서 지역 인사로 남아, 가끔 먼 데서 찾아오는 방문객이나 받아들일 뿐이었다. 그러나 예수는 문화적 위기 상황 속에 있는 자기 민족에서 선교를 감행한 국가적 인물이 되었고, 그의 선교사역은 이스라엘 민족 문화의 중심이었던 예루살렘을 향한 마지막 여행에서 그 정점에 다다랐다. 그 시대의 문화는 예수의 선교를 위한 배경으로서가 아니라 선교의 초점으로서 매우 중요했기 때문에, 이제 우리는 예수의 사회적 세계를 서술하는 데 이 장을 할애할 필요가 있다.

사회적 세계라는 말은 어감상 이중의 의미를 지니고 있다. 이 말은 우선 한 민족의 역사에서 특정한 어떤 시대의 총체적 사회환경을 가리킨다. 여기에는 경제 형태, 기술 수준, 도시화의 정도, 인구의 혼합, 외국 문화로부터 격리되어 있거나 외국 문화에 노출되어 있거나 하는 등의 물질적 조건들이 포함된다. 그러나 '사회적 세계'라는 말의 더 중요한 의미는 한 민족이 사회적으로 구성하고 있는 실재(reality), 즉 모든 인간 공동체가 세워놓고 사람들이 공유하고 있는 신념(conviction)—인간 공동체는 그 신념 안에서 살아간다—을 가리킨다. 그것은 사람들이 공유하고 있는 비물질적 덮개(canopy, 天蓋)인데, 그것은 때로 단순히 문화로 통용하기도 한다. 그것은 각각의 문화에 정체성을 부여해 주는 공유한 사상의 세계이기도 하다. 이것은 공유한 믿음, 가치, 의미, 법, 관습, 제도, 의식 등으로 이루어져 있는데, 이것을 통해서 그 집단은 자기들의 세계에 질서를 부여하고 또한 유지했다.1 그러므로 예수의 사회적 세계는 1세기 팔레스타인의 총체적 사회환경 중에서 유대교의 사회적 세계를 가리킨다.2

---

1 문화의 사회적 세계에 대한 나의 이해를 도운 자료들은 셀 수 없이 많다. 그러나 다음의 세 가지가 가장 중요하다: Peter Berger, *The Sacred Canopy* (Garden City, New York: Doubleday, 1967); Clifford Geertz, *The Interpretation of Cultures: Selected Essays* (New York: Basic Books, 1973); 그리고 Hans Mol, *Identity and the Sacred* (New York: Free Press, 1976). 신약성서 연구 중에서는 특별히 Wayne Meeks, *The First Urban Christians: The Social World of the Apostle Paul* (New Haven: Yale University Press, 1983)을 보라. 여기서 그 역시 '사회적 세계'라는 말이 이중의 의미를 가지고 있어서, 총괄적인 사회 환경과 "**그들이 지각하고 있는** 세계를 가리키기도 하고 **그들이 특별한 언어를 통해서 형태와 의미를 준** 세계"를 가리키기도 한다고 말한다(8, 강조는 저자). 또한, John Gager, *Kingdom and Community: The Social World of Early Christianity* (Englewood Cliffs, New Jersey: Prentice Hall, 1975), 9-11 참조. 그는 이 견해를, 기존 사회적 세계의 한복판에서 초기 기독교인들에 대한 새로운 사회적 세계의 건설에 적용했다.

2 예수 시대의 유대의 사회적 세계에 대한 안내를 위해서는 특별히 Gerd Theissen, *Sociology of Early Palestinian Christianity* (Philadelphia: Fortress, 1978; published in German in 1977); B. Reicke, *The New Testament Era* (Philadelphia: Portress, 1980); B. Malina, *The New Testament World: Insights from Cultural Anthropology* (Atlanta: John Knox, 1981), 그리고 J. E. Stambaugh and D. L. Balch, *The New Testament in Its Social Environment* (Philadelphia: Westminster, 1986)를 보라. 더욱 상세한 논의를 위해서는 E. Shürer, *A History of the Jewish People in the time of Jesus*, 2 Volumes, rev. ed., G. Vermes and F. Millar (Edinburgh: T. and T. Clark, 1973-1979); *Compendia Rerum Iuaicarum ad Novum Testamentum*, sect. 1: *The Jewish People in the First Century*, 2

그 사회적 세계는 매우 작은 지리적 공간을 점유하고 있었다. 유대 팔레스타인은 대략 18,000km 되는 지역으로 이루어져 있으니 버몬트주보다도 작다. 정치적으로 그곳은 주전 63년에 로마 제국의 일부가 됐다. 로마에 의해 왕으로 임명된 영주 중 가장 유명했던 헤롯 1세가 죽은 기원전 4년까지 그곳은 하나의 정치적 단위로 통치하고 있었다. 헤롯은 죽은 뒤에 그곳은 셋으로 나누어졌고 헤롯의 아들들이 그곳을 다스렸다. 이 가운데 하나인 유대(예루살렘을 포함하고 있는)는 기원후 6년에 로마의 직접 통치권 아래에 들어갔고, 로마 총독이 헤롯의 아들 아켈라우스를 대신하여 다스리게 되었다.

그때까지도 팔레스타인은 대부분이 농경, 촌락공동체였으며 햄릿hamlet(교회 없는 작은 마을)보다도 작은 촌락과 마을로 이루어져 있었는데, 그 주민들은 대개 자기 밭으로 나가 밭을 일구던 농부들이었다. 좀 더 큰 농경지가 등장하기는 했지만, 대부분은 소농이었다. 농사는 주로 곡물, 채소, 과일, 포도주, 기름, 대추 재배와 양이나 소, 염소 사육에 집중되어 있었다. 헤롯 대왕과 그의 계승자들이 건립해 놓은 도시들도 있었다. 헤롯 시대에 이방인들이 유입했기 때문에 순수한 유대 핏줄을 가지지 못한 사람들이 더 많았던 도시와는 달리 시골에는 순수한 유대 혈통을 이어가려는 경향이 있었다. 시골 마을의 생활 방식은 해묵은 것이었으며 상대적으로 보아 변화가 없었는데, 도시인들은 이방인들과 그들의 이방적 생활 방식 때문에 점점 더 코스모폴리탄이 되어 갔다.

가장 중요한 점은 그곳이 위기 속에 있는 사회적 세계였다는 것이다. 실제로 1세기가 지나가기 전 그 위기의 결과로 로마인들과의 처참한 전쟁

Volumes, edited by S. Safrai and M. Stern (Philadelphia: Fortress Press: Assen: Van Gorcum, 1974-1976) 참조.

이 있었고, 기원후 70년 예루살렘과 그 성전의 파괴로 절정에 다다랐다. 이 사건은 그때로부터 6세기 전인 기원전 586년 바벨론 사람들에 의해 예루살렘이 파괴되었던 사건과 더불어 유대인들이 고대에 경험했던 최악의 재난이었다. 우리는 예수의 사회적 세계를 이해하기 위해 그 세계에 핵심에 있던 인습적 지혜, 그 세계를 거칠게 흔들어 놓았던 위기 그리고 그 위기에 대한 응답이었던 거룩함의 정치학을 검토할 필요가 있다.

유대의 사회적 세계의 인습적인 지혜

모든 사회적 현실 구성의 핵심에는 그 문화의 인습적 지혜가 있다. 인습적 지혜는 사람들이 삶에 대해 널리 공유하고 있는 중요한 가정들로 이루어져 있는데, 그런 가정들이 모여 그 문화의 지배적 의식이 된다. 무엇보다도 중요한 것은 그것이 실재에 대한 상(像), 어떻게 살 것인가에 대한 이해, 세계관, 에토스, 삶의 방식으로 이루어져 있다는 사실이다.3 인습적 지혜는 문화의 근본적 구성요소, 곧 모든 문화의 '심장'이라 불릴 정도로 문화의 기본이다. 그것은 모든 사람이 알고 있는 것이요, 사람들이 기본적으로 의문의 여지가 없을 정도로 당연한 것으로 받아들이는 확신이요 행동방식이다.4

---

3 Geertz는 '에토스'와 '세계관'이라는 용어를 문화의 두 가지 중심 요소로 사용하고 있다. 그는 한 민족의 에토스를 '그 민족의 삶의 기풍, 성격, 질, 미적인 스타일, 분위기'라고 정의하고, 세계관은 '사물들이 순수한 현실 속에서 존재하는 방식에 대해 사람들이 가지고 있는 상이요, 질서에 대한 그들의 가장 포괄적인 생각'이라고 정의한다(Geertz, *The Interpretation of Culture*, 89, 126-141).

4 이것을 미국의 현대 문화를 가지고 다음과 같이 설명해 보자. 우리 문화가 다원적이기는 하지만, 어떤 널리 공유한 가정이 우리의 '인습적인 지혜'를 구성한다. 그것은 실재에 대한 본질적

고대에는 지금보다 훨씬 더 그랬겠지만, 1세기 유대의 사회적 세계의 인습적인 지혜는 —원래 사회적 세계 자체가 그러하듯이— 신성한 전통에 근거하고 있었다. 실재에 대한 상(像)은 태고의 전통에 대한 이스라엘의 해석이었다. 영의 세계의 최고봉에는 하늘과 땅의 창조자이신 야훼(하나님을 칭하는 신성한 히브리 이름)가 계셨다. 야훼는 이스라엘 백성들과의 특별한 관계 속으로 들어오셨다. 이것은 시나이산에서 모세를 통하여 주신 계약에 의해 탁월하게 공식화되었으며, 이스라엘의 역사 전반을 통해 면면히 지속하였다. 또한, 이들의 경전은 하나의 에토스를 창조했다. 그것은 개인이나 집단의 행위규범을 포함하고 있었을 뿐만 아니라 정치적 조직의 맹아(萌芽)를 제공해 주었으며, 민족의 역사에 의해 야기된 경고와 희망을 선포했다. 그 율법은 의식(ritual)에 관련한 법규들과 도덕(moral)법뿐만 아니라 우리가 세속법이라고 여기는 것들—형법, 민법, 가족법 심지어 세법—까지도 포함하고 있었다. 그들의 신성한 전통은 포괄적인 에토스 혹은 삶의 방식을 창출했다.

1세기 유대의 사회적 세계가 지니고 있었던 에토스는 모든 문화권의 인습적 지혜들이 일반적으로 가지고 있는 몇몇 특성을 통해 조명해 볼 수 있다. 첫째로 인습적 지혜는 현명한 삶의 방식에 대해 말하면서, 그러한 삶을 살아가기 위해 실제로 필요한 지침들을 제공해주었다. 그것의 초점은 고대 세계의 일상적인 관심사인 가족, 부(富), 명예, 덕(德)과 같은 것들이었고, 이 모든 것들은 종교적인 지침에 근거해서 형성했다. 그러한 지침은 부분적으로 민속 지혜(folk wisdom)로부터 제공했다. 잠언은 이런 민속 지혜를 대표하는 것이었는데, 잠언의 —보통 힘차고 잊을 수 없는 표현 양식

으로 물질적인 이해, 그 세계 안에서의 성취와 민족을 강조하는 에토스이다. 그 실례를 찾아보려면 Robert Bella et al., *Habits of the Heart* (Berkeley: University of California Press, 1985)을 보라. 이 책은 미국 중간 계층의 '인습적인 지혜'를 진술하고 있다.

들로 수놓아진— 지혜로운 말씀들은 문자 이전 시대의 사람들에게는 널리 회자하고 있었다. 그 말씀들은 자녀 양육의 올바른 길이라든지, 돈의 현명한 사용, 우정의 중요성, 명예의 가치와 같은 일상적인 인들에 대해 실질적인 조언을 주었다. 그리고 정직, 근면, 중용, 자제와 같은 덕목들의 실제적인 가치를 격찬했다.

그러나 인습적 지혜의 일차 자료는 토라, 즉 이스라엘의 '율법'이었다. 그것들 대부분은 유대인 각자가 그 문화 속에서 성장하는 과정을 통해서 자연스럽게 그들 의식의 일부가 되었다. 사람들은 회당 예배나 축제 때 율법이 낭송되는 것을 들음으로써 그리고 사람들이 어떻게 살아가는가를 봄으로써 '토라의 길'을 배웠다. 또한, 그 전통을 해석하는 사람들과 관리하는 사람들로 이루어진 특별한 집단이 존재했다. 현자(지혜의 스승들)라고 알려진 이 사람들은 민속 지혜를 사용하기도 했지만, 토라를 더욱 중요시했다.5 현자들은 기록된 613개의 법을 특정한 지혜의 양태 속에서 해석하고 응용하였는데, 이를테면 그것은 현명하게 살아가기 위한 실제적이고도 구체적인 지침을 제공하는 것이었다. 이처럼 이스라엘의 인습적 지혜는 대부분 토라의 지혜(Torah wisdom)였다.

둘째로 유대의 인습적 지혜는 —일반적으로 인습적 지혜가 그렇듯이— 현실은 보상과 처벌이라는 기반 위에 세워진 것으로 생각했다. 현실은 그렇게 세워졌다. 지혜의 도道를 따르고, 의義로운 길을 따라 살면 복을 받았다. 반면에 어리석고 사악한 도道를 따라가면 파멸과 죽음뿐이었다. 피안의 보상과 처벌을 믿는 사람들도 있었다. 물론 그때까지 유대인들 사이

---

5 전통적인 문화 속에서 현자들이 했던 중요한 역할을 현대 세계에서는 상상하기 어렵다. 근대 이전의 문화 속에서 문서화한 자료들이란 보통 사람들이 접근할 수 있을 만큼 그렇게 일반적이지 못했기 때문에 신성한 전통에 대한 독립적인 연구는 불가능했으며, 예배나 민속 지혜 그리고 현자들을 통해서만 접근이 가능했다.

에서 이 문제에 대한 의견의 통일이 이루어지지 않았지만 말이다.6 하지만 사람들은 대부분 인습적 지혜의 길이 이 세상에서 보상을 가져다준다고 믿었다. 의로운 자는 번영하여 자녀들과 명예와 재물과 장수의 축복을 누리게 될 것이었다. "의롭게 살아라. 그러면 모든 것이 잘 될 것이다"라는 말은 종교적이든 세속적이든, 고대나 현대에나, 모든 인습적 지혜의 체계에 보편적인 메시지이다.7 여기에는 또한 잔인한 추론(corollary)도 포함되어 있다. 매사가 잘 풀리지 않는다면, 그것은 그가 올바른 길에서 벗어났기 때문이라는 것이다.

셋째로 유대의 사회적 세계의 인습적 지혜는 정체성(identity)의 일차 자료를 제공했다. 인습적 지혜는 경계선을 설정함으로써 그런 역할을 했다. 신성한 전통은 하나의 공유한 정체성('아브라함의 자녀')을 부여했다. 이것은 유대인을 이방인으로부터 구별해주는 것이었다. 또한, 그것은 잘 조

---

6 고대 이스라엘은 오랫동안 사후세계를 인정하지 않았음이 분명하다. 그러므로 구약성서에 나오는 보상이나 형벌은 대체로 이 세상적인(this-worldly) 의미로 이해하고 있다. 이러한 전통은 예수 시대에도 남아있었다. 사후세계에 대한 믿음은 포로기 이후 시대 말기(대략 기원전 200년)에 등장했음이 분명한데, 부분적으로는 이 세상에서 의인이 당하는 고난 때문이었다. 때때로 의인들은 신실하다는 이유 하나로 고난을 당하기도 했다(사후세계에 대한 믿음은 유대의 의로운 자들이 박해를 당하고, 심지어 순교 당하기까지 하는 시대에 나타났다). 1세기에 이르러서는 대부분 유대인이 —비록 사두개인(대제사장 계층을 포함한 귀족 집단)은 여전히 받아들이지 않았지만— 사후세계라는 개념을 받아들였던 것 같다(막 12:18-27; 행 23:6-8을 보라).

7 인가받은 길(authorized path)을 따르는 데 대한 보상과 그 길을 이탈한 데 대한 형벌은 거의 문화적인 보편 개념(cultural universal)처럼 보인다. 카르마(karma)에 대한 동양의 개념들과 최후의 심판에 대한 전통적인 서구의 개념들 그리고 현대의 세속적인 형식들 속에서도 그런 것을 발견할 수 있다. 명백히 그것은 모든 법체계의 바탕이다. 그러나 그것은 또한 —일례로— 미국 대중문화의 바탕이기도 하다. 만일 누군가가 미국적 삶의 방식 가치를 따른다면 그 사람은 아메리칸 드림의 열매를 거둬들일 것이다. 보상과 형벌에 대한 개념이 보편적이라는 것은 모든 개인이 거기에 동의한다는 것이 아니라, 그 개념이 사실상 기존의 모든 '사회적 세계'의 한 부분이라는 것을 의미했다.

정한 기대치와 한계치를 지닌, 보다 특별한 사회적 정체성—지주, 성직자, 농부, 남자와 여자8—을 부여했다. 이러한 범주들과 연관한 지위의 상이한 등급은 그 사회 속에서 하나의 계급 질서를 낳았다. 더욱이 이러한 경계들과 계급들은 매우 경직되어 있었고, 전통 속에 깊이 스며들어 있었다(예를 들면, 남자와 여자에게 주어진 서로 다른 역할, 장자와 동생들에게 주어진 서로 다른 지위, 유대인과 이방인 사이의 구별이 있다). 이처럼 정체성과 사회 구조는 넓게 보아 인습적 지혜의 산물이었다.

하지만 정체성의 아주 중요한 경계이자 근원이 되는 것은 '의로움'과 '사악함'을 구별하는 것과 같은 행위의 결과였다. 오늘날도 그렇지만, 인습적 지혜의 표준에 따라 살아가는 것에 다른 사람들보다 성공적인 사람들은 있게 마련이다. 그런 사람들은 의로운 사람들이었고, 거기에 못 미친 사람들은 사악한 사람들이었다. 보통 그러한 성취는 내적으로 느낄 수 있는 것일 뿐만 아니라 사회적으로도 가시적이었다. 그러므로 정체성의 중요한 자원은 조건적인 것이거나 획득한 것이었고 인습적 지혜의 표준에 적합한가에 달려있었다.9 유대의 인습적 지혜에 의해 세워진 세계는 거룩한 전통에 의해서 신성하게 되었을 뿐 아니라, 매일매일의 삶의 얼개 속에서 그것을 준수함으로써 유지되었다. 실제로 민속 지혜와 토라의 지혜가 혼합됨으로써 창조된 이 에토스는 유대 민중도 어찌할 수 없었던 지중해

---

8 이들 중 일부는 남자, 여자, 장자(長子)와 같은 생물학적 '정체성'으로 보일 수도 있다. 그러나 이러한 생물학적 사실에 부여한 가치와 역할은 인습적인 지혜의 산물이다.

9 세속 문화에서도 그런 경우가 있다. 우리의 문화에서 정체성에 대한 우리의 의식(자기- 존중)은 성공, 부유, 외모 등에 대한 우리 문화의 표준들을 우리가 얼마나 잘 따라잡느냐의 여부에 전형적으로 의존하고 있다. Robin Scroggs, *Paul for a New Day* (Philadelphia: Fortress, 1977), 특별히 5-14 참조. 그는 이러한 존재의 방식을 성취의 원리에 따라 사는 것, 곧 성 바울이 율법 아래의 삶이라고 표현했던 것이라고 말한다. Scroggs는 이러한 존재 방식을 유대교에만 독특한 것이 아니라 문화 일반의 현상이라고 보고 있다. 실제로 현재 미국의 문화에서뿐 아니라 대개의 인습적인 기독교에서도 그런 것을 찾아볼 수 있다.

연안 세계의 변동 시기를 제외하고, 몇 세기 동안 비교적 안정을 유지했던 것으로 보인다.

충돌하는 두 사회적 세계

1세기에는 두 개의 사회적 세계가 충돌하고 있었다. 그것은 유대교라는 사회적 세계와 고대 그리스의 문화와 로마의 정치력으로 이루어진 사회적 세계의 충돌이었다. 기원전 63년, 로마에 의한 팔레스타인 합병은 정치적 갈등과 극심한 경제적 압박을 초래했다.

로마가 헤롯 1세(기원전 37~4년)와 같은 영주를 통하여 간접 통치를 하고 있을 때도 로마의 영향력은 역시 대단한 것이었다. 고대 그리스 문화의 추종자요, 로마주의자였던 헤롯은 정책에서나 사업계획을 세우는 데서나 주민들을 재정주再定住시키는 문제에서 자신의 유대인 신하들로부터도 멸시를 받았다. 기원전 4년 그가 죽었을 때, 유대인들은 로마 군사력의 그 잔인무도한 우세함을 직접 맛보게 되었다. 이는 유대인의 폭동을 진압하기 위해 로마 제국의 장군 바루스가 그 나라를 공격했고, 폭동은 거의 2천 명이나 되는 유대인에 대한 십자가 처형으로 끝을 맺었다.

서기 6년, 유다 땅을 다스리기 위해 로마가 파견한 통치자들은 2급 관료들이었고, 가끔은 로마의 이류 식민행정관인 경우가 많아서 어떤 때는 그저 무능했고, 어떤 때는 부패했으며, 어떤 때는 교묘하게 유대인들의 충성심을 유발하기도 했다. 26년부터 36년까지의 통치자였던 빌라도는 특별히 감각이 둔한 사람이었다. 그리고 몇 년 후 미치광이 황제 가이우스(칼리굴라) 황제는 예루살렘 성전의 지성소에 자신의 상을 세워 놓으려고 했다. 이런 특별한 도발들—다른 도발들도 많이 있었지만—을 제외하더라도 의도하진 않았지만, 로마의 존재는 불가피하게 유다의 율법과 충돌했다.

로마의 통치 아래에서: 이중과세

로마의 통치는 유다의 사회적 세계에 엄청난 충격을 주었으며 이는 경제에도 직접 영향을 끼쳤다. 로마의 통치는 제이 조세 제도를 가져왔는데, 이는 토라에 있는 십일조 제도에 추가한 것이었다. 현대의 기독교인들은 십일조를 자발적으로 교회에 내는 것으로 이해하고 있다. 하지만 유대의 사회적 세계에서 토라가 요구하는 십일조는 하나님의 법으로 이해하였고 조세 제도로 기능을 하고 있었다. 십일조는 성직자와 성전 관리(레위인), 가난한 자를 지원하기 위한 것이었다. 농경사회를 염두에 두고 고안된 것이기 때문에 각각의 십일조는 한 농부가 생산한 것의 일정한 비율로 규정되었다. 그 다양한 십일조를 모두 합쳐 보면 매년 20퍼센트가 조금 넘었다.

로마인은 이 세금 제도에 자기의 것을 첨가했다. 농부에게 가장 큰 타격을 준 것은 토지세(토지가의 1%)와 수확세(소출의 12.5%)였다. 여기에 다른 형태의 로마 세금이 또 있었다(관세, 통행세, 연공). 그러나 이 외에도 농부에게 부과한 유대교의 세금과 로마 세금을 합한 총계는 대략 35%에 달했다.[10] 이것은 엄청난 양이며 오늘날이라 해도 역시 마찬가지일 것이

---

[10] 십일조는 생산물의 1-3%를 바치는 '요제'와 '첫 열매' 봉헌을 포함한다. 해마다 내는 10%의 십일조는 제사장과 레위 사람을 부양하기 위한 것이었다. 그리고 다른 해에 내는 두 번째 십일조는 해마다 다른 목적으로(예를 들어, 3년마다 내는 십일조는 '가난한 사람을 위한 십일조'였다) 사용되었다. 참고할 자료로는 F. C. Grant, *The Economic Background of the Gospels* (London: Oxford University Press, 1926), 92-106; 열두 가지 세금에 대한 목록은 94-96; Safrai and Stern, *The Jewish People in the First Century*, volume 2, 818-825; Danby 판(版) *The Mishnah* (London: Oxford University Press, 1933), 67,

다.11 더욱이 로마가 세금을 거두어들이는 방식이 문제를 악화시켰다. 로마는 세금 징수의 특권을 세금 징수 청부인들에게 팔았는데, 이들은 로마에 일정한 액수를 바쳤고, 임의로 세금에 더 첨가한 세율을 적용해 자신들의 이익을 챙겼다.12

이것이 유대의 사회적 세계에 미친 영향은 혹독한 것이었다. 유대인들은 어느 한쪽의 세제에 영향을 끼칠 만한 힘이 없었다. 하나는 로마의 정책이 명령한 것이므로, 어찌할 수 없었다. 다른 하나는 신적인 계시가 요구하는 것이었다. 그러나 이 두 가지 세금 제도에는 차이가 있었다. 로마의 세금은 공권력으로 집행되었고, 유대의 세금은 그렇지 않았다. 로마의 세금은 내지 않을 수 없었다. 그럴 경우, 땅을 잃게 되었다. 이 세금의 징수는 국가에 의해서 강행되었다.

하지만 유대의 세금을 내지 않을 경우, 법적인 제재가 없었다. 로마는 이 세금의 징수를 강행하지 않았고, 유대인들은 납부를 강요할 만한 정치적인 힘을 가지고 있지 않았다. 이런 상황은 유대 주민들을 경제적인 딜레마에 빠뜨렸다. 이 딜레마는 동시에 종교적인 충성에 대한 테스트였다. 로마에 세금을 납부하고도 토라가 요구하는 십일조를 낼 수 있었는가?

73에 나오는 논문 Masseroth and Maaser Sheni의 유용한 각주들을 보라. 로마의 세금에 대해서는 F. M. Heichelbaum in T. Frank, ed., *An Economic Survey of Ancient Rome* (Patterson: Pageant Books, 1938), 231-245; Schürer—Vermes, *The History of the Jewish People*, volume 1, 372-376, 401-407; M. Stern, *The Jewish People in the First Century*, volume 1, 330-333; Grant, *The Economic Background of the Gospels*, 88-91.

11 이것은 현재 미국의 소득세율보다도 훨씬 높다. 세금을 면제받거나, 공제받기 전에 총수입의 35%를 세금으로 내는 사람은 아주 드물다(만약 있다 해도).

12 그러므로 세금 징수 청부인(tax farmers)과 이들이 고용한 사람들, 즉 세금 징수원(tax collectors)이 아웃캐스트 계층 중에서도 가장 경멸당했다는 것은 그리 놀라운 일이 아니다. 그들은 사람을 속인다는 혐의로 자유로울 수가 없었다. 그리고 사실 그들은 자기 나라를 점령하고 있는 이방인 세력과 결탁해서 일하는 외세협력자(collaborationist)들이었다. 세금이 로마의 대영주인 헤롯 안티파스의 금고로 들어가는 갈릴리조차 마찬가지였다.

많은 유대 농부들은 자기 토지를 잃어버릴 위험을 무릅쓰지 않고서는 그렇게 할 수 없었다. 실제로 일부 소작농들은 로마의 세금조차 낼 수 없는 상황이었고, 드디어 자기 땅을 잃어버렸다. 이것은 결국 토지 없는 날품팔이 노동자들의 인구를 증가시켰고, 그들은 이곳저곳으로 이주할 수밖에 없었으며 강도와 거지라는 사회 계층을 만들어냈다. 그 나머지 농부들은 대개 토라가 명하는 십일조를 내지 않아야만 자기 땅을 지킬 수 있었다. 이렇게 이중과세는 '율법을 지키지 않는' 유대인이라는 폭넓은 계층을 만들어 내고 있었다. 로마나 고대 그리스적 삶의 매력 때문이 아니라 경제적인 압력 때문이었다.

이러한 상황은 유대의 사회적 세계에 심각한 위기를 일으켰다. 모든 사회적 세계는 그 안에 살아가고 있는 집단의 헌신으로 지탱한다. 사회적 세계가 없다면 그 집단이 존재할 수 없듯이 그 집단이 없으면 사회적 세계는 지속할 수 없다.13 하나의 사회적 세계는 사람들이 그것을 확언해줄 때야 비로소 정체성을 유지할 수 있다. 그러나 로마 지배하에서 유대의 사회적 세계를 지탱하던 주된 메커니즘의 하나인 그 헌신, 즉 그 율법들을 준수하겠다는 백성들의 헌신은 밑에서부터 침식당하고 있었다.

그러므로 로마의 통치는 유대인들 삶의 모든 국면, 즉 종교적, 정치적, 사회적 삶에 위기를 가져왔다. 그리고 경제적인 충격으로 인해 그 위기는 팔레스타인 촌구석 가장 작은 마을에까지 찾아왔다. 더욱이 유대의 사회적 세계와 로마라는 존재 사이의 갈등은 그 해결이 불가능해 보였다. 로마 제국의 전략은 제국의 곡창인 이집트의 안전을 보호하기 위해서 동쪽으로 파르티아 제국에 대항하는 완충장치 역할을 하는 팔레스타인에서 자신의

---

13 한 문화의 세계관, 사회 질서 그리고 정체성을 지탱해 주는 데 필요한 헌신의 역할에 대한 Hans Mol의 의견을 *Identity and the Sacred*, 11-13과 216-232에서 보라.

존재와 힘을 요구하고 있었다. 하지만 유대의 사회적 세계 안에 있는 많은 사람에게는 로마의 존재 자체가 문제였다.

대응: 거룩함의 정치학

로마의 점령으로 인해 발생한 위협에 대한 반응으로 유대의 사회적 세계는 거룩함의 정치학에 의해 지배되었다. 정치라는 단어는 여러 가지 다른 의미로 사용하고 있지만, 가장 근본적으로 볼 때 인간 공동체의 조직과 관련이 있다. 폴리스Polis는 도시를 뜻하는 그리스어다. 그러므로 정치(politics)는 도시의 '형태'와 관련되어 있다. 그리고 넓게 보아 모든 인간 공동체의 형태와 관련되어 있다. 실제로 그 단어는 형태를 갖추어 나감(shaping)과 형태(shape), 즉 결과만이 아니라 과정에도 관여하고 있다. 이런 의미에서 성서 종교는 본래 정치적이다. 기독교는 역사 속에서 공동체적 삶의 과정과 지속 관련되어 있기 때문이다.

거룩함의 정치학은 포로기 이후 유대교에 등장한 문화적 역동성이 강화한 형태로 지속된 것이었다.[14] 그것은 성결 법전(holiness code) 속에서 가장 간결하게 표현되었다. 성결 법전의 중심적 내용은 이렇게 확언했다. "너희의 하나님인 나 주가 거룩하니, 너희도 거룩해야 한다." 그러므로 그 문화적 동력은 하나님을 본받음(imitatio dei) 혹은 하나님을 모방함(imitation of God)으로 표현하는 종교적 사유의 고전적 양식 중 하나에서 명료하게 표명하였다.[15] 하나님은 거룩한 분이셨고, 따라서 이스라엘도 거룩해야 했다.

---

14 이 부분에 대해서는 Marcus Borg, *Conflict, Holiness and Politics in the Teaching of Jesus* (New York and Toronto: Edwin Mellen Press, 1984), 27-72.

15 레 19:2. 전체 성결 법전은 레 17-26장에서 찾아볼 수 있다. 일반적으로 학자들은 성결 법

이것이 이스라엘의 에토스, 즉 삶의 방식이 되어야 했다. 더욱이 사람들은 거룩을 매우 특별한 방식, 즉 분리됨으로 이해했다. 거룩하다는 것은 거룩을 더럽히는 모든 것에서 분리됨을 뜻했다.16 유대의 사회적 세계와 그 인습적 지혜는 분리로서의 거룩이 지닌 양극성(정결-부정, 순결-더러움, 성스러운 것-속된 것, 유대인-이방인, 의인-죄인)을 중심으로 구성되었다.

이스라엘의 에토스를 형성하는 문화적 동력으로서 거룩은 포로기와 그 후 유대인들이 당시에 자신들이 경험했던 파괴와 고난에 대해 깊이 생각하게 되었을 때 하나의 생존전략으로 생겨났다. 그들은 신의 또 다른 심판이 터져 나오는 것을 피하기 위해 하나님께 신실하게 결심했다. 더욱이 그들은 ㅡ설상가상으로 정복을 당해 왕권과 그 밖의 국가기구들을 빼앗긴 ㅡ 약소 민족으로서 주변 문화들에 흡수될 가능성으로 인해 심각한 위기에 처해 있었다. 이것은 역사 전반에 걸쳐 약소 민족들이 지닌 운명이기도 했다. 거룩의 추구는 두 가지의 필요조건을 제시했다. 신실함의 길과 사회적 생존의 길이 그것이었다.

'거룩'은 토라를 해석하는 패러다임이 되었다. 유대인들은 다른 민족들과 구별되었다는 것을 강조하고, 이스라엘 내에서도 모든 부정不淨한 것들로부터의 분리에 중점을 두는 율법이 차지하는 몫이 우세해졌다. 거룩은 '시대정신'(Zeitgeist)이 되어 수 세기 동안 유대의 사회적 세계의 발전을 주도해오면서 예수 시대까지 이르렀고, 유대인들의 에토스나 삶의 방식을 특수한 내용을 제공했다. 거룩의 에토스는 점점 거룩함의 정치학이 되어갔다.

전의 수집을 포로기나 포로기 이후의 작업으로 본다.
16 '거룩'과 '분리'의 연관은 '분리된'이라는 형용사가 실제로 '거룩한'이라는 형용사 대신 쓰였던 랍비 전통에서 나온 것이 분명하다. Borg, *Conflict, Holiness and Politics*, 52-53.

팔레스타인에서 유대교 갱신 운동

거룩함의 정치학은 1세기 팔레스타인에서 일어난 유대교 갱신 운동에 의해 강화되었다.17 서기 1세기 말엽 유대인 역사가 요세푸스는 자신의 기록에서 팔레스타인 유대교 안에 있는 4개의 철학들 혹은 소종파(sect)에 대해 언급했다. 그중 하나인 사두개파는 보수적이고 귀족적인 집단이었는데, 갱신 운동은 아니었다. 반면, 다른 세 집단—에세네파, 바리새파 그리고 요세푸스가 '제4의 철학'이라고 불렀던 집단(가끔 젤롯당이라고 잘못 알고 있는)—들은 갱신 운동이었다. 각각의 집단들은 "이러한 여건 속에서 신실한 유대인이 된다는 것이 의미하는 바는 무엇인가?"라는 질문을 던짐으로써 유대의 사회적 세계가 당면한 위기를 이해하려고 했다. 이들 집단은 모두 포로기 이후 분리로서의 거룩의 문화적 역동성을 강화했다. 그러나 이것이 의미하는 바에 대해서는 각각 자기네들 나름의 이해를 가지고 있었다. 그리고 로마의 위기(로마가 야기한 위기)에 대처해 나가기 위한 그들 나름의 전략들을 제시해주고 있었다.18

에세네파

20세기 중반에 사해 서쪽 해안에 있는 쿰란에서 사해 두루마리(사해 사본)가 발견됨으로써 우리에게 널리 알려진 에세네파19는 그 당시 기존의

---

17 '갱신 운동'이라는 용어의 의미에 대해서는 제7장, 177-178을 보라.
18 이런 운동들 전반에 대한 안내가 특별히 잘 되어 있는 책으로는 Theissen, *Sociology of Early Palestinian Christianity*가 있다.
19 쿰란 공동체에 대한 입문서로는 G. Vermes, *The Dead Sea Scroll: Qumran in Perspective* (Cleveland: Collins World, 1977); 두루마리에 수록된 내용에 대해서는 G. Vermes, *The*

사회에서는 거룩한 삶이 불가능하다고 믿었다. 그들의 대응은 사회에서 광야로 물러나는 것이었다. 그들은 자기네들 나름의 분리된 자족적 공동체를 형성하여, 그 안에서 매우 엄격한 금욕적 삶을 살았고, 모든 물건을 공동으로 소유했다. 이들은 자신들을 거룩한 사람들, 거룩한 집이라고 부르면서 부정不淨한 사회로부터의 분리를 요구하는 것을 거룩이라고 이해했다. 이들은 자신들을 '빛의 자녀들'이라고 생각하면서, 로마인들(그리고 이에 관련해서는 대부분 유대인도)을 '어둠의 자식들'로 생각했으며 하나님께서 대변혁(cataclysmic)의 전투에서 로마인들을 파멸시키실 날을 대망했다. 그들의 실험은 유대 수도원 운동의 흥미로운 모형이었으나 오래가지는 못했다. 이들은 1세기를 넘기지 못하고, 로마와의 전쟁 통에 소멸해버렸다.

바리새파

유대교 갱신 운동 중에서 바리새파[20]는 가장 잘 알려진 집단이다. 그것은 이들의 이름이 복음서에 빈번하게 등장하기 때문이다. 이들은 예수의 적대자로 자주 등장하기 때문에 위선자들이라는 오명을 뒤집어쓰게 되었으나 이것은 역사적으로는 부정확한 평가이다.[21] '위선자'라는 말이 진실

Dead Sea Scrolls in English (Baltimore: Penguin, 1968).

20 W. D. Davies, *Introduction to Pharisaism* (Philadelphia: Fortress, 1967) 그리고 j. Neusner, *From Politics to Piety* (Englewood Cliffs, N. J.: Prentice-Hall, 1973)와 *Judaism in the Beginning of Christianity* (Philadelphia: Fortress, 1984) 참조. 더 전문적인 수준의 자료를 원하면 J. Neusner, *The Tradition about the Pharisees before 70*, 3 volumes (Leiden: E. J. Brill, 1971), J. Bowker, *Jesus and the Pharisees* (Cambridge: Cambridge University Press, 1971) 그리고 E. E. Urbach, *The Sages: Their Concepts and Beliefs*, 2 volumes, translated by I. Abrahams (Jerusalem: Magnes Press, 1975)을 보라. 바리새파에 대한 견해에 있어서 상이한 강조점을 가진 글로는 Ellis Rivkin, *The Hidden Revolution* (Nashville: Abingdon, 1978)이 있다.

하지 않은 사람 혹은 말과 행동이 다른 사람을 뜻한다면 그러한 오명은 부당했다. 하나의 집단으로서 바리새파는 자신들이 바라보고 있던 길을 추구하는 데 매우 진지했던 것으로 보였다.

에세네파처럼 바리새파도 토라를 거룩의 방향으로 급진화함으로써 유대의 사회적 세계와 정체성에 대한 위협에 대항하려 했다. 에세네파와는 달리 이들은 유대 민족을 '제사장의 나라'로 변혁함으로써 사회 안에서 이것을 완수하려고 했다. 바리새인이 된다는 것은 성전의 제사장들에게 요구되는 정도의 거룩함을 떠맡는다는 것을 의미했다.

정결과 십일조에 관한 법들은 바리새파 식으로 거룩을 강화하는 일의 초점이었다. 따라서 바리새파의 규정은 이중과세제도 때문에 생겨난 율법에 대한 미준수未遵守의 가장 큰 원인에 손을 대려 했다. 십일조는 반드시 납부해야만 했고, 거룩하게 되고자 하는 사람은 십일조를 떼지 않고는 음식을 먹을 수 없었다. 하나님께 대한 충성은 하나님께 속한 것, 즉 토라가 명하는 십일조를 하나님께 드리는 것을 의미했다.

유대인들이 보통 그랬던 것처럼, 바리새파도 십일조 납부를 강요할 수 있는 공권력을 갖고 있지는 않았다. 그들이 가한 제재는 다른 것들이었다. 그들 중 어떤 이들은 율법을 지키지 않는 유대인들의 생산 활동을 보이콧 하기까지 했던 것으로 보이지만, 이들의 수가 적었기 때문에 그러한 보이콧의 결과는 크지 않았던 것 같다. 바리새파 사람들은 바리새파의 정결 규범들을 따르고 있었던 제사장들에게만 십일조를 바쳤기 때문에 제사장들에게는 영향력을 가지고 있었다. 그러나 이들의 주된 제재는 사회적이고

---

21 대부분 그러한 상투적인 평가는 마태복음에 나오는 바리새파의 모습에서 나온다(예를 들어 마태복음 23장을 보라). 마태복음은 기원후 70년 이후 어느 때, 그러니까 팔레스타인의 초대교회와 바리새파 사이에 상당한 적대감이 있었던 때에 기록되었다. 이 두 집단 사이의 갈등은 복음서의 보도에 반영되어 있다.

종교적인 추방이었다. 바리새파의 시각에서 보면 율법을 지키지 않는 자들에 대한 가장 큰 제재는 모든 시민권과 종교권을 빼앗아버리는 것이다. 그러면 이들은 지역회의에 참석할 수 있는 권리도 박탈당하고 내세에서 아브라함의 자녀로서의 자리마저도 잃게 되는 것이다. 사회적이고 종교적인 추방의 주된 수단은 식탁 친교(table fellowship)를 거절하는 것이었다. 어떤 사람과 음식을 같이 나눈다는 것은 받아들임의 표현이다. 음식 나누기를 거절한다는 것은 비난과 배척을 상징한다. 따라서, 바리새파는 율법을 지키지 않는 자들과 음식을 나누려 하지 않았다.

사회에서 공적인 활동을 하는 유일한 갱신 운동이었던 바리새파는 거룩함의 정치학의 가장 두드러진 표상이었다. 그들은 율법을 어기도록 하는 유혹이 가장 컸던 바로 그 자리에서 토라를 강화함으로써 유대의 사회적 세계를 보존하고 형성하려 했다. 외세의 지배 아래에서도 삶의 자리를 떠나지 않으면서 하나님과 토라에 대한 신앙을 지켜내는 길을 제시했다는 것이 그들이 이루어낸 성과였다. 로마와의 관계에 있어서 바리새파는 로마의 세금 징수를 대체로 받아들였던 것 같다. 일부 그렇게 하지 않은 사람들은 저항 운동의 동조자였던 것 같다. 그러나 로마에 대해서 대부분 바리새파 사람들은 체념적인 수용의 태도를 취하면서 로마가 극악무도하게 토라를 침해할 때만 저항했다. 토라가 침해받지 않는 한, 충성의 우선순위를 하나님께 두어야 한다는 사실을 유념하면서 그들은 다른 것에 대한 충성도 허용할 수 있었다.

1세기의 유대교 내에서 바리새파와 다른 종파의 차이만 부각하다 보면 바리새파에 대한 상(像)은 불완전한 것일 수밖에 없다. 그러나 그들 역시 당시의 유대교가 공유하고 있던 것들—하나님에 대한 절대적인 충성, 이웃 사랑, 안식일의 기쁨, 유대교 축제의 풍요로움 그리고 기도나 금식과 같은 종교적 훈련—에 헌신적이었다. 바리새파는 유대교의 가장 고결한 성자

몇 명을 배출했다. 1세기에는 온화하고 사랑이 넘치는 랍비 힐렐Hillel이 있었고, 몇 년 뒤에는 요하난 벤 자카이Johanan ben Zakkai가 로마와의 전쟁이 남겨 놓은 폐허로부터 오늘날까지도 남아있는 유대교 경건주의의 근본적 형식을 건져냈다. 주 후 2세기, 랍비 아키바Akiba는 토라에 대한 충성을 생명보다 우위에 두었으며 로마는 이미 90대에 이른 그의 피부를 산 채로 도려내었다. 뼈에서 살점이 떨어져 나올 때 했던 그의 마지막 말은 "들으라 오 이스라엘아, 주는 우리 하나님이시오, 주는 한 분이시니 너는 너의 온 마음과 뜻과 힘을 다하여 네 주 하나님을 사랑하라"였다.22

저항 운동

기원전 37년 헤롯 대영주의 통치가 시작한 때부터 서기 66년 로마에 대항하는 반란이 큰 전쟁으로 확산할 때까지 근 한 세기는 로마의 영주들 그리고 총독들의 지배를 전복하려는 많은 집단적인 시도들뿐 아니라 빈번하게 발생한 게릴라전이 두드러진 기간이었다. 그러나 에세네파나 바리새파와 같이 실체가 분명한 지속적인 저항 집단이 실제로 존재했었는지, 혹은 무장 항쟁에 대한 일화들이 다양한 부류의 주민들로부터 어느 정도 자발적으로 터져 나온 것이었는지는 정확히 알 수 없다. 요세푸스는 '제4의 철학'을 이야기하면서 ―비록 그가 그것에 어떤 명칭을 붙여 주진 않았지만― 그것이 에세네파나 바리새파에 비견하는 어떤 집단인 것처럼 말하고 있다. 그러나 우리가 가지고 있는 자료들은 그렇게 단정할 수 있는 근거들을 충분히 제공해주지 못한다. 아마도 우리는 하나의 운동(movement)이라기

---

22 L. Finkelstein, *Akiba: Scholar, Saint and Martyr* (New York: Atheneum, 1975; first published in 1936), 276-277.

보다는 저항의 경향을 이야기해야 할 것이다.[23]

어쨌든 종교적인 동기에서 로마에 저항하여 무기를 들었던 이들의 관점은 분명했다. 부정하고 우상을 숭배하는 이방 점령자인 로마를 몰아내야만 거룩이 성취할 수 있다는 것이었다. 저항 투사들은 암암리에 "하나님 이외에 다른 신을 섬기지 말라"는 첫째 계명을 극단화했다. 시저가 아니라 오직 하나님만이 주님이시라는 것이다. 이것은 서기 6년 '제4 철학' 창시자들의 선동 구호였으며 서기 74년 마사다에서 최후의 저항 투사들이 집단 자살을 택한 명확한 동기이기도 했다. 세금 제도에 관한 이들의 입장 또한 분명했다. 유일한 충성은 하나님과 토라에게 바쳐져야 했다. 그러므로 로마에 세금을 납부해서는 안 되는 것이다.

이처럼 각각 상이한 전략을 가진 갱신 운동들은 유대의 사회적 세계를 보존하되 거룩함의 정치학과 점점 더 조화를 이루는 사회적 세계를 형성해 나갔다. 그러나 거룩함의 정치학은 또한 이들 집단 중 어디에도 속하지 않았던 많은 유대인에게도 잘 알려져 있었다. 백성의 다수는 거룩의 에토스를 소중하게 간직하고 있는 인습적인 토라의 지혜와 장로들에 의해 전해 내려오는 유대교의 형식을 지속했다. 그들은 이 운동들을 의식하고 있었을 것이다. 그리고 그들 중에서 조금 더 신앙심이 깊고 열심히 하는 사람들은 이 운동 혹은 저 운동에 가담하였을 것이다. 그러나 이런 갱신 운동들도 그랬고, 또 어떤 운동에도 속하지 않은 사람들도 그랬고, 그들 모두 거

---

23 특별히 David Rhoads, *Israel in Rebellion: 6-74 C. E.* (Philadelphia: Fortress, 1976); W. R. Farmer, *Maccabees, Zeolots and Josephus* (New York: Columbia University Press, 1956); 그리고 Borg, *Conflict, Holiness and Politics*, 34-68을 보라. R. A. Horsley 와 J. S. Hanson의 *Bandits, Prophets and Messiahs: Popular Movements at the Time of Jesus* (Minneapolis: Winston, 1985)는 그 당시에는 통합된 저항 운동이 없었고, 정치 이전 단계의(pepolitical) '사회적 비적 떼'(social bandits)에서부터 예언자 운동, 무장을 한 혁명적 운동에 이르는 다양한 농민 운동이 있었다는 것을 설득력 있게 주장한다.

룩함의 정치학에 헌신적이었다. 그것은 어떤 특별한 운동의 독점물이 아니라 그 사회 전체를 형성해 나가고 있던 문화적 동력이었기 때문이다.

아이러니한 것은 거룩함의 정치학을 통해서 유대의 사회적 세계를 보존하려는 시도가 오히려 그 사회적 세계를 더 분산해 놓았다는 것이다. 다양한 갱신 운동 집단들이 가르치는 토라의 철저한 적용의 결과, 분열이 더 심해졌다. 각 운동 집단 간 경쟁도 있었지만, 각각의 집단들과 나머지 주민들 사이의 분열도 있었다. 어떤 의미에서 각 집단은 그 반대급부를 낳았다. 즉 거룩의 요구가 더욱 커질수록 그것을 충족할 수 없는 사람들의 수가 점점 더 늘어났던 것이다. 이처럼 유대인과 이방인을 첨예하게 갈라놓으려던 애초의 의도는 유대인들 내부의 더 큰 분열로 귀착되고 말았다.24

'죄인들'과 '아웃캐스트'

율법을 지키지 않는 자들에 대한 경제적 압력과 연관한 거룩함의 정치학에 대한 강조는 '죄인들'과 '아웃캐스트'(버림받은 자들) 집단을 양산해냈다. 죄인들이라는 용어는 '의로운'이라는 용어가 그러한 것처럼 뚜렷한 하나의 사회적 집단을 가리켰다. 그들은 현자들의 토라의 지혜가 전하는바 조상들이 걸었던 길을 따르지 않는 자들이었다. 아웃캐스트들은 율법을 지키지 않은 자들의 대명사 격이었다. 그 계층은 악명 높은 악인들(살인자, 강도, 창녀들과 같은 부류의 사람들)을 포함하고 있었으며 특정한 직업—그런 일을 하고 있다는 것으로 인해 비유대인 취급을 받게 되는—에 종사하는 사람들을 포함하고 있었으나25 그 계층의 명확한 범위는 알 수 없다.

---

24 이 점을 뛰어나게 다룬 Theissen, *Sociology of Early Palestinian Christianity*, 84-85.
25 '가장 경멸당하는 자들' 목록에 들어가 있는 일곱 가지 직업은 야바위꾼, 고리대금업자, 내기 놀이꾼, 안식년 생산물을 사고 파는 장사꾼, 양치기, 세금 징수원 그리고 소득세 징수 청부

아웃캐스트들은 사실상 불가촉천민(untouchables)으로, 비록 아웃캐스트라는 지위가 유대교에서는 세습은 아니었지만, 힌두교의 계급구조에서 가장 낮은 계급과 별반 차이가 없었다. 유대 전통의 교사들은 이 사람들에게는 회개조차 불가능하다고 생각했다. 이들 다음으로는 곤궁에 빠진 땅 없는 사람들—이들의 경제적인 처지가 이들을 인습적인 지혜가 설정해 놓은 재산과 가족이 있는 세상에서 몰아냈고, 존경받으며 살 수 있는 세상 밖으로 몰아냈다—이 있었다. 일용 노동이나 구걸을 통해 먹고 사는 극빈자와 아웃캐스트 사이의 구별은 아주 희미했다. 자신의 십일조를 내지 못하는 소작농의 지위는 조금 나았다. 왜냐하면, 이런 농부와 그 가족은 인습적인 지혜와 더 조화를 이루면서 살 수 있었기 때문이었다. 그러나 이들도 여전히 율법을 지키지 않는 자들에 속해 있었다.

거룩함의 정치학 그리고 로마와의 분쟁

또 거룩함의 정치학은 로마와의 분쟁을 강화했다. 갱신 운동에 몸을 담고 있는 사람들뿐 아니라 많은 일반 대중도 정도는 다르지만, 로마에 대해 반감을 품고 있었다. 이러한 위기의 일차적인 책임은 로마가 그 땅을 다스리고 있다는 사실에 있었다. 집단적 비폭력 저항에 대한 많은 일화가

인 —즉 어떤 지역의 세금을 거둬들일 권한을 사들인— '관리' 세리였다. 법적으로는(de jure) 모든 유대의 시민권과 종교권을 박탈당한 이 사람들은 스스로 이방인이 된 유대인으로 취급받았다. 복음서가 이 목록에 목동과 세리를 포함하였다는 점이 특히 주목할 만하다. 비교적 덜 멸시받았던 직업들에 대한 또 다른 목록도 있다. 이런 직업에는 운송 무역의 일꾼, 각종 동물의 목자, 상점주인, 의사, 푸줏간 주인, 대장장이, 모직업자, 맷돌 청소부, 도부 상인, 직공, 이발사, 세탁사, 매혈자, 목욕탕 잡부 그리고 무두장이가 속해 있었다. 이런 집단들은 유대인으로서 권리를 비공식적으로(de facto) 박탈당했다. 목록들과 그에 대한 논평을 참조하려면 J. Jeremias, *Jerusalem in the Time of Jesus* (Philadelphia: Fortress, 1969), 303-312.

전해 주고 있는 것처럼, 로마에 대한 적대감과 저항은 널리 퍼져 있었다. 대략 2세기 전, 강력한 식민 종주국인 이방 나라와 대결했던 마카비 가문의 영웅적이고 성공적인 투쟁에 대한 기억은 저항 투사들 사이에서뿐 아니라 전체 대중 속에서도 생생하게 남아있었다.

예수가 살았던 세대는 전쟁을 향해 치닫고 있었는데, 그것은 그 세대가 특별히 호전적이었다거나, '폭력적인 사람들'이 그 세대를 주도하고 있었기 때문은 아니었다. 가장 근본적인 원인은 두 가지였다. 먼저, 실제적인 불의에 대한 지각이 있었다. 로마의 통치는 만성적으로 압제적이고도 잔인했던 것 같다. 그리고 깊이 각인한 삶의 방식에 대한 충성심이 있었다. 다시 말해, 모든 부정한 것으로부터의 분리로 이해할 수 있는 거룩의 에토스에 대한 충성심이 있었다는 것이다. 넓게 보면, 이 갈등의 책임은 로마 제국의 힘에 무감각했던 거룩함의 정치학에 있다. 거룩함의 정치학 초기는 생존전략이었다. 그러나 이것이 파국으로 이르게 하는 길이 되어 서기 66년부터 70년까지의 엄청난 고난 그리고 예루살렘과 성전의 파괴로 귀결되는 전쟁으로 이끌어갔다.

예수는 자신의 사회적 세계가 직면한 이러한 위기 속에서 자신의 사역과 선교를 수행했다. 몇몇 갱신 운동이 유대인의 충성심을 놓고 경쟁을 벌이고 있을 때, 그는 이스라엘 본연의 모습을 구현하는 것을 목표로 삼은 일단의 갱신 운동을 창건했다. 거룩함의 정치학이 비극적인 방향으로 치닫고 있을 때 예언자 예수는 사람들에게 방향 전환을 요청했다. 그가 시작했던 운동과 그가 개시했던 예언자적 비판에 있어서 근본이 되었던 것은 현자로서의 자기의식과 가르침이었다. 이제 그것을 살펴보기로 하자.

6 장
현자(賢者) 예수
: 인습적 지혜에 도전함

예수는 현자, 곧 지혜를 가르치는 선생이었다. 그의 생존 시에 추종자는 물론이고, 그의 적대자들 그리고 호기심 많은 사람까지도 한결같이 그를 선생이라고 불렀다. 그런데 후세의 기독교인은 그를 선생 이상의 어떤 존재로 불렀다. 사실 그는 그 이상이었다. 그래도 그가 선생이라는 사실에는 변함이 없다. 그렇다면 무엇을 가르치는 선생이었나?

어떤 이들은 그가 무엇보다도 믿음을 가르치는 선생이었다고 생각했다. 좀 더 구체적으로 말하자면, 하나님에 대한 계시와 구원에 대한 예수 자신의 역할이 무엇인지에 관한 정확한 정보를 제공함으로써 구원받기 원하는 사람들이 무엇을 믿어야 할지를 가르친 선생이라고 생각했었다. 어떤 사람들은 그가 새로운 윤리 규범을 가르친 선생이라는 점을 강조했다. 그것을 아주 특별한 명령으로 내포하고 있는 새로운 도덕률로 이해하든, 사랑과 정의 혹은 황금률이나 박애와 같은 좀 더 일반화된 이상으로 이해하든지 말이다.

그러나 예수는 바른 믿음이나 건전한 도덕을 가르친 선생은 아니었다. 오히려 길, 특히 변혁의 길1을 가르친 선생이었다. 그의 가르침은 1세기 유대인들의 일상적 현실 한복판에 자리 잡고 있던 인습적인 지혜에 대한 철저한 비판 위에 서 있었다. 길을 가르치는 선생이자 인습적인 지혜에 대한 비판자였던 예수는 어떤 의미에서, 자기 시대의 문화와 매우 날카롭게 대립하면서 새로운 길과 방향을 가리켰던 다른 위대한 현자들, 예를 들면 기원전 6세기경 중국의 노자와 기원전 5세기경 인도의 석가모니 등의 인물과 매우 유사한 측면이 있다. 이스라엘 역사에서 그런 인물을 찾는다면 모세를 들 수 있다. 모세는 백성을 이집트로부터, 아니 어떤 의미에서는 이집트의 문화로부터 이끌어 근본적으로 다른 길로 인도한 가장 위대한 사람으로 그와 비견할 만한 현자는 없다고 말할 수 있다.

예수 가르침의 양식

예수의 가르침의 내용을 살펴보기 전에 그가 자신의 대안적인 비전을 전하기 위해 사용했던 전형적인 양식을 살펴보는 것은 매우 중요한 의미가 있다. '토라를 가르치는 현자'가 아니었다는 점에서 예수는 그 당시에 인습적인 지혜를 가르쳤던 선생과는 달랐다. 대체로 그의 가르침은 토라를 상세히 설명하거나, 거기에 주석을 다는 형식을 취하지 않았다. 물론 예수는 토라에 대해서 잘 알고 있었고, 때로는 그것을 인용하기도 했지만 말이다. 그는 거룩한 책이나 권위 있는 선생의 의견을 인용해서 자기 말의 권위를 보장하려 하지 않았다. 그는 주로 인간의 경험 세계에 호소하거나 자연을 세심하게 관찰하는 일에 주력했다. 그리고 그는 초기 지혜 전통의 전형적인 양식을 사용했다.

---

1 이 운동의 최초 명칭이 '그 도'였다는 사실은 놀랍다. 행 9:2 참조.

잠언

잠언은 어떤 통찰을 불러일으키거나, 구체화하는 짧고도 간결한 담론이다. 예수의 말씀 가운데는 짤막하지만 주목할 만한 것들이 많다. "아무도 두 주인을 섬길 수 없다", "산 위에 있는 동리가 숨기지 못할 것이다", "사람이 등불을 켜서 말 아래 두지 아니한다."[2] 대부분 전통적인 잠언에서 끌어온 것이지만 예수 자신이 새롭게 만들어 낸 것도 더러 있다. 어느 경우든, 그 말씀들은 대체로 자명한 진실을 표현하고 있다. 실제로 잠언의 힘은 그 말씀들이 즉각적으로 이해된다는 사실, 즉 명백한 진실성에 의존하고 있다. 예수의 가르침에 날카로움을 더해 주는 것은 우리가 앞으로 살펴보겠지만, 그 말씀의 적용이다.

비유

비유는 몇 가지 목표에 부합되게 만들어진 상상의 이야기다.[3] 비유는 기억에 남을 이야기를 들려줌으로써 한 가지 핵심을 평이하게 설명하거나 부연해 준다. 비유의 기능이 그렇다면 그러한 핵심을 드러내는 데 비유가 꼭 필요한 것이라고 할 수는 없다. 비유가 없다면 예술적이거나 흥미로운

---

[2] 예수의 말씀 가운데 100여 개가 넘는 잠언이 있다. 다음을 참조할 것. Leo Perdue, "The Wisdom Saying of Jesus", *Foundation and Facets Forum* 2/3 (1986): 3-35; Charles E. Carlston, "Proverbs, Maxims and the Historical Jesus", *Journal of Biblical Literature* 99 (1980): 87-105; and J. D. Crossan, "Fragment," *The Aphorisms of Jesus* (San Francisco: Harper & Row, 1983).

[3] 예수의 비유에 관한 학문적인 연구 문헌은 풍부하다. 20세기의 고전적인 연구물로는 Joachim Jeremias, *The Parables of Jesus: A History of Interpretation and Bibliography* (Methuen, N. J.: Scarecrow Press, 1979).

담론이 되기는 어렵겠지만 말이다. 하지만 비유는 때로 전혀 다른 기능을 하기도 한다. 비유는 그 핵심이 직접 제시했더라면 사람들의 관심을 끌지 못했을, 혹은 보기를 거부했을 그 무엇을 보라고 청중을 초대하고 또 그것을 볼 수 있게 하는 역할도 한다.4 이처럼 비유는 화자와 청자 사이 인식의 차이를 전제로 하면서, 청자가 변화한 인식을 향해 자신을 개방하도록 하는 역할을 하기도 한다.

자연에서 통찰하는 교훈

구약의 현자와 마찬가지로 예수도 자연을 통찰의 근원으로 보았다. "들의 백합화가 어떻게 자라는가 살펴보아라. 수고도 하지 않고, 길쌈도 하지 않는다." 관찰 결과가 질문의 형태로 나타날 수도 있었다. "가시나무에서 어떻게 포도를 따며, 엉겅퀴에서 어떻게 무화과를 딸 수 있겠느냐?" 지각이 있는 사람이라면 이 질문에 대해서 "물론 아니"라고 대답할 수밖에 없다. "좋은 나무는 좋은 열매를 맺는다"라는 말도 이와 유사한 판단을 내리게 하는 말씀이다.5 예수 잠언의 가르침이 거의 모두 그렇듯이 예수의 가르침이 담보하고 있는 주목할 만한 권위가 자연에서 배운 것을 적용하는 데서 나타난다.

예수가 이용했던 전통적인 지혜의 이런 양식의 공통분모는 지금까지와는 다른 방식으로 보라는 초대이다. 예수는 인습적인 지혜의 교사처럼

---

4 구약성서에서 이런 경우를 보여주는 것 대표적인 것은 나단과 이사야의 비유이다. 작은 암양 새끼 한 마리밖에 없는 사람에 대한 나단의 이야기(삼하 12:1-6)와 들포도만을 맺은 포도원에 대한 이사야의 이야기(사 5:1-7)에서 이 두 예언자는 청자들이 그 이야기가 자신의 이야기라는 사실을 깨닫기 전에 그들 자신이 그 사건에 대한 판결을 내리도록 이끌고 있다.
5 마 6:28//눅 12:27; 마 7:16//눅 6:44; 눅 6:43//마 7:17(마 12:33과 비교).

이미 확립한 전통의 권위에 호소하지 않고 상상력과 지성에 호소했다. 예수는 인습적인 지혜에 도전하기 위해서 전통적인 지혜의 양식을 사용했던 것이다.

현자 예수

예수의 모든 가르침은 매우 독특한 사회적 세계 속에 살고 있었던 동시대인을 향하고 있다. 그는 다른 청중을 염두에 두지 않았다. 이런 의미에서 예수의 "무시간적인" 가르침 같은 것은 없다. 그러나 그가 가르쳤던 교훈들이 대체로 무시간적인 속성을 갖고 있다. 왜냐하면, 그가 가르친 대안적 방향이 그가 속해 있던 사회적 세계와 긴장 관계에 있었을 뿐만 아니라, 모든 시대의 인습적인 지혜에 저항하고 있기 때문이다. 그는 자기의 가르침을 여러 가지 세목으로 나누는 조직신학자도 철학자도 아니었지만, 그의 현자의 가르침은 세 가지의 중요한 주제들에 대한 답을 제시해주고 있다. 그 세 가지란 인습적인 지혜가 만들어 낸 이미지에 도전하는 실재관, 인간 조건에 대한 진단, 변혁의 길 선포 등이다.

예수의 실재관

관념은 중요한 요소이다. 관념은 '현실' 세계에 비해 취약한 구조물이라고 생각하는 경향이 있지만, 사실 관념이 우리 삶을 더 깊은 곳에서 결정한다. 우리에게 영향을 미치는 관념들 가운데서 가장 근본적인 것은 실재 그 자체에 대한 관념이나 이미지일 것이다. 우리 모두의 가장 깊은 곳에 있는 실재에 대한 어떤 이미지나 상(像)이 있기 마련이다. 의식적으로 명료하게 표현한 것이든 아니든, 그것은 우리 삶의 방식을 결정하는데 다른 어떤 요소보다도 결정적이라 할 수 있다. 우리는 실재를 무심한 것으로, 파괴자로, 달래주어야 할 심판관으로 그리거나(image), 아니면 친구로 그릴 수 있다. 우리가 실재를 어떻게 보느냐 하는 문제는 삶에 대한 우리의 반응에 근본적인 영향을 끼치게 마련이다.6

이런 여러 가능성 가운데서 본질로 실재에 대해 일차원적인 이해를 하는 현대 서구문화의 세례를 받고 살아온 우리는 실재를 절대적으로 무심한 것으로 '그리는' 경향이 있다. 우리가 배운 실재란 물질과 에너지의 연속체, 선회하는 원자와 그들의 상호작용 혹은 근래에 널리 알려진 표현대로 '우주적 수프'7였다. 그렇지만 모두가 예외 없이 다 그렇다고 주장하려는 것은 아니다. 여론조사 결과 대다수 사람이 하나님의 존재를 여전히 긍정하고 있다는 사실조차 부정하려는 것도 아니다. 하지만 우리 시대의 종교적 신앙이라는 것도 그것이 어떤 강력한 체험에 의해 변화하지 않는 한, 이 세계를 인간의 감정에 개의치 않는 절대적으로 무생물적이며, 무인격적인 하나의 광대한 우주로 보는 현대의 실재관에 덧붙여진 것에 지나지 않는 경우가 대부분이다. 이러한 종교적 신앙은 현대 문화 이전에 존재했던 종교적 세계관은 대조를 이룬다.

---

6 이에 대한 설명은 H. Richard Niebuhr의 통찰력 있는 책 *The Responsible Self* (New York: Harper & Row, 1963)을 참조. 이 책에서 니버는 우리가 사는 기본적인 정황이나 전반적인 환경에 대한 우리의 견해가(즉, 궁극적 실재나 하나님에 대한 우리의 견해는) 삶에 대한 우리의 반응에 결정적인 영향을 끼친다고 주장했다. 그는 실재를 무심한 것으로, 적대적인 것으로, 달래줌을 요청하는 것으로, 친구로 보는 네 가지 가능성을 나열하고 그것을 명료하게 분석했다. 실재의 이미지에 대해서는 Alan Jones, *Exploring Spiritual Direction* (New York: Seabury, 1982), 83-98.

7 이것은 Carl Sagan이 자신이 진행하던 TV 시리즈와 그의 책 *Cosmos* (New York: Random House, 1980)에서 사용한 표현이다.

20세기에 만연한 무의미성에 대한 지각은 우리의 실재 인식이 변했다는 데서 그 원인을 찾을 수 있다.8 실재를 무심한 것으로 바라보는 시각은 실재를 파괴자로 보는 시각으로 쉽게 전이한다. 만일 실재가 무심하다면 그것은 위협적일 수밖에 없으며 우리가 해야 할 일은 우리를 파괴하려고 위협하는 것들에 대항해서 스스로 지키는 것이다.

예수는 대부분의 동시대인이나 우리와는 다른 방식으로 실재를 바라보았다. 근대 이전의 사람들이 대체로 그러했듯이 그는 실재를 궁극적으로는 영(궁극적으로는 물질적이지 않은 것)이라고 보았는데, 이 말은 실재에 대한 '마지막 결론'이 하나님이라는 뜻이다. 예수는 그의 동시대인들과 우리 그리고 인습적인 지혜들과는 달리 실재를 궁극적으로 은혜로우며 자비롭다고 인식한다는 점에서 우리와 구별한다.

은혜로우며 자비하신 하나님

'은혜'는 기독교 전통의 핵심적인 용어 가운데 하나이며, 이는 결코 우연적인 요소가 아니다. 예수가 은혜라는 표현을 직접 쓰지는 않지만, 예수의 가르침 어디를 보더라도 궁극적 실재에 대한 상, 즉 하나님의 궁극적인

---

8 무의미한 삶에 대한 권태와 현대적 세계관이 조장한 우주적 외로움은 20세기의 예술과 문학(소설과 시 그리고 철학적이고 신학적 저자들)의 중요한 주제 가운데 하나가 되었다. 우디 앨런의 영화 〈애니 홀〉(Annie Hall)에 나오는 한 장면보다 이것을 더 극명하게 그리고 유머러스하게 드러낼 수는 없을 것이다. 주인공(앨런 자신)이 화랑에서 현대화한 점을 감상하고 있는 어떤 여인을 유혹하려고 한다. 그 그림에 대해서 여인은 이렇게 말한다. "이 그림은 우주의 부정성을 표현하고 있어요. 실존의 추악하고 외로운 공허감, 즉 허무 말이예요. 인간은 갖가지 곤경 때문에 신이 없는 황량한 영원 속에서 살게 되었어요. 낭비, 공포, 타락만이 존재하는 거대한 공허 속에서 깜박거리고 있는 불꽃처럼 사는 거죠. 어둡고 부조리한 우주 속에서 쓸모없고 삭막한 죄수복이나 만들면서 말이예요." 이 말은 그럴듯하게 희화된 면이 있기는 하지만, 우리들 속에 이런 요소가 있다는 사실을 부정할 수는 없다.

특성은 은혜임이 드러난다.

자연에서 얻은 시적인 이미지들은 이 점을 잘 드러내고 있다. 예수는 이렇게 말씀하셨다. "공중의 새를 보아라. 씨를 뿌리지도 않고, 거두지도 않고, 곳간에 모아들이지도 않으나, 너희의 하늘 아버지께서 그것들을 먹이신다. 너희는 새보다 귀하지 아니하냐?" 그리고 또 이렇게 말씀하셨다. "들의 백합화가 어떻게 자라는가 살펴보아라. 수고도 하지 않고, 길쌈도 하지 않는다. 그러나 내가 너희에게 말한다. 온갖 영화로 차려입은 솔로몬도 이 꽃 하나와 같이 잘 입지는 못하였다."9 또 다른 예로 우리는 "아버지께서는 악한 사람에게나 선한 사람에게나 똑같이 해를 떠오르게 하시고, 의로운 사람에게나 불의한 사람에게나 똑같이 비를 내려주신다."10 이러한 말씀을 통해서 예수는 그의 청중에게 자연을 주의 깊게 바라봄으로써 그 속에 드러난 신적 특성의 섬광을 보라고 요청하셨다. 카리스마적 전통 위에 서 있었던 과거의 인물들과 마찬가지로 예수는 온 세상이 "하나님의 영광으로 가득 차 있으며" 하나님의 광휘가 스며들어 있다고 보았다.11 자연은 넉넉하게 보살펴주는 우주적 관대함으로 특징지을 수 있는 실재를 가리키고 있다.

---

9 마 6:26, 28-29의 인용. 이 구절 전체는 마 6:25-33; 눅 12:22-31을 보라.
10 마 5:45, 비교. 눅 6:35. 이와 연관된 텍스트는 마 10:29-31; 눅 12:6-7.
11 인용한 구절은 사 6:3. 영광이라는 단어는 임재와 광휘와 밀접하게 연관해 있다. 따라서 "그 영광이 온 땅에 가득하다"라고 말하는 것은 세상이 하나님의 임재와 광휘로 충만하다고 말하는 것이다. 시편과 욥 38-41장을 참조하라. 거기서 피조 세계의 장대한 현시는 하나님의 신비가 아름답고도 경탄스러운 모습으로 드러난 것으로 표현하고 있다. 기독교인들은 종종 하나님이 피조물 속에 '스며 있다'는 말을 마치 동양적 사유처럼 여겨 꺼리는 경향이 있다. 그러나 하나님을 내재적인(모든 곳에 존재하는) 존재로 또 초월적인 존재로 보는 것은 유대·기독교적인 전통에서도 고유한 것이다. 이 책 2장 48-49쪽을 보라. 일반적으로 하나님에 대해 말할 때 그를 초월적인 존재로만 보려는 것은 하나님을 우주 '저편에', '너머에' 계신 그래서 '여기에' 존재하지 않는 분으로 보려는 대중적인 하나님 상과 관련이 있는 듯하다.

은혜로운 하나님 상은 우리가 잘 아는 예수의 비유들 속에서도 찾아볼 수 있다. 탕자는 먼 나라에 가서 방탕하게 지내면서 아버지의 재산을 허비했다. 그는 급기야 그곳에서 '아웃캐스트'가 되었고, 결국에는 쓰라린 절망감을 안고 집으로 돌아올 수밖에 없었다.12 그런데 뜻밖에도 무척 기뻐하시면서 잔치를 베풀어 자신을 맞아 주시는 아버지를 만났다. 여기서 그 아버지는 하나님의 이미지임이 분명하다. 집을 떠나 방황하는 탕자를 사랑하고, 그를 기쁘게 맞아 주고, 그의 귀향을 비난하기는커녕 그와 더불어 기뻐하시는 그 아버지는 은혜로우신 하나님 바로 그분이다. 하루 중 극히 짧은 시간 동안만 일한 일꾼들에게도 하루치의 온전한 임금을 준 포도원 주인에게도 이와 비슷한 하나님 상像을 발견한다. 온종일 일한 사람이 불평을 터뜨렸을 때 포도원 주인은 "내가 후하기 때문에, 그것이 당신 눈에 거슬리오?"13라고 물었다. 하나님의 이미지로서 이 비유의 의미는 분명하다. 하나님은 그런 분이라는 것이다.

하나님의 이미지는 예수의 사역에 있어서 가장 충격적인 행태 가운데 하나인 소위 '죄인들', 즉 버림받은 사람들과 식사를 함께 하시는 데서 함축적으로 드러나고 있다.14 1세기 팔레스타인에서 누군가와 음식을 함께 나눈다는 것은 그를 식탁 공동체에 받아들인다는 의미임을 생각할 때 예수의 그런 행동은 그들을 받아들인다는 뜻임을 알 수 있다. 사회에서 소외

---

12 눅 15:11-32. 그의 절망과 추락의 깊이는 이 비유의 세부적인 묘사 속에서 잘 드러나고 있다. 그는 아웃캐스트보다 더 천한 돼지치기가 되었다. 당시에 양치기는 가장 천한 계층이었다(5장 주 25 참조). 돼지치기는 그보다 더 천했다. 돼지는 부정한 짐승이었기 때문이다. 이 비유의 다른 디테일도 그 아들이 아웃캐스트보다 '형편이 더 나빴음'을 잘 드러내고 있다.

13 마 20:1-15.

14 이 책 5장, 129-130쪽 참조. *Rediscovering the Teaching of Jesus* (New York: Harper& Row, 1967), 107에서 Norman Perrin은 예수가 버림받은 사람들과 함께 식사한 것이야말로 예수 선교사역의 **가장** 중심적인 특색일 것이라고 말했다(강조는 저자).

된 사람들에게 예언자라고 소문난 사람의 식탁에 초대받았다는 사실은 특별한 경험이었음이 틀림없다. 그는 "성령의 입이 되어 말했다."15 따라서 예수가 그들을 받아들인 것은 하나님께서 그들을 받아들이셨다는 주장으로 이해할 수도 있었을 것이다. 그러한 행위 속에는 버림받은 자들, 즉 그들의 삶의 방식 때문에 인습의 지혜가 설정한 존중과 용납의 경계선 밖으로 내몰릴 수밖에 없는 사람들조차 감싸 안으려는 은혜롭고, 자비로우신 하나님에 대한 이해가 전제되어있다. 버림받은 사람들과 함께 하는 예수의 식탁 친교는 하나님의 은혜를 나타내는 생동감 있는 비유인 셈인데, 그것은 하나님의 은혜를 표현하는 것인 동시에 중재하는 것이기도 하다.16

하나님의 특성을 나타내기 위해서 예수가 가장 빈번하게 사용한 것은 '자비롭다'는 단어이다.17 이 단어는 특히 히브리어와 아람어에서 풍부한 울림을 갖는다. 이 단어는 두 언어에서 '자궁'18이라는 명사의 복수형이다. 따라서 자비롭다는 말은 자궁성(wombishness), 예컨대 양육, 출산, 껴안기 등의 뉘앙스를 가지고 있으며 더 나아가서는 부드러움을 연상케 했다.19 하나님은 우리에게 생명을 주고 길러주신다. 그런 의미에서 자궁적이다.

---

15 3장, 74-79쪽 참조.

16 페린과 예레미야스는 이것을 하나님의 용서와 은혜를 나타내는 비유적인 행동이라고 말한다. Jeremias, *The Parables of Jesus*, 227과 Perrin, *Rediscovering the Teaching of Jesus*, 107 참조. 이런 행동의 사회적 의미에 대해서는 7장을 보라.

17 예컨대 탕자의 비유에서 아버지의 반응은 '측은히 여겼다'라는 말로 잘 요약하고 있다. 예수의 가르침의 틀을 잘 드러내고 있기 때문에 각별하게 주목해야 할 대목에서 예수는 "너희의 아버지께서 자비로우신 것 같이, 너희도 자비로운 사람이 되어라."라고 말씀하셨다(눅 6:36, 이 구절에 대한 더 상세한 설명은 7장을 참조할 것).

18 Phyllis Trible, *God and the Rhetoric of Sexuality* (Philadelphia: Fortress, 1978), 31-59, 특히 33, 38-53 참조.

19 하나님의 연민과 파토스, 사랑과 부드러움에 대한 예언자들의 견해에 대한 놀랄만한 설명은 Abraham Heschel, *The Prophets*, volume 1 (New York: Harper& Row, 1962) 참조.

하나님이 은혜로우시다는 주장은 구약성서의 중심에 자리 잡고 있다. 이것은 예수 자신이 속해 있던 카리스마적 전통에서도 마찬가지이다. "하나님이 자기 백성과 사랑에 빠졌다."[20] 이것은 출애굽과 바벨론 포로 이야기의 핵심이다. 그러나 인습적인 지혜의 필요로 인해 그런 생각은 왜곡되었는데, 왜곡의 결과 보상과 형벌, 의와 불의, 가치와 무가치에 대한 주장이 중요한 것으로 취급받게 되었다. 일례로 우리는 주인의 처사에 항의했던 포도원 일꾼들과 집을 떠났던 탕자의 형이 제기한 항의 속에서 인습의 지혜 음성을 들을 수 있다. 그들은 당시뿐만 아니라 모든 시대 인습의 의식을 대변한다. 우리는 불공평하다고 생각하는 그들의 심정을 충분히 이해할 수 있다.

하나님에 대한 예수의 이미지는 교회와 현대 문화는 물론, 그것이 어떤 문화 전통이든지 간에 그것이 기대고 있는 인습적 지혜 속에 녹아들어 있는 실재관에 도전했다. 실제로 하나님의 은혜가 기독교인들의 상투어가 된 감이 있지만, 교회 안팎의 많은 사람이 이해하고 있는 기독교는 일종의 인습적인 지혜의 표현 양식이다. 여기에서 하나님은 자기의 기준(신앙에 대한 것이든, 행위에 대한 것이든)을 설정해 놓고 사람들이 그 기준을 만족시켜 주기를 기대하는 심판자의 이미지를 갖고 있다. 하나님이 요구하시는 바를 충족해 드려야만 하나님의 사랑을 받을 수 있다는 생각은 실재의 중요한 이미지인 은혜를 포기하는 것이다. 은혜라는 단어를 많이 사용하고 있다 해도 사정은 마찬가지이다. 하나님을 끌어들이지 않고도 사회적 기준에 부응함으로써 더 나은 삶을 얻을 수 있다고 생각하는 현대 문화의 이데올로기는 실재를 보상자와 심판자로, 인습의 지혜가 담보하는 가치를

---

20 이 구절은 Abraham Heschel, *The Prophets*, 44에 따른 것인데, 그는 이 구절이 이스라엘의 예언자들의 핵심적인 주장을 잘 요약한 것으로 보고 있다.

강화하는 것으로 보는 실재관을 드러내고 있다.

만일 우리가 실재를 적대적이고, 무심한 것으로 혹은 '심판자'로 본다면 자기 보호야말로 우리 존재의 첫째 계명이 될 것이다. 우리는 실재에 대항해 우리를 지켜야 할 것이며 실재의 위협에 직면하여 자신의 안전을 도모해야만 한다. 그 수단이 세속적이든, 종교적이든 마찬가지이다. 그러나 만일 우리가 실제로 우리를 도와주고, 살리는 것으로 본다면 삶에 대한 다른 반응, 즉 신뢰가 가능해질 것이다. 하나님이 은혜롭다고 말하는 것은 하나님과의 관계가 인습의 지혜가 설정한 기준에 입각하여 평가한 성취에 따르는 것이 아님을 나타내는 것이다. 중요한 것은 성취가 아니라 관계이다. 전통적인 종교적 어법에 따라 말하면, 하나님은 사람들의 어떤 성취 때문이 아니라 그저 그들을 사랑하시는 은혜로운 분이다. 종교적으로 가치 중립적인 언어로 말하면, 실재는 우주적 관대함을 특징으로 한다. 그러나 우리 모두 다 그렇게 보지는 않는다. 우리는 일반적으로 실재가 은혜롭지 않은 것처럼 살고 있다.

두 길: 넓은 길과 좁은 길

위대한 현자들은 두 길 혹은 두 방향에 대해 말한다. 세상에는 어리석은 길/슬기로운 길, 죽음의 길/생명의 길, 넓은 길/좁은 길, 예속의 길/해방의 길, 눈멂의 길/눈 뜸의 길, 대부분 사람이 살아가는 길/성인의 길이 있다.21 위대한 현자들이 말한 그 두 길은 의학적 은유를 써서 말하면 진단

---

21 W. T. Stace, *Religion and Modern Mind* (Philadelphia: Lippincott, 1952), 252 참조. 종교 전통에 의하면 "삶을 살아가는 두 가지 길이 있다. 첫째는 대부분 사람이 걸어가는 길, 즉 어려운 사태를 잘 수습하는 길이다. 둘째는 성자들의 길이다." 이 두 길은 세계 여러 종교

과 치유, 증상에 관한 기술記述과 변화를 위한 처방을 포함했다.

예수도 두 길에 대해 말했다. 넓은 길과 좁은 길, 멸망의 길과 생명의 길이 그것이다. "멸망으로 이끄는 문은 넓고, 그 길이 널찍하여서, 그리로 들어가는 사람이 많다. 생명으로 이끄는 문은 너무나도 좁고, 그 길이 비좁아서, 그것을 찾는 사람이 적다." 세상에는 지혜로운 길과 좁은 길이 있다. "지혜로운 사람은 반석 위에 자기 집을 짓고 어리석은 사람은 모래 위에 자기 집을 짓는다." 그는 하나님을 섬기는 길과 맘몬敷을 섬기는 길에 대해 말했다. 땅에 쌓아 둔 보물이 있고 하늘에 쌓아 둔 보물이 있다.22

넓은 길

주목할 만한 사실은 넓은 길이 인습적인 지혜의 특성이라는 것이다. 그 길은 흔히 사람들이 생각하는 것처럼 죄악된 것 혹은 뜨거운 죄의 길이 아니었다.23 예수는 동시대인이 그 시대의 인습적 지혜가 제시한 도덕적인, 종교적인 기준에 따라 살지 못했다고 비난하지 않았다. 오히려 그는 문화가 제공하는 안정성과 정체성에 초점을 맞추고 있는 인습적 지혜는

속에서 보편적으로 드러나는 인간 실존에 대한 지각에 상응하는 것이다. 우리가 일반적으로 살아가는 삶의 모습 속에는 뭔가 잘못된 것이 있다는 주장이 있다. 즉 삶은 고통, 불안, 억압과 굴레로 가득 차 있으며, 본래의 모습이 아닌 타락하고, 죄악된 것이라는 주장이다. 우리는 이 세상이 무언가 잘못되었다는 것을 수많은 전쟁, 불의 그리고 인간이 서로에게 입히는 여러 가지 상처를 통해서 확실히 알 수 있다. 그러나 종교는 거의 모든 시대의 실존적 특징인 병폐와 무질서를 극복할 길이 있다고 가르친다. 이 두 요소의 중심성은 William James의 *The Varieties of Religious Experience* (New York: Macmillan, 1961), 393에 잘 요약되어 있다. 세계의 여러 종교가 '한결같이 증언하는 공동체의 핵'은 '불안'과 '그 해결'(즉, 문제와 치유)이라는 두 요소이다.

22 마 7:13-14, 비교. 눅 13:23-24; 마 7:24-27; 6:24, 6:19-21; 눅 12:33-34.
23 그것은 폭식, 술 취함, 간음 등이다. 이 문제들(다른 문제들도 마찬가지지만)에 관한 예수의 가르침은 오늘날 부흥사의 뜨거운 설교와 다르다.

비록 거룩한 경전이 인정하고 예배 의식을 통해 신성하게 여겨졌다고는 해도, 하나님을 지향하는 삶을 가로막는 최대의 적이라고 생각했다.

예수 시대의 인습적인 지혜가 관심을 기울이고 있었던 것은 네 가지였는데, 그것은 가족, 부, 명예, 종교였다. 종교는 그 사회적 세계에 정당성을 부여해 주었다. 그뿐만 아니라 사람들은 가족, 부, 명예도 다 종교적인 삶에서 비롯하는 축복 또는 보상으로 이해했다. 그러나 예수의 가장 급진적인 말씀은 대개 위에 언급된 가치는 겨냥하고 있지 않았다.

유대교에서 가족은 매우 중요한 것이었는데(대부분의 전근대적인 문화에서도 그랬듯이) 이 점은 현대 세계에서 사는 우리가 쉽게 상상하기 어려운 것이다. 주로 농사를 짓는 사람에게 있어 가족은 최초의 경제단위였다. 더 나아가서 개인은 자기가 속해 있는 가족에 근거해서 일차적으로 정체성을 확인받는데, 그를 통해 가계家系가 유지된 것은 물론이고 개인은 '아무개의 아들'로 알려졌다. 가족은 이처럼 일차적인 사회 단위였으며 정체성과 재정적 안전보장의 근거였다.[24] 그러나 예수의 아주 과격한 말씀 중에는 가족과의 관계를 청산하라거나 가족적인 의무에서 벗어날 것을 요구하는 것들이 많다. 그는 자기 가족의 중요성을 부인했다.[25] 그는 자신을 따르려면 아버지와 어머니, 아내와 자식들, 형제와 자매를 '미워해야' 한다고 말했을 뿐만 아니라,[26] 그의 사명은 가족의 분열을 일으키는 것이라고까지 말했다.[27] 자기를 따르는 부자가 "(주님,) 내가 먼저 가서 아버지의 장례를 치르

---

[24] 현대 미국인과 중세인의 가족 이해에 대한 조직적인 비교는 B. Malina의 *The New Testament World: Insights from Cultural Anthropology* (Atlanta: John Knox, 1981), 94-102 참조.

[25] 막 3:33-35.

[26] 눅 14:26//마 10:37. 이 구절은 약간(아주 조금) 부드럽게 옮긴 것인데, 그것은 '미워하다'는 말이 히브리어와 아람어에서는 '사랑하지 않음'이나 '둘째로 치다'는 뜻으로 사용할 것 있기 때문이다.

도록 허락하여 주십시오" 하고 간청했을 때 예수는 "죽은 사람들을 장사하는 일은 죽은 사람들에게 맡겨두고, 너는 가서 하나님 나라를 전파하여라" 했다. 이것은 예수의 가르침 중에서 가장 급진적인 것 가운데 하나라고 말할 수 있는데, 죽은 자를 정성껏 장사지내는 것은 유대인의 가장 신성한 가족적 의무였기 때문이다.[28]

그때나 지금이나 부와 소유는 안전과 정체성의 중요한 원천이다. 유대교가 불의한 제물에 대해 말하고는 있지만, 일반적으로 사람은 부를 지혜의 길을 따름으로써 얻을 수 있는 하나님의 축복으로 인식했다. 부자가 되는 것은 좋은 일이었다. 부는 안락함을 줄 뿐 아니라 그가 의롭게 살았다는 징표로 간주하기 때문이다. 그러나 예수는 철저하게 부를 비판했고, 부를 추구하는 일에 대해 결코 호의적이지 않은 이야기를 사람에게 들려줬으며, 부자에게는 화(禍)를, 가난한 이에게는 복을 선언했다. 그리고 어떤 사람에게는 그들이 가진 것을 다 포기하라고 하면서 이렇게 말했다. "재산을 가진 사람은 하나님의 나라에 들어가기가 참으로 어렵다."[29] 예수가 재산이 없었다는 것은 분명하다. 그래서 그는 제자에게도 그렇게 되라고 했다.[30] 하지만 제자들이 '거룩한 가난'(청빈)[31]을 실천했다 해도 예수가 부에

---

27 마 10:34-36//눅 12:51-53.

28 눅 9:59-60. 이와 밀접한 관계가 있는 61-62절도 참조할 것. 페린은 이 대목을 예수의 말씀 가운데 가장 급진적이라고 말하는데 그것은 어느 정도는 과장한 것 같다(*Rediscovering the Teaching of Jesus*, 144 참조).

29 막 10:23. 이 구절 다음에는 아주 유명한 말이 나온다. "하나님의 나라에 들어가기는 참으로 어렵다. 부자가 하나님의 나라에 들어가는 것보다 낙타가 바늘귀로 지나가는 것이 더 쉽다." 낙타가 지나가려면 무릎을 꿇지 않으면 안 될 정도로 낮았던 문을 사람들이 "바늘귀"라고 불렀다고 함으로써 예수의 말씀을 희석하려는 시도는 핵심을 놓친 소치이다. 그런 문이 있었는지에 대한 증거도 없을뿐더러 그 이야기의 초점은 그 철저성에 있다. 관련된 성구는 눅 6:24-26; 12:13-21, 33-34; 16:13, 19-31; 막 10:28; 마 6:19-21, 24 등이다.

30 막 1:16-20; 2:13-14; 6:8-9; 눅 9:57-58//마 8:19-20.

대해서 원칙적으로 부정적이었는지는 분명하지 않다. 예수를 따르는 사람 가운데서도 부자는 있었고, 그 가운데는 그와 제자들을 물질적으로 지원했던 여인들도 있지 않았는가.32 그래도 예수는 부를 우리 마음을 심란하게 하고 정신을 빼앗는 주된 요인으로 보았음이 분명하다. 탐욕은 소모적이고 맹목적인 정열이며 이 모든 것들은 다 인습적인 지혜에 의해 재가되고 있다는 것이 예수의 생각이었다.

명예는 중추적인 가치였다. 이것은 어느 정도 출생과 가족 그리고 부의 산물이라고 할 수 있지만, 사회적 인정에 의해서만 유지할 수 있었다.33 명예는 꼭 사회적 지위만을 가리키는 게 아니라 그 지위 때문에 부여한다고 생각할 수 있는 존경이기도 했다. 이런 명예를 얻고, 유지하고, 드러내고픈 욕망에 사로잡힌 사람들에게는 일정한 행동 양식이 요구되었다. 그러나 예수는 명예 추구를 조롱했고, 연회 자리에서 가장 영예스러운 자리에 앉으려는 사람, 회당에서 높은 자리에 앉으려는 사람, 장터에서 인사받기를 좋아하는 사람들을 비웃었다.34 예수는 사회적으로 인정받으려는 욕

---

31 '거룩한 가난'의 길은 기독교 전통은 물론이고(성서 이후 시대의 가장 유명한 예는 성 프란치스코인데 그는 가난한 자매를 부둥켜안았다) 다른 많은 종교 전통 속에서도 잘 알려져 있었다.

32 눅 8:1-3. 아리마대 요셉도 부유한 추종자들 또는 지지자들 가운데 하나였던 것 같다(막 15:43). 그를 문학적으로 고안된 인물로 보아야 할 이유가 하나도 없다. 가난과 부라는 주제에 대해서는 아 책 7장, 195-198쪽을 볼 것.

33 명예에 대해서는 Malina, *The New Testament World: Insights from Cultural Anthropology*, 25-50 참조. 명예에 관심이 많은 사람은 "그/그녀가 무엇을 해야 할지와 그 사회에서 의미 있고 가치 있는 것으로 인정한 것이 무엇인지에 대해서 늘 생각한다." 그리고 다른 사람으로부터 자신이 그런 이상적인 것을 성취했음을 인정받고 싶어한다(28). 사실 "명예는 재판소나 대중의 여론이라는 법정에서 판가름 날 문제이며, 법정이 부여하는 평판이다"(30). 말리나는 두 종류의 명예를 말한다. 하나는 태어날 때부터 주어진 것이고, 다른 하나는 "사회적으로 다른 사람을 훨씬 앞지름으로써" 얻을 수 있는 것이다(29). 명예는 통속적인 지혜의 잣대에 의해 규정한 바와 같이 탁월함의 산물이었다.

34 눅 14:7-10; 11:43; 막 12:38-39; 마 23:6-7.

망 때문에 하는 종교 행위를 호되게 나무라셨다. "너는 자선을 베풀 때는 오른손이 하는 일을 왼손이 모르게 하라."35 예수는 명예―어떤 사람이 성취한 것을 인습적인 지혜의 기준에 따라 공동체가 인정해 주는 것―를 사람을 넘어뜨리는 덫으로 보았다.

인습적인 지혜의 마지막이자 주된 초점은 종교였다. 누군가가 현명하다면 그 사람은 종교적일 것이다. 인습적인 지혜의 다른 주제들과 마찬가지로 종교는 정체성과 안전의 문화적 근거를 제공해주었다. 누구의 후손이라는 한 가지 사실만으로도 사람들은 아브라함의 자녀요 하나님 약속의 상속자가 되었다. 각자의 종교적인 처신에 따라 어떤 사람은 아브라함의 의로운 자녀가 되기도 하고, 죄악의 자녀가 되기도 한다. 인습적인 지혜의 틀 속에서 종교는 쉽게 영예스러운 정체성과 안전을 확보하기 위한 수단이 되었다.

그러나 복음서에서 우리를 놀라게 하는 말은 대개 종교적 신념과 행위를 겨냥하고 있다.36 예수의 길을 예비했던 세례자 요한은 "너희는 속으로 주제넘게 '아브라함이 우리 조상이다' 하고 말할 생각을 하지 말아라" 했다. 세례자 요한과 마찬가지로 예수에게도 인습적인 지혜가 제공하는 신성한 정체성은 아무것도 아니었다.37

안전의 근거로서 종교 행위 역시 그의 비판에서 예외가 될 수는 없었

---

35 마 6:1-6, 16-18. 다른 종교적 행위로 언급되고 있는 것은 기도와 금식이다. 그런데 이것은 '은밀하게' 해야지 사람들에게 보이려고 해서는 안 된다.

36 마 3:9; 눅 3:8.

37 예수의 가르침은 세례자 요한이 강조했던 바를 이어받고 있다. 즉, 그의 말을 듣고 있는 사람들(그들은 아브라함의 자손이었다)은 하나님 나라에서 다른 사람들이 아브라함과 이삭과 야곱과 더불어 잔치에 참여하고 자기들은 문밖에 쫓겨난 것을 보게 될 것이라는 것이다(마 8:11-12; 눅 13:28-29). 예수는 또한 이런 견해를 거꾸로 적용하기도 했다. 그는 아브라함의 자손으로 설 권리를 박탈당한 버림받은 사람들에 대해서 "이 사람도 아브라함의 자손이다"(눅 19:9, 13:16) 하고 말했다.

다. 여기서 특히 교훈적인 것은 세리와 바리새인의 비유였다.[38] 바리새인의 감사기도는 자신의 종교적 실천에 대한 자화자찬으로 가득 차 있다. "하나님, 감사합니다. 나는 남의 것을 빼앗는 자나, 불의한 자나, 간음하는 자와 같은 다른 사람들과 같지 않으며, 더구나 이 세리와는 같지 않습니다. 나는 이레에 두 번씩 금식하고, 내 모든 소득의 십일조를 바칩니다." 여기서 우리는 이 바리새인이 우리가 흔히 생각하는 위선자가 아니라는 사실에 주목해야 한다. 우리가 그를 말과 행실이 다른 위선자라고 생각할 만한 이유는 하나도 없다. 오히려 그는 신실한 유대인이 당시의 엄격한 율법 기준에 따라 어떻게 살아야 했는지를 보여 준 표본적인 인물이었다. 그의 문제는 위선도 뻔뻔함도 아니었다. 다만 문제는 그가 이미 자기 삶의 중심으로 자리 잡은 자신의 성실한 종교적 성취 속에서 삶의 안전을 구했다는 것이다. 놀랍게도 예수는 자기가 하나님의 뜻을 잘 행했다고 해서 그러한 '성공'에 의지하는 태도를 비난했다.[39] 이 비유에서 바리새인의 반대편에 버림받은 자가 있었다는 것은 매우 의미심장하다. 그에게는 의에 대한 과시가 없다. 오직 하나님 안에서만 삶의 안전을 찾을 뿐이다. "아, 하나님, 이 죄인에게 자비를 베풀어 주십시오."

넓은 길에 대한 예수의 생각은 그의 비유에 등장하는 인물을 통해 드러난다. 그 비유들은 보통 사람의 행동 양식을 그대로 재현하고 있다. 사실 비유의 힘은 전형적인 인간 행동 양식을 정교하게 기술記述하는 데 있는데, 비유를 듣는 사람들은 자기들 자신의 모습을 보게 된다. 예수의 비유 속에

---

38 눅 18:9-14.

39 이것이 자기 의(self-righteousness)의 본래적 의미이다. 즉, 자기의 종교적 성취를 사람들 앞에 공개적으로 드러내든 그렇지 않든, 자신의 종교적 성취를 가지고 하나님 앞에 설 수 있다고 생각하는 것이 자기 의라는 말이다. 이것은 예수 당시의 어떤 특정한 개인들만의 특색이라기보다는 종교인들을 사로잡는 항구적인 유혹이라 할 것이다. 이것은 '성취의 원리'에 입각한 삶의 종교적 형태이다(이 책 5장, 120쪽 각주 9 참조).

등장하는 인물들은 1세기 무렵 팔레스타인 땅에 살았던 사람들의 생활상을 전반적으로 보여주고 있다. 즉 자기들이 일한 만큼 정당한 대가를 받아야 한다는 이야기의 노동자들과 큰아들과 관리들, 자기 일과 가정사에 분주해서 초대받은 잔치에 참석하기를 거부한 사람들, 자기가 누리던 것을 잃을까 두려워하며 초조해하던 청지기, 주인으로부터 포도원을 강탈하려던 소작인, 자신의 재산에 매여 죽음과 고통의 문제에 무관심했던 부자, 자기들 자신의 종교성과 정결함에 대한 자부심에 사로잡혀 있던 제사장들과 일반인들이 그들이다. 전형적인 인간 행동방식에 대한 스냅 사진들처럼 여러 가지 비유들은 인간 조건에 대한 예수 나름의 진단을 많이 드러내고 있다. 사실 우리도 자기 관심에 사로잡혀 있고, 자신의 행복이 사라지지나 않을까 염려하고, 자신의 전망에 묶여있고, 안전을 확보하기 위한 일들에 사로잡혀 있는 사람들이지 않은가.

사람들이 살아가는 전형적인 모습에 대한 예수의 분석은 눈멂의 이미지들 속에 잘 드러나고 있다. 사람들은 눈이 있지만 보지는 않는다.[40] 그는 자기 시대의 전통적인 현자들을 가리켜 소경이라고 말했다. "눈먼 사람이 눈먼 사람을 인도할 수 있느냐? 둘 다 구덩이에 빠지지 않겠느냐?"[41] 판단하고 비교하는 것을 선호하는 어떤 요소가 우리를 사로잡고 있어서 진실을 분명하게 보지 못 하게 한다. "너는 네 눈 속에 있는 들보를 보지 못하면서, 어떻게 남에게 '친구야, 내가 네 눈 속에 있는 티를 빼내 줄 테니 가만히 있어라' 하고 말할 수 있겠느냐?"[42] 그는 '성한 눈'의 중요성에 대해 말했다. 성한 눈이 없다면 사람은 어둠 속에서 살 수밖에 없다. "눈은 몸의 등불

---

40 예컨대 막 4:12, 8:18.

41 눅 6:39; 마 15:14.

42 눅 6:41-42; 마 7:3-5. 이 구절에 대해서는 Robert Tannehill이 그의 책 *The Sword of His Mouth* (Philadelphia: Fortress, 1975), 114-118에서 보여 준 빼어난 주석 참조.

이다. 그러므로 네 눈이 성하면 네 온몸이 밝을 것이요, 네 눈이 성하지 못하면 네 온몸이 어두울 것이다. 그러므로 네 속에 있는 빛이 어두우면, 그 어둠이 얼마나 심하겠느냐?"[43]

인습적 지혜의 세계에 사로잡히면 불안을 느낄 수밖에 없다. 불안은 넓은 길의 한 부분이라 할 수 있는데 우리는 이것을 예수의 가르침 속에서 암시적인 형태로나마 많이 찾아볼 수 있다. 예수는 자신들이 받아 마땅하다고 생각하고 있는 것들을 놓치지 않으려고 조바심하고 있는 사람들, 이미 누리고 있는 것을 유지하려고 노심초사하는 사람들 그리고 사회적 승인을 얻으려는 사람들의 불안감을 잘 알고 있었다. 이것은 들의 백합화와 공중의 새에 관한 유명한 말씀 속에서 분명한 형태로 드러나고 있다.[44] 예수는 사람들에게 우주적 관대함으로 가득 찬 실재에 눈뜨라고 하면서 다섯 번씩이나 "왜 염려하느냐?"고 물었다. 예수는 음식, 옷, 수명 그리고 내일(이 구절에 언급된 독특한 범주들)에 대한 염려야말로 그 시대의 전형적인 모습이라고 보았다.

이처럼 인습적인 지혜, 즉 넓은 길이 창출해 낸 관심의 세계는 안전을 추구하는 일이 중심이었다. 예수 자신이 이런 단어를 사용한 적은 없지만, 예수는 사람들을 근본적으로 '이기적인' 존재로 파악했다. 다른 무엇보다도 자신의 행복에 관심이 많고, 문화가 제공하는 수단을 통해 행복을 추구하는 존재로 말이다.[45] 인습적 지혜가 장려하는 일차적인 충성은 적극

---

43 마 6:22-23; 눅 11:34-36.

44 마 6:25-34; 눅 12:25-31.

45 여기서 '이기심'은 철저히 개인적인 것이라고 이해할 필요는 없다. 마치 그것이 오직 자기 자신에 관한 관심에 고착하는 것처럼 말이다. 보통 어떤 사람의 '이기심'은 자기 실존에 중대한 영향을 끼친다고 생각하는 공동체에 관한 관심으로 확장되게 마련이다(가족이나 국가를 그 예로 들 수 있다).

적으로 자아를 위한 것인데, 그런 충성을 통해 자아는 안전을 획득한다.[46] 더구나 불안과 자기 관심 그리고 맹목성은 서로 얽혀 있는 것이 아닌가. 그것이 가족 때문이든 아니면 재산이나 명예 혹은 종교 때문이든 그들 자신의 행복을 지키기 위해 마음을 쓰는 동안 사람들은 비전의 협소화를 경험하게 되고, 다른 사람에 대해 무관심하게 되며, 우리를 둘러싸고 있는 하나님의 영광에 눈먼 자들이 되고 만다. 부재중인 것은 하나님이 아니다. 다만 우리가 보지 못할 뿐이다.[47]

그러나 넓은 길은 이러나, 저러나 흔한 것이다. 그렇다고 그것이 명백하게 죄악인 것은 아니다. 최소한 대중적인 의미에서는 오히려 넓은 길은 매우 존중할 만한 것으로, 때로는 종교에 의해 정당화하고 심지어는 종교적인 것으로 인식하기도 한다. 사실 인습적 지혜의 길은 확실히 옳은 것처럼 보이고, 장로들의 지혜는 사람마다 알아야 할 것처럼 여겨지고, 종교 문화와 세속 문화 양편의 지배적 의식인 것처럼 여겨지는 것이다. 그러나 예수는 다른 길을 가르쳤다.

좁은 길: 변혁의 길

인간 조건을 진단하기 위해 여러 이미지를 사용했던 예수는 치유의 길, 즉 변화의 길에 대해 말할 때도 서로 다른 다양한 이미지를 많이 사용했다.

---

[46] 인간이 '이기적'이라고 말하는 것은 자칫하면 진부한 상투어가 되기 쉽다. 인간의 불안으로부터 흘러나와 인간의 비전과 사고까지도 뒤틀어놓는 이기심의 뿌리에 대해서 권위 있게 그리고 설득력 있게 기술한 것으로는 Langdon Gilkey가 제2차 세계대전 중에 중국의 민간인 포로수용소에서 체험했던 바를 인상 깊게 그려낸 *Shantung Compound* (New York: Harper& Row, 1966)를 들 수 있다.

[47] 이 단락의 마지막 문장은 아브라함 헤셸의 글을 기억나는 대로 인용한 것이다. 원문은 "신은 죽지 않았다. 오히려 죽은 것은 우리이다."

이 다양한 이미지를 꿰뚫고 있는 것은 공유하고 있는 하나의 개념적 이해인데, 이것은 앞으로 우리가 다루게 될 세 개의 이미지들 속에서 가장 분명하게 드러나고 있다. 그것은 새 마음, 하나님께 집중하는 마음, 죽음의 길이다. 이 이미지들은 독립적으로 기능하고 있으면서도 서로서로 맞물려 있다. 각각의 이미지는 다른 이미지로는 파악할 수 없는 독특한 뉘앙스를 갖고 있기는 하지만, '치유'라는 주제가 함축하고 있는 내용을 표현한다는 점에서는 일치하고 있다.

새 마음

이 이미지 가운데 첫째 것은 치유를 그리는 동시에 진단을 계속하고 있다. 예수는 마음(heart)에 대해 자주 말했다. 선한 마음과 약한 마음, 굳어진 마음과 깨끗한 마음 등이 그것이다. 사람들은 마음(심장)을 기본적으로는 신체 기관으로, 비유적으로는 감정의 '뿌리'로 이해해 왔다. 그러나 고대 유대인의 심리학에서 마음은 다른 의미로 사용되었다. 마음은 정신, 감정 그리고 의지보다 아래에 있는 가장 깊은 곳의 자아였다. 그것은 지각, 사유, 감정, 행동의 근거 혹은 원천이었으며,[48] 이것들은 다 마음에 종속한 것이었다.

마음을 자아의 심층으로, 존재와 행동의 근본적인 결정인자로 보는 견해는 예수의 가르침에서도 역시 핵심적이다. 예수는 "선한 사람은 그 마음 속에 갈무리해 놓은 선 더미에서 선한 것을 내고, 악한 사람은 그 마음속에 갈무리해 놓은 악 더미에서 악한 것을 낸다"라고 했다. 더 나아가서 그는

---

[48] 일반적으로 받아들여지고 있는 이러한 견해에 대한 상세한 설명은 *The Interpreter's Dictionary of the Bible* (Nashville: Abingdon, 1962), 2권 549 참조. 여기서 마음은 가장 깊은 차원의 정신(psyche)이고, "개인적인 삶의 가장 내밀한 샘이며 육체적, 지성적, 감성적, 의지적 에너지의 궁극적인 근원이다."

자아와 행동 사이의 관련을 밝히기 위해서 나무와 열매의 비유를 들어 자기 생각을 전개하고 있다. "좋은 나무가 나쁜 열매를 맺지 않고, 또 나쁜 나무가 좋은 열매를 맺지 않는다. 나무는 각각 그 열매를 보면 안다. 가시나무에서 무화과를 거두어들이지 못하고, 가시덤불에서 포도를 따지 못한다."[49]

자연을 관찰하는 과정에서 얻은 위의 잠언은 분명히 옳다. 우리는 무화과는 무화과나무에서, 포도는 포도나무에서 따는 것이지 가시나무나 가시덤불에서 딸 수는 없다. 그러나 이런 상식적인 관찰이 우리의 마음과 행동에 적용되면 매우 급진적인 가르침으로 변한다. 문제는 우리가 어떤 마음을 가지고 있는가이다. 즉, 우리가 어떤 나무인가이다. 만일 우리가 열매를 바꾸는 것만으로 나무의 종류를 바꿀 수 있다고 생각한다면 그것은 오산이다. 그것은 마치 가시나무에 무화과 열매를 매달아 놓고 가시나무를 무화과나무로 바꾸려는 것과 다를 바 없다.

예수의 그런 말들은 마음의 중심성을 긍정하는 데 그치는 것이 아니라 인습적 지혜를 전복하기도 한다. 후자는 외적인 것, 즉 열매에 집중함으로써 자아의 깊은 차원을 간과하는 경향이 있다. 인습적으로 재가된 믿음과 행동들, 관념적으로 받아들여진 일련의 신념들 그리고 따라야 할 행동 관례에 대한 관심은 우리의 마음 깊은 곳을 조금도 움직일 수 없다. 머리로는 올바른 교리를 믿으면서 그 마음에는 감동이 없을 수도 있다는 말이다. 인습적인 지혜가 요청하는 관례와 규정들을 따르면서도 자아의 가장 깊은 곳은 변하지 않을 수 있다. 그것은 '무엇을 믿느냐', '어떻게 행동하느냐'가 중요치 않다는 뜻이 아니라, 반드시 마음에 감동을 받는다고 말할 수는 없

---

[49] 눅 6:43-45 참조. 마 7:16-20; 12:34-35. 마음의 이미지와 나무와 열매 이미지의 결합은 렘 7:5-8에도 나오는 것인데, 이것은 예레미야와 예수가 만나는 많은 부분 가운데 하나다.

다는 것이다. 신념이나 행동은 중고품 종교(second-hand religion), 즉 전통과 사회화에 의해서 그 명맥을 유지하는 종교로 남을 수 있다. 자아는 무엇인가를 믿고 또 그 믿음에 합당한 일들을 실천하면서도 계속해서 이기적일 수 있다. 사실 보상과 형벌의 논리에 근거한 인습적인 지혜는 교묘하게 그러나 강력하게 자아로 하여 이기적으로 하도록 부추긴다.

전통을 올바르게 따르는 것과 내적 자아의 중요성 사이의 긴장은 예수의 가르침의 핵심적 주제이다. 예수는 그 시대의 전통에 따라 행동하는 사람들에 대해 이렇게 말했다. "이 백성은 입술로는 나를 공경해도, 마음은 내게서 멀리 떠나 있다."[50] 즉, 그들은 옳은 것을 말하지만(그리고 어느 정도는 행하지만) 내적 자아는 전혀 엉뚱한 곳에 있다는 말이다. 문제가 되는 것은 속에, 중심에 무엇이 있는가이다. "사람에게서 나오는 것이 그 사람을 더럽힌다."[51] "먼저 잔 안을 깨끗이 하여라. 그리하면 그 겉도 깨끗하게 될 것이다."[52] 예수는 토라를 단순히 인간의 행위에 적용하는 데 그치지 않고 내적 자아에 적용함으로써 그것을 시종일관 급진적으로 만들었다.[53] 필요한 것은 새 마음이었다.

새 마음에 대한 강조는 유대교 전통에서 새로운 것은 아니었다. 시편 51편의 시인은 하나님께 깨끗한 마음을 달라고 간청하고 있다. 유대인들과 기독교인들은 오랜 세월 동안 이 시를 기도로 바쳤고, 노래를 지어 불렀다. "아, 하나님, 내 속에 깨끗한 마음을 창조하여 주시고…" 예레미야는

---

50 막 7:6. 이것은 이사야서의 인용인데 외적인 종교 행위(인습적인 지혜의 길)와 마음가짐 사이의 긴장은 이스라엘 역사 전반에 걸쳐 왔던 것임을 보여주고 있다.
51 막 7:16. 마가복음 7장 전체는 전통적인 관행의 준수와 이에 대비되는 마음의 중요성을 다루고 있다.
52 마 23:25-26; 눅 11:37-41.
53 마 5:21-22, 27-28. 참조 마 5:20. "너희의 의가 율법학자들과 바리새파 사람들의 의보다 낫지 않으면, 너희는 하늘나라에 들어가지 못할 것이다."

그들 속에 두게 될 그리고 마음에 기록할 언약에 대해 말했다.54 그러므로 예수와 그 시대의 지혜 사이의 투쟁은 새 종교(기독교)와 옛 종교(유대교) 사이의 세력 다툼이 아니라 유대교와 기독교를 두루 관통하고 있는 종교적 실존 방식의 두 유형 사이의 갈등이었다. 종교적 실존 방식의 갈등은 외적 규범 준수를 중시하는 종교적 실존의 길(인습적 지혜의 길)과 내적 변화를 중시하는 종교적 실존의 길 사이의 갈등이었다. 우리는 이런 갈등을 모든 고등 종교에서 다 찾을 수 있다.

예수는 우리에게 꼭 필요한 것은 가장 깊은 곳에서 일어나는 자아의 내적 변화라고 가르쳤다. 그는 "마음이 깨끗한 사람은 복이 있다. 그들이 하나님을 볼 것이다"55 하고 말했다. 자기 자신의 행복에 관심을 가지는 마음, 즉 염려하는 마음이 맺는 열매는 쓰다. 이제 필요한 것은 새 마음이요 청결한 마음이다. 그러한 마음에 좋은 열매가 맺히기 때문이다. 변화한 마음의 중요한 특성은 다음에 다룰 이미지에 잘 나타나 있다.

성령(하나님)께 집중하는 마음

고대 유대교의 심리학에서 마음의 특성은 그것이 지향하는 것, 즉 그 마음이 무엇을 지향하며, 무엇에 집중하느냐에 달려있었다. 하나님과 성령을 섬길 때 마음은 선하고 생산적이지만 사람이나 육체 혹은 유한한 것을 섬길 때 마음은 악하고 '만물보다 심히 부패한 것'이 됐다.56 따라서 문

---

54 렘 31:31-34. 예레미야서에 나오는 '새 언약'과 '마음' 사이의 관계는 주목할 만하다. 예수가 마음에 대해서 강조했다는 사실을 염두에 둘 때 예수는 자신을 예레미야가 말한 새 계약을 매개하는 통로로 생각하지 않았을까도 생각해봄 직하다. 실제로 초대교회는 예수가 제자들과 최후의 만찬을 함께 드신 것을 이런 방식으로 이해했다. 계약이라는 용어를 사용하는 고전 11:23-25, 막 14:24, 마 26:28을 보라. 바울은 분명하게 새 언약에 대해 말했다. 공관복음서 구절들의 새 언약은 본문에 차이가 있다. 좀 더 긴 눅 22:19b-20 본문도 보라.
55 마 5:8.

제는 자아가 그 가장 깊은 곳에서, 그 중심에서 무엇을 지향하며 기본적으로 무엇에 충성하고 있는가이다.

예수는 이런 생각을 받아들이는 데서 그치지 않고 더 철저하게 밀고 나갔다. 그는 마음의 충성을 얻으려고 경쟁하고 있는 두 개의 대조적인 중심 사이에서 머뭇거리지 말고 하나를 택하라고 했다. "아무도 두 주인을 섬기지 못한다 — 너희는 하나님과 재물을 아울러 섬길 수 없다."57 하나님께 집중하는 것과 유한한 것에 집중하는 것 사이의 대결은 이렇게도 표현하고 있다. "너희는 자기를 위하여 보물을 땅에다가 쌓아 두지 말아라. 그러므로 너희를 위하여 보물을 하늘에 쌓아 두어라. 너의 보물이 있는 곳에, 너의 마음도 있을 것이다."58 어떤 사람은 '좀과 동록이 해를 입히는' 또 '도둑이 구멍을 뚫고 도적질하는' 유한한 것들을 소중히 여기고, 또 어떤 사람은 하나님을 소중히 여기고 무엇보다도 성령에 집중했다.

하나님께 철저히 집중하는 일에 대해 말하는 것은 예수가 속해 있었던 전통에서 역시 핵심적인 주제이다.59 그 전통이란 예수 당시의 경건한 유

---

56 렘 17:5-10. 마음이 지향하는 바의 중요성은 랍비적 전통에서도 역시 강조되었다. 랍비적 전통은 마음이 '악한 경향성'(ha-yetzer ha-ra)이나 '선한 경향성'(ha-yetzer ha-tob) 둘 중 하나의 지배를 받는다고 본다. 사람의 행동은 마음의 경향성에 달려 있기에 마음이 악하면 악한 행동을, 마음이 선하면 선한 행동을 낳는다는 것이다. W. D. Davies, *Paul and Rabbinic Judaism*, 4th ed. (Philadelphia: Fortress), 20-35 참조. E. E. Urbach, *The Sages* (Jerusalem: Magnes, 1975), 471-483도 참조. 마음을 지배하는 악한 경향성의 크나 큰 힘은 다양한 이미지로 표현된다. 그것은 신체의 248개 부분을 지배하는 왕으로 나타내는가 하면, 처음에는 마치 거미줄처럼 자아를 사로잡다가 나중에는 배에서 사용하는 로프만큼이나 두꺼워지는 것으로 표현되기도 한다. 그런가 하면 그것은 우리 마음속에 마치 일시적인 방문객처럼 와서, 머지않아 단골손님이 되고, 결국에는 모든 것을 떠맡아 주인 행세를 하고야 마는 것으로 표현되기도 한다.

57 마 6:24; 눅 16:13. 맘몬의 문자적인 의미는 부(富)이다. 비록 그것이 세상에서 우리의 안전을 구하는 것으로 의미가 확장되어 사용되기는 하지만 말이다.

58 마 6:19-21; 눅 12:33-34.

59 이것은 신 30:15-20에서 모세가 말한 삶의 길(죽음의 길과 대조되는)인데, 이것은 수 24장

대인들이 하루 두 번씩 암송했던 쉐마Shema에 전형적으로 나타나고 있는 바 구약성서의 철저 유일신론의 전통이다. "이스라엘은 들으십시오. 주님은 우리의 하나님이시요, 주님은 오직 한 분뿐이십니다. 당신들은 마음을 다하고 뜻을 다하고 힘을 다하여, 주 당신들의 하나님을 사랑하십시오."60 사실 예수께서도 쉐마가 가장 큰 계명61이라고 말씀하셨다. '하나님께 집중하는 것'이 전통의 본질이라고 말하는 것 자체가 진부하기 그지없는 일이기는 하다. 그러나 하나님께 집중하는 것을 인습적 지혜에 의해 승인된 중심과 대조하는 것은, 아니 인습적 지혜 자체와 의도적으로 대조하는 것은, 너무 과격한 일이었다. 예수께서 한 일이 바로 그런 작업이었다. 그 당시 인습적인 지혜가 승인한 중요 관심들, 즉 가족, 부, 명예 그리고 종교 등은 모두 하나님께 집중하는 것과 경쟁하는 것을 중심으로 생각했다. 이런 관심사에 대한 예수의 날카로운 비판은 문화가 아니라 성령에 집중하라는 부름이었다.

이렇듯 하나님께 집중하는 것은 불안에 대한 해독제인 동시에 불안에 대한 거부였다. 예수가 '믿음'이라는 단어를 통해 드러내고자 한 것이 바로 그것이다. 그는 걱정이 많은 사람들에 대해 다섯 번이나 언급한 어느 대목에서 불안의 대안으로 믿음을 제시했다. 불안의 반대 개념으로서 믿음은 흔히 우리가 말하는 신념과는 다르다. 사람들은 이러나저러나, 하나님이 계시다는 것을 믿을 수는 있지만, 여전히 불안을 느끼고 있다.62 그렇다면

에서 여호수아가 "당신들이 어떤 신들을 섬길 것인지를 오늘 선택하십시오"라고 한 그 길이며, 왕상 18장에서 엘리야가, 또 예언자들이, 일관되게 제기한 바로 그 길이다.

60 신 6:4-5.

61 막 12:28-31; 마 22:34-40; 눅 10:25-28을 참조하라. 이 대목에서 어떤 율법사(율법에 대한 전문가)가 '가장 큰 계명'을 열거하자 예수는 그것을 인정했다. 어느 텍스트든 한결같이 "네 이웃을 네 몸과 같이 사랑하라"라는 계명이 덧붙여지고 있다.

62 이 점은 매우 중요한 것이다. 종교적 신념이 꼭 불안을 해소해 주어야 하는 것은 아니다.

불안의 반대 개념으로서 믿음은 단순히 우리가 머리로 믿는 것 이상의 어떤 것, 즉 하나님에 대한 철저한 신뢰, 자아의 가장 깊은 곳에서 하나님께서 집중하는 것을 의미함이 분명하다. 그렇기에 믿음은 마음의 문제이다.63

그러나 새 마음을 얻기 위해서, 필요한 내적인 변화는 어떻게 일어날 수 있나? 어떻게 자아는 그 자신이나 문화에 집중하지 않고 성령에 집중할 수 있나? 이것은 마음먹기에 달린 문제는 아니다. 의지는 마음의 통제 아래 있으며 우리의 충성심을 사로잡고 있는 유한한 중심들에 묶여있기 때문이다. 그렇다고 해서 어느 특정한 길을 믿기로 작정하거나 선하게 살려는 다짐으로 변화가 일어나는 것도 아니다. 여기에는 관념이나 의지로 마음을 바꾸려는 시도가 포함되어 있기 때문이다. 오히려 이러한 내적인 변화와 급진적이고도 새로운 방향 정립은 죽음의 길을 수반한다고 말할 수 있다.

죽음의 길

기독교 전통의 중심적인 이미지는 죽음의 이미지, 곧 십자가이다. 그러나 또 한 가지 분명한 것은 십자가는 부활과 내적으로 연결되어 있기 때문에 생명의 이미지이기도 하다는 것이다. 성금요일과 부활절은 합쳐서 전체를 이룬다.64 의심의 여지 없이 십자가는 예수의 역사적 삶의 종국이

사실 나는 기독교 신자가 됨으로써 자기가 진짜로 '주님 안에' 있는지에 대한 불안과 두려움이 가중되는 경우를 많이 보았다(그런 이야기를 들었던 경우는 더 많다). 이런 경우 기독교는 더이 상 불안에 대한 해독제라 할 수 없으며 오히려 그것을 강화하는 것이다. 더 나아가서 하나님을 신뢰하는 것이 신앙이라면, 이런 경우는 신앙이라 할 수 없다.

63 놀랍게도, 신앙을 뜻하는 라틴어 동사 credo(교회의 신조[creeds]가 이 말에서 시작되었다)의 어원은 마음과 연관되었음을 일러준다. credo는 "나는 나의 마음을 ~에게 드립니다"는 뜻의 두 단어에서 왔다. Wifred Cantwell Smith, *Fatih and Belief* (Princeton: Princeton University Press, 1977), 76-78 참조. 영어 신념(belief)이라는 단어의 발달 과정에 대한 논의는 105-127 참조.

64 삶과 죽음을 동시에 가리키는 십자가는 교회에서 발견되는 두 유형의 십자가에 의해 상징되

기에 매우 중요하다. 그러나 십자가가 상징적으로 드러내고 있는 죽음과 부활의 이미지는 예수 자신이 가르친 변혁의 길의 중심적인 이미지들 가운데 하나이다.

우리에게 널리 알려진 예수의 말씀 중에는 그 길이 죽음의 길임을 분명히 언급한 대목이 있다. "나를 따라오려고 하는 사람은 자기를 부인하고, 자기 십자가를 지고, 나를 따라오너라."65 길이라는 단어('나를 좇으라', '나를 따르라')를 사용하면서 예수는 그 길을 십자가를 지는 것과 여지없이 일치시켰다. 예수가 죽기 전까지만 해도 십자가는 기독교인의 상징이 아니라 로마인들의 처형 도구를 가리키는 것이었다.66 십자가형이 확정된 사람은 십자가의 가로대(橫木)를 처형장까지 짊어지고 가는 것이 당시의 관례였다. 따라서 "자기의 십자가를 진다"라는 것은 죽음의 길을 걷는다는 것을 의미했다. 그 말의 의미는 분명하다. 예수의 추종자가 된다는 것은 죽음의 길에 나선다는 것이었다.67

이 점은 이와 밀접하게 관련된 또 다른 은유를 통해서도 잘 드러나고 있다. 예수는 제자들에게 물었다. "내가 마시는 잔을 너희가 마실 수 있고,

---

고 있다. 하나는 예수가 그 위에서 죽어간 처형대 십자가이고, 다른 하나는 부활을 제시하는 빈 십자가이다.

65 막 8:34; 마 16:24; 눅 9:23 그리고 눅 14:27; 마 10:38을 보라. 때로 '예수의 길'을 십자가 또는 죽음의 길로 묘사한 것은 부활 사건 이후의 교회라고 생각하는 경향이 있었다. 자신의 죽음과 부활에 대한 예수의 구체적인 '예언들'(예를 들어, 막 8:31; 9:31; 10:33-34)은 아마도 부활절 이후에 교회가 만들어낸 것임이 틀림없다. 그러나 예수가 죽음을 포함하는 변화의 길에 대해 언급한 담론은 예수 자신의 것으로 분명하게 입증되었고, 마가복음뿐 아니라 Q자료에도 나온다.

66 특히 이것은 로마에 대한 반역죄인이나 대역죄인을 다스리던 형벌로써 팔레스타인에서 자주 사용되었다.

67 디트리히 본회퍼의 *The Cost of Discipleship* (New York: Macmillan, 1963: 이 책은 독일에서 1937년에 간행되었다), 7에서 한 진술을 보라. "예수가 사람을 부르실 때 그는 와서 죽으라고 명령하신다."

내가 받는 세례를 너희가 받을 수 있느냐?"[68] 잔을 마신다는 것과 세례는 둘 다 죽음의 이미지이다. 또 예수는 이렇게도 말했다. "누구든지 자기 목숨을 보존하려고 애쓰는 사람은 잃을 것이요, 목숨을 잃는 사람은 보존할 것이다."[69]

그러나 이것은 어떤 죽음인가? 여기서 죽음은 문자적인 의미가 아니라 은유적인 의미로 이해되어야 한다. 예수를 따랐던 초기의 사람들이 순교를 당한 일이 있기는 하지만, '죽음의 길'이 꼭 육체적 죽음을 의미한 것은 아니었다. 그것은 오히려 내적인 과정에 대한 은유라고 할 수 있다. 누가는 자기 십자가를 지라는 말 앞에 '날마다'라는 단어를 첨가함으로써 이 점을 분명히 하고 있다.[70] 이러한 내적인 죽음의 과정이나 죽음은 밀접하게 관련된 두 가지 차원의 의미를 지닌다. 하나는 그 자신의 관심 초점이었던 자아의 죽음이다. 다른 하나는 안전과 정체성을 보장해 주는 중심이었던 세상에 대한 죽음이다. 자아와 세상은 하나님을 섬기는 데 방해가 되는 다른 중심들이다. 따라서 변혁의 길은 이 양자에 대한 죽음을 수반한다. 우리가 거기에 대하여 죽어야만 할 세상은 인습적인 지혜의 세계이며, 안전을 보장해 주는 문화의 세계이다. 그리고 죽어야만 할 자아는 자기로 가득 찬 자아이다. 이런 이중적인 죽음의 터 위에서야 비로소 문화가 아니라 하나님과 성령에 집중하는 자아가 탄생하는 것이다.

이 과정에서 죽음은 충격적인 은유이다. 이것은 물론 변화의 철저성을 가리킨다. 이러한 철저하고도 새로운 방향 설정은 급진적인 변화를 가져

---

68 막 10:38.
69 눅 17:33. 조금 변형된 구절은 막 8:35; 마 16:25; 눅 9:24. 참조 마 10:39.
70 눅 9:23. 여기서 '날마다'라는 단어는 예수가 말한 것은 아니다. 그것은 누가의 편집 사항(附記)임이 분명하다. 그러나 이 부가어는 예수께서 말씀하신 의도를 정확하게 반영하고 있는 것 같다.

오기 때문에 이것은 옛 삶의 죽음으로, 새 삶을 향한 새로운 탄생으로 표현할 수 있다. 죽음은 또 다른 뉘앙스를 풍길 수도 있다. 문화에 열중하고 있는 마음은 정신이나 의지에 의해서 바뀔 수 없다. 그 둘이 모두 마음의 부림을 받기 때문이다. 그런 의미에서 새 마음이 창조되기 위해서는 먼저 완고한 마음이 죽지 않으면 안 된다. 마음이 스스로 새롭게 할 수는 없기 때문이다. 죽음이 자아에 일어난 어떤 사건이라고 할 수 있는데 그것은 자아가 성취한 것과는 상반되는 것이다. 이러한 죽음이 일어나는 양상은 사람마다 다르다. 어떤 사람에게는 성령 강권의 역사를 통해서, 또 어떤 사람에게는 심각한 생의 위기를 통해서, 또 어떤 사람에게는 길고도 점진적인 순례의 여정을 통해서 일어난다. 그러나 어느 경우든 죽음이 일어나는 대체적인 과정은 먼저 하나님께 나아오고, 자복하고, 모든 것을 맡기고, 철저히 그분에게 집중하는 것이다.

내적인 죽음을 통해 수행한 그런 변혁은 초기 기독교 전통의 핵심을 이룬다. 사도 바울은 그러한 죽음의 체험을 이렇게 기술하고 있다. "나는 그리스도와 함께 십자가에 못 박혔습니다. 이제 살고 있는 것은 내가 아닙니다. 그리스도께서 내 안에서 살고 계십니다."[71] 우리는 이것을 요한에게서도 발견할 수 있다. "밀알 하나가 땅에 떨어져서 죽지 않으면 한 알 그대로 있고, 죽으면 열매를 많이 맺는다."[72] 초대교회의 입문 의례인 세례식은 옛 자아의 죽음과 새로운 자아의 부활로 이해되었다.[73]

---

71 갈 2:20. 바울도 또한 이 경험이 기독교인들 모두에게 공통적이라고 말한다. 롬 6:1-11을 참조하라. 특히 3절.

72 요 12:24. 요한은 이 구절 바로 뒤에 이런 말을 덧붙인다. "자기의 목숨을 사랑하는 사람은 잃을 것이요, 이 세상에서 자기의 목숨을 미워하는 사람은, 영생에 이르도록 그 목숨을 보존할 것이다."

73 Marcus Borg, *Conflict, Holiness and Politics in the Teaching of Jesus* (New York and Toronto: Edwin Mellen Press, 1984), 244 참조. 죽음의 길로서 '예수의 길'은 마가복음

이러한 모티프가 교회의 전통에서 이처럼 널리 공인된 데는 예수가 어떻게 역사적 삶을 마쳤는가도 어느 정도 영향을 끼쳤다. 그렇지만 그것은 예수 자신이 가르쳤던 것의 연장이기도 하다. 순전히 역사적인 관점에서 말하더라도 예수는 변혁의 길로서 죽음의 길을 가르치셨을 뿐만 아니라, 그의 삶과 죽음은 자신이 가르쳤던 바로 그 길의 구현이었다. 사실상 예수라는 인물이 수 세기에 걸쳐서 그 권위를 유지하는 까닭은 그의 가르침과 그가 맞았던 죽음이 조금의 틈도 없이 일치하고 있다는 사실과 무관하지 않다. 십자가는 매우 풍부한 이미지를 품고 있다. 예수의 죽음을 가리키는가 하면, 그의 가르침의 핵심을 가리키기도 한다. 변혁의 길은 자아와 세상에 대해 죽는 것이라는.74

이처럼 예수의 가르침에는 세상과 문화를 부정하는 요소가 있다. 이러한 진술은 세 가지 측면에서 오해받을 소지가 있으므로 여기에 해명이 필요하다.

첫째로 이것이 물질이나 자연 세계를 악한 것으로 보고 영의 세계를 선한 것으로 보는 이원론적인 이해에 근거한 세계부정이 아니라는 것이다. 예수는 하나님의 창조물인 자연 세계 속에서 기쁨을 찾았다. 그는 통

과 누가복음의 중요한 뼈대를 이루고 있다. 위의 책, 245와 주 52-53 그리고 378을 보라.
74 예수의 가르침에 나타나는 다른 이미지들도 이 점을 강조하고 있다. 회개는 양심의 가책이나 죄에 대한 후회가 아니라 하나님을 향한 철저한 돌아섬이다. 즉, 철저히 하나님만 섬기는 것이다. 종이 된다는 것은 '노예'가 된다는 것이다. 노예는 자기 자신의 의지를 가질 수 없고, 오직 주인의 의지만을 가지는 사람이다. 인간은 하나님의 종이 되거나, '맘몬'(돈)의 종이 되거나 둘 중의 하나이다. 높이는 자/ 낮추는 자(눅 14:11; 18:14b; 마 18:4; 23:12), 먼저 된 자/ 나중 된 자(막 10:31; 마 19:30; 20:16; 눅 13:30)에 관한 역설적인 말씀들 속에 함축된 의미는 위와 유사하다. 자기를 낮춘다는 것은 내적인 소유물들을 '비움'으로써 그 속에 하나님을 모실 수 있음을 뜻한다. 먼저 된 자는 나중 되고, 나중 된 자는 먼저 될 것이다. 마찬가지로, 어린아이같이 됨과 다시 태어남의 이미지는 죽음의 길로부터 시작하는 새 삶을 드러내기 위해 자주 사용하는 자연스러운 이미지다. 사람은 하나님을 섬기는 새 마음과 더불어 새사람이 된다. 자아나 문화를 섬기는 것으로는 새사람이 될 수 없다.

상적인 의미의 금욕주의자가 아니었다. 그는 먹고 마시기를 탐한다는 비난을 받았을 뿐만 아니라 죄인들의 잔치에 참여한다고 해서 비난을 받기도 했다. 그가 사람들의 성실함과 안전의 터전인 가족을 포기해야 한다고 말했고, 그 자신도 독신으로 지낸 것은 사실이지만,75 그가 인간의 성(性)을 부정했다고 생각할 이유는 하나도 없다. 사실 그는 자신이 속해 있던 전통보다도 더 가족을 성스러운 것으로 만들었다.76 간단히 말해, 악한 것은 자연 세계나 유한한 것 그 자체가 아니다. 예수는 그것을 하나님의 피조물로, 따라서 선한 것으로 본다. 그런 의미에서 그는 유대교의 전통과 일치하고 있다.

둘째로 인습적인 지혜에 대한 그의 도전은 전통을 완전히 전복하는 것이거나 무시하는 것은 아니었다. 그는 반율법적인 인물도 아니었고 인습 파괴자도 아니었다. 그는 자신의 전통을 소중히 여기는 유대인이었다. 그는 성서를 인용했고 십계명을 분명히 인정했을 뿐만 아니라 우리가 아는 한 평생토록 유대인의 율법을 지켰다.77 인습적인 지혜에 대한 그의 도전

---

75 예수에게 아내가 있었는지 아닌지 여부에 대해서는 다소(많이는 아니지만) 애매한 점이 있다. 공생애 동안 그가 독신으로 지냈음은 분명하다. William Phipps는 그의 책 *Was Jesus Married?* (New York: Harper& Row, 1970)에서 예수는 젊어서 결혼했으며 그의 아내는 그가 공생애를 시작하기 전에 죽었을 것이라고 주장한다. 성년에 이른 유대인 남자의 일반적인 관행이 이런 주장의 근거가 되는데, 그들은 부모가 주선하는 결혼을 당연한 것으로 받아들였다. 그래서 고대 히브리어에는 '독신 남자'라는 단어가 없다. 하지만 예외가 없는 것은 아니다. 구약의 예레미야도 그 예외 가운데 하나였다(렘 16:1-4). 예수의 자기 부정의 길이 갖는 비금욕적인 특성에 대한 논술은 G. S. Sloyan의 *Jesus in Focus: A Life in Its Setting* (New London: Twenty-Third Publications, 1983), 17-18장을 보라.

76 막 10:1-12.

77 막 7:19은 예수가 유대인의 음식 규례를 폐기했다고 보도한다. 하지만 그 삽입어구는 복음서 기자가 덧붙인 것이며, 당시 교회의 이해를 반영한 것이지 예수의 의도는 아니었음이 분명하다. 예수가 정결한('kosher') 음식과 부정한 음식의 구별을 철폐했다고 생각할 만한 근거는 어디에도 없다. 그가 만일 그런 구별을 철폐했더라면 적대자들이 그 문제를 가지고 그를 고발하지 않았을 리가 없는데 복음서 어디에도 그런 기록은 없다. 만일 예수가 그 문제

은 인습적인 지혜에 순응하고 있는 종교, 그로부터 이득을 취하는 사람에 의해 점진적으로 형성된 이른바 '문화화한 종교'에 대한 도전이라 할 것이다. 문화화한 종교는 새로운 삶으로의 초대라기보다는 옛 삶의 방식을 합법화해주는 것에 지나지 않는다. 간단히 말해, 그것은 이미 부정되었던 정체성과 안전의 중심으로서 인습적인 지혜의 세계였다.78 이러한 의미에서 예수의 가르침은 세상에 대해 부정적이라 할 수 있으며 실존의 중심으로서의 문화의 세계에 종언을 고하는 것이다.

  셋째로 인습적인 지혜에 대한 예수의 도전은 실재를 은혜롭고 자비로운 것으로 보는 그의 현실 인식의 틀 속에서 수행되어야 했다. 예수의 도전이 하나의 새로운 요구 조건으로 인식되어서는 안 된다. 그 도전마저 어떤 요구 조건이 된다면 그의 가르침 역시 또 다른 형태의 인습적인 지혜, 그것도 아주 심각한 것으로 전락하고 만다. 차라리 그의 도전은 사물들을 있는 그대로 보라는 초대라 할 수 있다. 즉, 모든 만물의 중심에는 우리와 사랑의 관계를 맺을 수 있는 실재가 있다는 것이다. 따라서 그의 길이 좁은 길이고, 바늘귀와 같은 길인 것은 사실이지만, 어떤 의미에서는 쉬운 길이라 할 수 있다. 그 길은 특별히 인습적인 지혜의 구조 속에서 안전을 구가하던 사람들에게는 힘든 길이다. 세상에 대해 죽는다는 것은 자신들을 '복 받은

    를 이미 해결해 놓았다면 사도행전과 바울의 서신에서 우리가 보는 바 그 문제를 둘러싼 초대교회의 투쟁은 불가해한 것이 되고 만다. 이 점을 좀 더 분명하게 말하자면, 예수와 동시대인들 사이의 갈등은 토라의 유효성에 관한 것이 아니라 그 해석에 관한 것이었다.

78 유대-기독교의 신학적 논증의 역사 때문에 나는 인습적인 지혜의 특색을 대략 기술하려는 것이지 유대인들의 종교적 삶의 방식에 특유한 것을 찾으려는 것이 아니라는 점을 강조하고 싶다. 기독교는 기독교 역사 내내 유대교가 그러했듯이 인습적인 지혜의 하나님 상, 즉 심판자와 보상자이신 하나님, '의롭게 사는' 이를 돌보시는 분이신 하나님 상에 완전히 매달려 있었다. 간단히 말하자면, 어느 시기에나 인습적 지혜 혹은 문화화한 종교는 비록 그것이 전통을 보존함으로써 성령을 매개하는 일을 계속하고 있다 해도 생래적으로 그 전통을 세운 이들의 본래 관점을 왜곡하는 것처럼 보인다.

자'라고 선언해 주던 세상을 포기한다는 것을 의미하기 때문이다. 그러나 문화 세계가 부과한 짐을 과중하게 지고 있던 사람들에게 예수의 길은 쉬운 멍에이다. "수고하며 무거운 짐을 진 사람은 모두 내게로 오너라. 내가 너희를 쉬게 하겠다. 내 멍에는 편하고, 내 짐은 가볍다."[79]

결론: 변혁적인 현자 예수

예수는 유대 역사에서 인습적인 지혜를 비판한 최초의 인물은 아니다. 구약성서에서 전도서와 욥기의 저자들은 잠언으로 대표되는 인습적인 지혜, 곧 의로운 사람은 복을 받고 악한 사람은 망한다는 안이한 확신에 대항했다.[80] 그들은 당대에 통용되던 인습적인 지혜에 도전하고 그것을 뒤엎은 전복적顚覆的인 현자들이었다.[81]

---

79 마 11:28-30.

80 욥기는 욥이 인습적인 지혜(이것은 욥의 세 친구로 구현되어 나타나는데 그 속에서 욥의 고난은 아무런 의미도 없다)의 관점에서 벗어나 체험에 근거한 또는 하나님에 대한 비전에 기초한 지혜를 획득하는 변화의 과정을 보여 주는 책이다. 이 책의 정점인 42:5를 보라. "지금까지는 제가 귀로만 들었습니다(인습적인 지혜로부터). 그러나 이제는 제가 제 눈으로 주님을 뵙습니다." 전도서는 삶이 쉽게 정돈될 수 있다는 인습적인 지혜의 견해를 부정한다. "구부러진 것은 곧게 할 수 없고, 없는 것은 셀 수 없다"(전 1:15). 게다가 보상을 바라기 때문에 슬기로운 길(인습적 지혜의 길)을 걷는 것은 헛된 일, 바람을 잡으려는 시도(전 7:15 참조)에 속한다. 이처럼 양자 모두 인습적인 지혜에 도전하고 있다.

81 학자들은 한결같이 이스라엘의 지혜 전통을 인습적인 지혜와 회의적인 혹은 전복적인(subversive) 지혜 둘로 나눈다. 욥기와 전도서가 후자를 대표한다면 잠언과 (묵시문학에서) 시락서(주전 2세기의 글로서 '지혜서' 혹은 '시락의 아들 예수의 지혜'로 알려져 있다)는 전자를 대표한다. 이스라엘 지혜 전통을 개관하려면 G. von Rad, *Wisdom in Israel* (Nashville: Abingdon, 1972); R. Murphy, *Wisdom Literature* (Grand Rapids: Eerdmans, 1981); James Crenshaw, *Old Testament Wisdom: An Introduction* (Atlanta: John Knox, 1981) 참조.

예수는 이런 전복적인 지혜의 전통 위에 서 있었다.82 그는 인습적인 봄(seeing)의 길을 전복하기 위해서 지혜의 양식들을 사용했다. 그의 잠언들과 비유를 들은 대로 일상적인 인식을 뒤집어 놓았고, 그의 청중들을 뒤흔들어 지금까지 그들을 규정했던 현실 세계로부터, 또 실재를 바라보는 시각에서 벗어나도록 했다.83 그의 가르침의 내용도 여러 측면에서 인습적 지혜의 세계를 뒤엎었다. 자비로운 하나님 상은 인습적인 지혜의 실재 이해의 토대를 뒤흔드는 것이었다. 인습적인 지혜의 넓은 길은 내적인 변화를 일으키는 데 부적절한 방법이라고 공격했다. 실제로 그는 넓은 길이 치유책으로서 부적절할 뿐 아니라 오히려 문제가 되고 있다고 생각했다. 넓은 길은 안전과 정체성을 약속함으로써, 또 사람들의 비전을 제한하고 관심과 연민의 폭을 좁힘으로써 자아로 하여금 외적인 문제들에 사로잡히게 하는 올무가 될 수 있었다. 예수는 인습적인 지혜를 그 뿌리로부터 전복시켰는데, 그것이 조장한 자기 관심을 가장 큰 장애 요인으로 보았고, 사람들이 하나님의 자비에 대해 눈멀게 하는 제일 큰 요인으로 꼽았다.

마지막으로, 그의 가르침에는 인습적인 지혜를 뒤엎는 것 이상이 있었다. 그는 다른 비전과 길을 인정했다. 그는 대안적인 삶의 길을 가르쳤고, 당시의

---

82 예수는 도마복음서(예수의 것으로 알려진 말씀 모음집으로 1945년 이집트에서 발견되었다)에서 지혜의 교사로 그려지고 있다. 도마복음서의 많은 부분이 위에서 간략히 살펴본 견해와 일치하고, 많은 학자가 도마복음서에 나오는 어떤 말씀들은 공관복음서에 발견되는 전통의 가장 초기 형태라고 확신을 가지고 주장하지만, 나는 이 책의 내용을 제사복음서에 대한 나의 이해를 뒷받침하기 위해서 선택했을 뿐이다. 도마복음서에 대한 입문서로는 Stevan Davies, *The Gospel of Thomas and Christian Wisdom* (New York: Seabury, 1983)을 들 수 있다.

83 예수의 가르침 양식들이 이 세상의 종말을 전달했으며 또 초대했는지에 대한 상세한 설명은 Norman Perrin이 그의 책 *Jesus and the Language of the Kingdom* (Philadelphia: Fortress, 1976), 48-56에서 평이하게 소개한 바 있는 John Crossan과 William Beardslee의 연구 결과 참조. 전복적 지혜에 대한 견해는 Crossan이 그의 책 *In Fragments: The Aphorisms of Jesus*에서 매우 인상 깊게 개진하고 있다.

문화를 지배하는 의식이 아니라 성령과의 관계에서 형성된 대안 의식을 가르쳤다. 그는 이처럼 전복적인 현자이자, 변혁적인 현자이기도 했다.

성령 충만한 인물로서 예수의 체험과 그가 가르친 길 사이에는 깊은 관련이 있다. 그 길은 사실 구약성서에 굳게 뿌리를 내리고 있던 것이다. 구약성서의 핵심에는 두 가지의 길, 즉 철저한 유일신론의 길과 배신의 길이 언급되어 있다. 그러나 예수가 그것을 그렇게도 힘 있고 신선한 언어로 정형화하고 급진적으로 응용하기까지 한 것으로 미뤄 볼 때 그가 단순히 전통을 연구함으로써 그런 이해에 도달했다고 믿기 어려운 면이 있다. 그가 사용한 생동감 넘치는 언어와 그의 지각과 확신의 강렬한 뿌리는 성령 충만한 사람인 예수 자신의 체험에서 찾는 것이 더 그럴듯하다. 카리스마 있는 인물 예수는 하나님을 아는 사람이었고, 현자 예수는 하나님에 관해 말한 사람이었다. 그리고 우리는 이 두 사실이 서로 연관되어 있다고 생각해 볼 수 있다. 그의 실재관과 그가 가르친 길은 성령과의 교통에서 나온 것이었기 때문에 그 당시를 지배했던 의식과 날카롭게 대비될 수밖에 없었다. 예수는 자신이 속해 있던 전통의 카리스마적 흐름 위에 굳게 서서 문화에 토대를 둔 삶이 아닌 성령에 근거한 삶을 살라고 청중에게 말했다.

그러나 그는 역시 현자 이상의 인물이다. 예수가 인습적인 지혜를 비판할 때는 국가적으로 권위를 위임받은 사람들을 대놓고 비판했다. 이런 측면에서 예수는 자신들의 지혜 전통의 한계 내에서 비판했던 구약의 전복적인 현자들과는 달랐다.[84] 그는 자기 백성의 역사적 행보의 변혁을 추구하는 재활성화 운동의 초석을 놓았다.

---

[84] 고대 이스라엘에서 지혜는 특정한 학파에 속해 있는 지혜의 교사가 가르쳤다. 우리는 욥기와 전도서가 문학 양식을 갖추었다는 바로 그 사실로부터 그것이 많은 사람을 개종시키려는 직접적인 시도라기보다는, 지혜 전통 안에서 이루어진 내부적인 대화의 산물임을 알 수 있다. 이 두 문서를 경전으로 포함시킬 때 인습적인 지혜에 순응하는 결구들이 여기에 첨가되었다(전 12:9-14; 욥 42:7-17을 보라).

7 장
예수: 재활성화 운동의 창시자

우리는 예수를 정치적 인물로 보는 것에 익숙하지 않다. 좁은 의미에서 말하면 그는 정치적 인물은 아니었다. 어떤 정치적인 지위를 차지하지도 않았고 그것을 추구하지도 않았다. 그뿐 아니라 군대 지휘관도 아니었고 상세한 정치적, 경제적 실천강령을 지닌 정치개혁자도 아니었다. 그렇지만 넓은 의미에서는 그리고 정치라는 단어가 함축하고 있는 다른 중요한 의미, 즉 인간 역사 속에서 공동의 삶을 형성하는 것이 정치라는 입장으로 보면 예수는 정치적 인물이었다.[1]

이런 의미에서 예수가 속해 있던 전통은 매우 정치적이었으며, 예수 역시 정치적이었다. 예수가 개인에 대해, 또 개인과 하나님의 관계에 대해 깊은 관심을 가졌던 것은 틀림없는 사실이지만, 그의 관심이 거기에만 국한되었던 것은 아니다. 그러나 그가 가르쳤던 변혁의 길은 그가 속해 있었던 사회적 세계의 특수성은 물론 그 사회를 뒤흔들던 위기 상황과도 유리되지 않았다. 예수는 구체적인 사회적 세계의 중심에 있었던 인습적인 지혜에 정면으로 도전했던 것과 마찬가지로, 이스라엘 백성들의 구체적 삶

---

1 이 책 제5장, 125-126쪽을 보라.

을 형성하는 결정요인이었던 거룩함의 정치학에도 도전했다. 우리는 그의 정치적인 관심을 재활성화 운동의 창시자와 예언자로서 역할과 예루살렘에 대한 그의 마지막 탄식에서 찾아볼 수 있다.

재활성화 운동의 창시자 예수

우리는 흔히 예수를 기독교의 창시자라고 생각한다. 그러나 엄밀하게 말해 그것은 역사적 진실은 아니다. 사실상 그의 관심은 이스라엘의 갱신이었다. 이를 위해 예수는 이스라엘 내에 오늘날 사람들이 일반적으로 '예수 운동'2이라는 소종파적인 재활성화 운동(revitalization movement) 혹은 갱신 운동을 일으켰는데, 거듭 말하거니와 그의 의도는 유대 사회의 변혁

---

2 내가 아는 한 '예수 운동'이라는 용어는 최근에 Gerd Theissen의 책 *Sociology of Early Palestinian Christianity* (Philadelphia: published in German in 1977)를 통해 널리 통용되기 시작했다. 예수 운동에 대해 그가 주목하는 것은 예수의 공생애 동안의 예수 운동이 아니라 예수의 사후 예루살렘 멸망에 이르기까지 수십 년이다. 그러나 지금에 와서 이 용어는 예수의 공생애 동안의 움직임을 나타내는 용어로도 널리 사용되고 있다. 타이쎈의 연구에 대한 비판적이면서 설득력 있는 반박을 참조하려면 John H. Elliott, "Social-Scientific Christicism of the New Testament and Its Social World: More on Method and Models," in *Semeia* 35 (Decatur, GA: Scholars Press, 1986), 1-33을 보라. 예수 운동을 유대교의 갱신과 회복을 추구한 것으로 본 글은 E. P Sanders, *Jesus and Judaism*(Philadelphia: Paulist and Fortress, 1985; 이정희 역, 『예수 운동과 하나님 나라』, 한국신학연구소, 1997)와 Gerhard Lohfink, *Jesus and Community* (New York and Philadelphia: Paulist and Fortress, 1984)를 들 수 있다. Elisabeth Schüssler Fiorenza, *In Memory of Her: A Feminist Theological Reconstruction of Christian Origins* (New York: Crossroad, 1983)의 중요 부분인 68-159은 이 주제를 다루고 있다. C. H. Dodd의 *The Founder of Christianity* 도 참조. 이 책에서 다드는 예수 삶의 목표는 "하나님의 백성이라는 이름에 걸맞은 공동체적 가치"를 창조하는 것이라고 주장했다. 즉, 예수는 "그 자신의 지도력을 통해 새 이스라엘을 세우려 했다. 그래서 그는 그 일에 동참할 사람들을 불렀고, 그들과 새 '언약'을 맺었으며, 이를 위해 새로운 법을 제정했는데 그것이 그의 소명이었다"라는 것이다(90과 102 참조).

이었다.

갱신 운동 혹은 재활성화 운동과 사회적 세계의 관계는 변화의 승인이거나 옹호였다. 한편, 그러한 운동들은 전승된 사회적 세계나 전통에 대한 충성을 강하게 표현했다(만일 그렇지 않으면, 우리는 그것을 갱신 운동이나 재활성화 운동이라기보다는 새로운 운동이라고 칭했을 것이다). 다른 한편, 그런 운동은 현실적인 상황이 구체적 응답을 요구한다고 주장한다. 그런데 그 운동이 현실과 당위 사이의 분명한 간격이 촉발할 수 있는 재활성화와 변화를 추구한다 해도, 그것은 전통의 틀 안에서 일어나는 일이며, 전통을 긍정하는 바탕 위에 세워지는 일이다.3

예수가 새 종교를 세우려 한 것이 아니라 전통을 재활성화하려 했다는 사실이, 기독교가 역사적 과오라는 뜻은 아니다. 유대교로부터 구별되는 종교인 기독교는 예수 사후 수십 년 동안 있었던 역사적 과정의 산물로 나타난 것이다. 여기서 우리는 두 가지 점에 주목할 필요가 있다. 먼저는 예수 사후 유대교 내에서 일어난 재활성화 운동으로서 예수 운동이 어떤 면에서는 실패하고 말았다는 점이다. 초기 구성원 대부분이 팔레스타인 출신의 유대인이기는 했지만, 이 운동이 유대인 대부분의 호응을 얻었던 것은 아니었다. 유대교와 기독교가 분리될 수밖에 없도록 한 둘째 요인은 예수 운동이 팔레스타인 밖의 지중해권 세계에서 성공을 거두었다는 사실

---

3 간(間) 문화적(cross-cultural) 현상으로서 '재활성화 운동'에 대한 고전적인 인류학적 고찰은 A. F. C. Wallace, "Revitalization Movements," in *Reader in Comparative Religion: An Anthropological Approach*, 3rd edition, edited by W. A. Lessa and E. Z. Vogt (New York: Harper& Row, 1972), 503-512에 나와 있다. 이것은 *American Anthropologist* 58 (1956), 264-281에 먼저 발표된 바 있다. 나는 '갱신 운동'과 '부흥 운동'을 동의어로 사용하기 때문에 그 차이를 규명하려고 애쓰지 않는다. 사회 운동과 사회 운동 조직, 운동 연합, 당파 등에 대한 구별은 유형에 대한 더욱 정교한 구별을 요하는 것인데, 이 문제에 대해서는 Bruce Malina, "Normative Dissonanve and Christian Origins," in *Semeia* 35, edited by John H. Elliott (Decatur, GA: Scholars Press, 1986), 35-36 참조.

이다. 그곳에서 예수 운동은 재빨리 유대인과 이방인이 뒤섞인 공동체가 되었는데, 이 운동이 더 많은 이방인을 포섭함에 따라 유대교로부터는 점차 멀어지는 것 같았다.4 결과적으로, 기독교는 1세기가 채 저물기도 전에 '새로운' 종교가 되었다.5 그때부터는 기독교가 아무리 유대교와의 연관성을 계속해서 주장한다 해도 그 관계는 유대교와의 관계라기보다는 구약성서와의 관계를 의미하는 쪽으로 점차 기울었다. 그 구성원을 보더라도 기독교는 특별히 또는 현저히 유대교적인 운동이라고 할 수는 없게 되었다. 그러나 이런 점은 우리의 논의를 전개하기에 앞서 명료하게 할 필요가 있다.

이 운동의 특성들

이스라엘을 위하여

유대인들의 호응을 얻으려고 경쟁하는 다른 유대교 갱신 운동과 마찬가지로, 예수 운동도 이스라엘을 위한 길이라고 사람들은 생각했다. 즉, 유대인들이 직면하고 있던 구체적 위기에 대한 역사적 대안으로서의 길 말이다. 예수의 활동 가운데서 한 가지 분명한 것은 이스라엘에 대한 관심이다. 이것은 특별한 소명을 위해서 열두 제자를 선택하신 데서도 잘 드러난다. '열둘'은 이스라엘의 '선조'인 야곱의 열두 아들로부터 시작한 이스

---

4 이 두 가지 요인에 대해서는 Theissen, *Sociology of Early Palesinian Christianity*, 112-114 참조.
5 석가모니에게도 이와 유사한 매우 흥미로운 역사적 사실이 있다. 예수처럼 석가모니도 갱신 운동의 창시자로 이해하는 것이 가장 적당하다. 그는 자신을 새로운 종교의 창시자로 보지 않고, 힌두교의 개혁자 혹은 정화자라고 생각했다. 예수처럼 석가모니도 자기 시대의 인습적인 지혜나 지배적인 의식과 철저히 구별되는 길을 가르쳤다. 끝으로 예수와 마찬가지로 그의 운동도 그가 속해 있던 문화 속에서는 실패했고 인접 문화 속에서 꽃을 피운 새 종교였다(오늘까지도 인도에서 불교의 영향력은 아시아의 다른 나라만큼 강력하지 못하다).

라엘의 열두 지파의 수이다. 예수가 아홉이나 열셋이 아니라 굳이 열둘을 택하신 것은 결코 우연이 아니다. 예수는 그들을 '새' 이스라엘, '참' 이스라엘의 핵으로 보았다. 게다가 그들이 받은 사명은 예수의 사명이 그러했듯이 이스라엘을 향한 것이었다. "이방 사람의 길로도 가지 말고, 또 사마리아 사람의 고을에도 들어가지 말아라. 오히려 길 잃은 양 떼인 이스라엘 백성에게로 가거라."6

예수의 관심이 이스라엘로 국한된 것에 대한 가장 개연성 있는 설명은 그의 가장 우선적인 관심이 이스라엘의 재활성화였다는 것이다. 이것은 예수 사후 팔레스타인에서 벌어진 예수 운동의 전개 과정이 잘 드러내 보여주고 있는데, 서기 70년에 성전이 파괴된 직후까지도 예수 운동은 유대교 재활성화 운동에 지나지 않았다.

카리스마적 운동

예수 운동은 성령에 기초해 있었다. 일반적으로 갱신 운동은 그저 현실과 당위의 차이에 대한 강한 인식을 통해 일어난다. 그러나 때로는 특정한 인물의 생생한 영적 체험과 확신이 중요한 요인이 되기도 한다. 예수 운동은 분명히 후자에 속한다. 이 운동은 어떤 면에서는 유대교가 직면하고 있던 위기 때문에 나타난 것이 사실이지만, 그 창시자인 예수의 성령 충만한 체험도 역시 중요한 원인이었다.7

예수 운동에는 성령의 권능이 나타났는데, 이것은 예수뿐만 아니라 예

---

6 마 10:5-6에 나오는 이 말은 예수가 선교사역을 전개하던 중에 열두 제자에게 사명을 주어 내보내면서 내린 지시이다. 마 15:24도 참조할 것. 이방인 선교는 부활절 이후에 전개된 역사적 발전의 산물이다. 공관복음서에서 '땅끝까지' 가라는 것은 부활하신 예수의 명령이라는 사실이 우리의 이런 견해를 뒷받침해 주고 있다(예를 들어, 마 28:19를 보라).

7 A. F. C. Wallace, "Revitalization Movements," 512에 나오는 설명, 즉 부흥 운동은 '예언자의 계시적인 비전'을 통해 나타나는 것이 전형적이라는 견해 참조.

수의 제자들에게도 마찬가지였다. '열두' 제자들에게는 마귀를 쫓아내고 병을 치유하는 능력이 주어졌다.8 예수의 사후에 등장한 초기 기독교 공동체도 성령이 충만했는데, 그것은 팔레스타인과 그 외의 다른 지역에서도 마찬가지였다. 사도행전은 오순절 성령 강림 사건과 많은 치유, 이적 그리고 환상 등 과학적으로 입증할 수 없는 많은 일을 전하고 있다. 바울의 서신들도 '성령의 은사'가 그의 교회들에 나타나고 있었음을 전해 준다.9 비록 예수 운동의 카리스마적 특성이 현대 학자와 큰 교파 속에서 소홀히 취급받고 있기는 하지만, 이것은 예수 운동에서 가장 주목할 만한 특성 가운데 하나이다.

순회전도 운동

예수의 생전에 예수 운동의 핵은 인간이었다. 예수가 계신 곳은 그 어디나 그 운동도 있었다. 이것은 일종의 운동이기도 했지만, 문자 그대로 떠도는 집단이었다. 물론, 예수에게 끌린 사람들 모두가 그에게 응답하여 그 순회 운동에 동참했던 것은 아니다. 그들 대부분은 '지방의 동조자들'로서 자신의 공동체에 남아 있었다. 그가 죽기 전에 얼마나 많은 동조자가 있었는지는 알 수 없지만, 적어도 수백 명에서 수천 명에 이르렀음에 틀림이 없다.

그러나 어떤 이는 그를 '길에서' 따랐다.10 1세기 팔레스타인에서 자기

---

8 막 3:14-15; 6:7; 마 10:1; 눅 9:1-2 참조. 눅 10:17은 그 능력이 칠십 명에 이르는 많은 사람에게 나타났다고 전한다. 막 9:14-29은 제자들의 실패를 보도하고 있기는 하지만, 그들이 다른 때는 치유의 능력을 갖고 있었음을 암시하고 있다.

9 고전 12-14장을 보라.

10 Theissen이 *Sociology of Early Palestinian Christianity*에서 주장하듯이 부활 사건 이후의 예수 운동은 두 개의 공생하는 또는 상호의존하는 집단으로 이루어져 있었다. 하나는 떠도는 카리스마적 인물들이고(열두 제자를 비롯한 일단의 다른 인물들로 이들은 예수 운동의

들의 집을 떠나서 카리스마적 지도자들을 따른 사람에 관한 이야기가 없었던 것은 아니지만, 그래도 이것은 놀라운 일이다.[11] 그 집단의 구성도 역시 특이한 데가 있다. 예수와 열두 제자로 구성된 핵심 집단을 중심으로 하되 버림받은 사람들과 여인들까지도 배제되지 않았다. 이것은 그 당시 문화의 중심적인 규범을 거스르는 것이었다. 일부 바리새인들과 유복한 사람들이 여기에 매혹되기는 했지만, 예수 운동은 가난한 사람들을 다수 포함한, 평범한 사람들의 운동이었던 것으로 보인다. 그와 함께 다니는 핵심 집단의 사람들에게는 지역 공동체에 머물러 있던 사람들에게 적용되지 않았던 특별한 요청들이 부과되었던 것 같다.[12] 순회 운동으로서 예수 운동은 때때로 동조자들에 의해 지역적인 환대를 받기도 했지만, 노천에서 잠을 잘 수밖에 없던 때도 많았다. 갈릴리를 두루 거쳐 예루살렘에 이르기까지 항상 이동하며 다녔던 이 집단은 그야말로 구경거리였음이 틀림없다.

예수와 함께 하는 이들의 기쁨

이 운동의 특색은 복음서가 증언하고 있는 몇몇 장면들이 보여 주듯이 기쁨이었다. 예수가 자신을 따르는 무리나 다른 사람들과 함께 나눈 식사 자리는 그야말로 잔치였다. 그것은 축제였으며 여느 일상적인 식사와도 구

주동 인물이었다), 다른 하나는 지방 동조자들의 집단이었는데, 그들은 자기들의 삶의 자리에 남아서 카리스마적 인물들을 도왔다.

[11] 1세기 유대교에서 이와 유사한 것으로 알려진 유일한 예는 요세푸스가 전하는 바, 사람들을 이끌고 광야로 들어갔다는 소수의 예언자들이 있다. R. A. Horsley and J. S. Hanson, *Bandits, Prophets and Messiahs* (Minneapolis: Winston, 1985), 161-172, 257 참조. 그들은 이러한 대중 예언 운동이 예수와 그의 제자들이 일으킨 운동에 아주 밀접한 사회적 선례를 제공해 주었을 수도 있다고 주장한다.

[12] 예를 들어, 가정을 버림, 소유를 포기함 등. 예수 사후의 예수 운동은 두 가지의 윤리적 규범을 낳았는데, 그 가운데 급진적인 것은 떠도는 카리스마적 지도자들에게 적용되었다는 주장은 Theissen, *Sociology of Early Palestinian Christianity*, 8-23 참조.

별되는 연회였다.13 그는 탐식가요 술꾼이라고 소문이 났는데, 그것이 적대자의 악의에 찬 중상이기는 하지만, 그가 세계 부정적 금욕주의자 혹은 즐거움을 부정하는 금욕주의자14가 아니었음은 분명하다. 그의 제자들은 금식하지 않았는데 이것도 역시 비난의 대상이었다. "요한의 제자들과 바리새파 사람의 제자들은 금식하는데, 왜 선생님의 제자들은 금식하지 않습니까?" 이에 대한 예수의 대답은 의미심장하다. "혼인 잔치에 온 손님들이 신랑과 함께 있는 동안에 금식할 수 있느냐?"15 금식은 슬픔의 때를 위한 것이요, 축제는 기쁨의 때를 위한 것이다. 고대 세계에서 예수 안에 있는 것과 비교될 수 있는 가장 큰 기쁨의 시간은 결혼식 잔치뿐이었다.

예수 안에 거하는 것은 아주 즐거운 경험이었음이 분명하다. 이 놀라운 종교적 인물 안에서 경험하는 이런 기쁨의 체험은 언제나 어디서나 체험할 수 있는 것이다. 기독교 전통 안팎에서 사람들은 거룩한 존재를 감싸고 있는 어떤 현존이나 장場에 대해 말하고 있는데, 그것은 실제로 감지할 수 있을뿐더러 느낄 수도 있는 것이다. 그러한 인물의 현존 안에 있기만 해도

---

13 만찬의 축제 같은 성격은 비교적 사소해 보이는 세목을 보아 알 수 있다. 즉, 예수는 식탁에 비스듬히 기대고 있었다(예를 들어, 막 2:15; 14:3; 눅 7:36을 보라). 일상의 식사는 앉은 자리에서 먹는 것이 보통이지만, 축제의 만찬이나 연회 자리에서 사람들은 낮은 식탁에 기대거나 허리를 의지한 채 먹었다.

14 마 11:18-19; 눅 7:33-34.

15 막 2:18-19a, 19b-20은 아마도 초대교회가 덧붙인 말인 듯싶다. 그들은 예수를 '빼앗긴' 신랑으로 생각했다. 그리고 이 말로써 예수 사후에 이루어진 교회의 금식 실천을 정당화했었다. 하지만 19a절 그 자체를 초대교회의 창작으로 볼 필요는 없다. 왜냐하면, 여기서 예수는 '메시아적 신랑'으로 표상되고 있기 때문이다. 이것은 비유적 혹은 일상적인 의미에서 "사람들은 기쁨의 시간에는 금식하지 않는다"라는 뜻으로 이해할 수 있다. 이런 상식적인 연설은 예수의 제자들이 금식하지 않은 것에 대한 정당화를 의도한다. 이 구절에 대한 해석으로는 E. Schillebeeckx, *Jesus* (New York: Crossroad, 1981), 201-206 참조. 그는 "예수가 계신 곳에서 슬퍼한다는 것은 실존적으로 불가능했으며"(201), 그 본문은 "살아계신 나사렛 예수에 의해 제자들에게 부여된 힘과 그들을 강화시킨 무엇인가"(205)를 드러내 주고 있다고 말했다.

그 사람이 말하는 실재를 체험할 수 있다.16 이 기쁨을 지속적인 행복감이나 느낌과 혼동하지 말아야 한다. 그것은 감성과 정서의 저변에 살아 흐르는 것이기 때문이다. 예수 안에 거한다는 것은 그를 통해 흘러들어온 성령의 현존 안에서 살아감을 뜻한다.

그 운동의 에토스: 자비

팔레스타인 곳곳을 누비는 기쁨에 찬 이 무리는 개인적 변화의 길을 가르치는 영적인 스승과 이적을 행하는 사람의 주위에 몰려드는 열성적인 신봉자들은 아니었다. 오히려 예수 운동은 올바른 이스라엘의 모습이 어떠해야 하는지에 대한 다른 비전과 이스라엘 백성을 위한 새로운 에토스를 구현하는 운동이었다. 예수의 카리스마적 체험에서 비롯한 실재 이미지는 하나님 백성의 삶을 위한 새로운 에토스를 창조했으며, 그들이 마땅히 따라야 할 중추적인 패러다임과 윤리를 창조했다.

하나님을 본받음의 내용으로서의 자비

예수는 자신이 속해 있던 문화 전반 그리고 자기와 겨루고 있던 갱신 운동의 사회적 동력과 에토스를 '하나님을 본받음'(imitaito dei)으로 표현했다.17 그러나 예수가 말하는 하나님을 본받음의 내용은 다르다. 1세기의

---

16 불교 전통에서 사람들은 여래장(如來藏)을 말하는데, 이것은 부처 주위에서만 느낄 수 있는 것이 아니고, 그 계보 안의 깨달은 인물들에게서도 감지될 수 있다. 기독교 전통에서 그것과 유사한 구역(zone)을 가장 잘 느낄 수 있는 인물은 성 프란치스코이다.

17 여기에 관해서는 다음 참조. Marcus Borg, *Conflict, Holiness and Politics in the Teaching*

유대교가 하나님의 거룩하심을 앞세우는 데 비해 예수는 하나님의 자비에 초점을 맞춘다.

우리는 보통 자비(compassion)를 어떤 느낌으로 생각한다. 성서도 마찬가지인데, 자비를 복부, 구체적으로 말해서 창자나 자궁에 깃든 느낌으로 여긴다. 이 말은 라틴어 어원이 잘 보여주듯이 '무엇에 의해 움직이는 느낌', '더불어 느끼는 것'이다. 이렇듯 자비는 머리나 지성보다 낮은 어떤 수준인 다른 사람의 상황에 의해 움직이는 느낌이다.

자비는 인간의 감정일 뿐만 아니라 성서가 증언하는 하나님의 특성이기도 하다. 구약성서가 하나님을 자비로우신 분으로 묘사한다는 사실에서, 우리는 예수와 그 당시 유대교의 차이는 강조점을 어디 두느냐의 문제로 이해해야 함을 알 수 있다. 1세기의 유대교도 하나님의 자비하심을 말할 수 있었고, 예수도 하나님이 거룩하시다는 사실을 부정하지 않았다. 문제는 하나님이 자비로우시냐 거룩하시냐가 아니라, 하나님을 드러내고 신앙 공동체의 삶을 표현하는 데 어느 쪽이 더 중심적인 패러다임인가라는 점이다.

예수는 하나님의 자비하심을 여러 차례 강조했다. 탕자의 아버지는 자비로웠고, 사마리아인은 자비를 베푼 단 한 사람이었고, 무자비한 종은 자신이 받은 자비에 맞게 처신하지 않았으며, 세리와 바리새인의 비유에 나오는 세리는 하나님의 자비하심에 호소했다.[18] 예수의 치유행위도 같은 것을 가리키고 있는데, 그의 치유행위의 일관된 동기는 자비심이었다. 더욱이 예수는 안식일에도 병을 고쳤는데 이것은 통상 비난받던 행위였다.[19] 유대교 내에서 안식일은 거룩한 날이었고, 거룩을 추구하는 데 가장

---

of Jesus (New York and Toronto: Edwin Mellen Press, 1984), 123-129, 133-134.
[18] 눅 10:37; 15:20; 18:13; 마 9:13; 12:27; 18:23-35에서 예수는 **자비와 거룩의 요구**_대비하는 구약을 인용하고 있다(호 6:6). "내가 바라는 것은 변함없는 사랑이지, 제사가 아니다."

중요한 것 중의 하나로 인식되고 있었다. 그래서 안식일의 치유행위는 생명이 위급한 경우에만 허용되었다. 그러나 예수는 그것이 생명을 위협할 정도의 위급한 상황이 아니었는데도 자비하신 성령의 역사인 치유 행위를 거룩에 대한 어떠한 요구보다 앞세웠다.

거룩의 자리에 자비를 앉히는 것은 형식상 "너희의 아버지께서 자비로우신 것 같이, 너희도 자비로운 사람이 되어라"[20]라는 구절에서 가장 극명하게 드러난다. 이 구절은 형식상으로는 하나님을 본받음이요, 그 구조는 성결 법전의 정수라 할 수 있는 구절을 반영하고 있다. 하나님이 자비하심 같이 또는 자궁적인[21] 것 같이 하나님을 믿는 사람들, 곧 하나님의 자녀들도 또한 자비로워야 한다.[22] 하나님이 '가장 작은 소자 하나'에 의해 움직여지고, 그들과 '같이 느끼는' 것처럼 예수 운동도 하나님의 파토스에 참여해야 했다.[23] 실로 자비하신 하나님 파토스의 예수 운동, 더 나아가서는 이스라엘의 에토스가 되어야 했다.

---

19 막 3:1-6; 눅 13:10-17; 14:1-5; 마 12:11-12도 보라. 요한복음에도 두 군데.
20 눅 6:36. 이와 병행구인 마 5:48은 '자비하심' 대신 '완전하심'이라는 표현을 쓰고 있다. '완전함'은 마태의 편집적인 특성을 드러내는 단어이다.
21 '자궁성'으로서 자비에 관해서는 이 책 6장 146-148을 보라.
22 Dodd, *The Founder of Christianity*, 63-65 참조. 예수의 윤리적 가르침의 핵심은 '아버지처럼, 자녀처럼'이다. 즉, 하나님의 자녀들은 그 특성에 있어서나 행동의 방향에 있어서나 '하나님과 같아야' 한다.
23 여기서 하나님의 파토스는 아브라함 헤셸이 그의 책 *Prophets* (New York: Harper& Row, 1962)에서 사용했던 의미로 썼다. 이 책은 하나님이 먼 곳에 계신 분, 역사 속에서 인간에게 일어나는 일들과 무관하게 존재하는 분이 아니며, 하나님은 오히려 그들을 위해서 그리고 그들과 함께 느끼는 분이라는 사실에 성서적 확언을 다루고 있다.

자비의 정치학

거룩의 에토스가 거룩함의 정치학으로 표현되는 것과 마찬가지로 자비의 에토스는 자비의 정치학으로 표현되게 마련이다. 자비의 에토스는 예수 운동의 형성에서 안팎으로 깊은 영향을 끼쳤다. 대안적 공동체 혹은 '저항문화'가 '구체화한 형태'는 의인/버림받은 자, 남자/여자, 부자/빈자, 유대인/이방인 등을 구별하면서 비교적 경직된 사회적 경계를 형성하고 있던 유대의 사회적 세계와는 뚜렷한 대조를 보이던 사람들의 모임에서 가시화되었다. 거룩함의 정치학이 만들어냈고, 문화 전반과 다른 갱신 운동 속에서 다양한 형태로 구체화한 이러한 경계들은 예수 운동에 의해 부정되었다. 그러한 부정은 이스라엘 공동체에 대한 보다 포괄적인 이해의 가능성을 열어놓고 있다.

버림받은 사람들과의 잔치

지금까지 교회 예배의 중심에는 흔히 주의 만찬, 미사, 성만찬, 성도의 교제 등으로 알려진 식사가 있다.24 예수의 죽음과 부활을 상징하는 빵과 포도주의 성례전은 부활절 이후에 발전된 것이 틀림없다. 하지만 그 뿌리는 예수의 선교사역이다.

함께 음식을 나누는 것 혹은 식탁 친교—아직은 제의적인 식사가 아니라 식탁에서 음식과 음료를 나누는 축제적 행동이었다—는 예수 운동의 가장 중심적인 특성 가운데 하나였다.25 많은 본문이 예수의 식탁에 대해 언급하고 있고 그 맥락은 유사하다. 그런 식사는 적대자들로부터 강한 비

---

24 여기에 대해서는, 나의 책 *Conflict, Holiness and Politics*, 78-95와 주 14-73, 306-314.
25 이 책 6장, 145-146쪽을 보라.

판을 받았다. 복음서들은 그런 비판의 사례를 몇 가지 전해 주고 있는데 그 내용은 늘 똑같다. "많은 세리와 죄인들이 예수와 함께 먹었다", "그가 죄인의 집에 묵으려고 들어갔다", "이 사람이 죄인들을 맞아들이고, 그들과 함께 음식을 먹는구나", "보아라, 저 사람은 마구 먹어대는 자요, 포도주를 마시는 자요, 세리와 죄인의 친구다."26

혐의는 단순하다. 그가 '죄인들'과 함께 먹었다는 것이다. 모든 사람이 다 죄인이라는 기독교적인 고백에 익숙한 현대인들에게 예수가 죄인들과 함께 먹었다는 고발은 그 고발자들 자신이 자기 의에 사로잡혀서 스스로 죄인됨을 깨닫지 못하는 사람들이라는 인상을 준다. 그러나 죄인들이라는 용어는 그때까지만 해도 보편적이거나 신학화하지 않았었다. 사실 이 용어는 특정한 사회 계층, 이른바 아웃캐스트(버림받은 자들)를 가리키는 것이었다. 이 말은 일상적으로 율법을 지킬 수 없는 사람들을 가리키는 용어였으며, 가난한 사람들 다수가 여기에 해당할 수밖에 없었다.27

그들과의 식사가 비판을 불러일으켰다는 사실 말고는 그 식사에 대해 알 수 있는 것은 별로 없다. 이미 말한 것처럼 그것은 단순히 매일 일상적인 식사라기보다는 축제적인 식사 또는 연회였다. 어떤 때는 예수가 누군가의 손님으로 갔고, 어떤 때는 주인이 되었던 것 같다. 예수를 중심으로 한 예수 운동은 그들이 통과하는 마을에 들어가 때로는 바깥에서 때로는 동조자의 집에서 축제적 식사 자리를 마련한 것으로 보인다. 예수의 비유

---

26 막 2:15; 눅 19:7; 15:2; 마 11:19=눅 7:34. 여기서 알 수 있듯이 이런 비난은 공관복음서 전통의 네 흐름 가운데 세 군데서 발견된다(마가복음, Q자료, L자료).
27 아웃캐스트의 정확한 경계는 뚜렷하지 않다. 사람들이 멸시했던 직업의 리스트보다 더 많은 사람들이 포함된 것은 사실이지만(5장 주 25를 보라) 인구 대부분을 차지하는 것으로 생각해서는 안 된다. 세리들은 특히 불쾌한 사람들로 여겨졌다. 그것은 억압적인 세금 시스템과 의문의 소지가 많은 세금 징수 행위에 대한 적개심 때문이기도 하지만, 그들이 기득권에 기생하는 부역자, 반역자 혹은 '매국노'로 인식되었기 때문이다.

가운데는 아웃캐스트와의 식사를 옹호하는 것들이 많이 있다.28 사실 우리는 그의 많은 비유가 축제적 식사의 자리에서 식사 담론(table talk)으로 제시했다고 생각해 볼 수도 있다.29

이런 식사 과정에 대해서 상세히 알 수 없지만, 그 중요성만큼은 결코 부정할 수 없다. 예수의 식탁 친교가 아웃캐스트에게 어떤 의미인지에 대해서는 이미 언급한 바 있다. 그들과의 식사는 그들을 받아들일 수 없는 사람으로 선언한 사회의 질서를 깨뜨리는 행위일 수도 있었으며, 아웃캐스트로 하여금 그들도 하나님께 받아들여질 수 있음을 깨닫게 하는 행위일 수도 있었다.30 그러나 그것은 그의 적대자들의 사회적 세계를 철저히 위협하는 것이었다. 그것은 종교적인 도전이었을 뿐만 아니라 문화적인 도전이기도 했다. 카리스마적 인물이 그의 가르침과 행동을 통해서 하나님은 아웃캐스트도 받아들이신다고 말하는 것은 정한 자/부정한 자, 거룩한 자/속된 자, 의인/악인의 구별에 근거한 유대교의 사회적 세계에 대한 도전이며 위협이었다. 예수의 식탁 친교는 사회의 문화적 동력이었던 거룩함의 정치학에 의문을 제기하는 것이었다.

예수 적대자의 입장으로 볼 때 위험에 처한 것은 하나님 백성의 존속이었다. '죄인들'은 율법을 준수하지 않음으로써 그 집단의 존속을 위협하는

---

28 누가가 전하고 있는 세 개의 유명한 비유들은(잃어버린 양, 잃어버린 은전, 잃어버린 아들) 그가 죄인들과 함께 먹는다는 비난에 대한 예수의 응답이다(눅 15:1-32). 학자들은 누가복음서의 배경이 역사적으로 신빙성이 있다는 사실에 대체로 동의하고 있다. 각 비유는 잃어버린 것을 찾았을 때 벌이자고 권했던 잔치에서 정점에 달한다. 사실상 예수의 축제적 식사는 바로 그 잔치라고 할 수 있다. 다른 비유들도 함축적으로든 명시적으로든 아웃캐스트와 함께 하는 그의 행위를 옹호하고 있다. 포도원의 일꾼들(마 20:1-15), 두 아들(마 21:28-32), 악한 종(마 18:23-35) 그리고 큰 잔치(눅 14:15-24=마 22:1-10)의 비유가 그 예이다.

29 어쩌면 이 식탁에서 '주인'이 한마디 할 수 있었던 것과 같은 어떤 일이 일어났을 수도 있다.

30 이 책 6장, 145-146쪽을 보라.

자들이었다. 세리들은 특히 미움을 받았는데 그들은 이방인 통치자들의 협력자였기 때문이었다. 예수의 식탁 친교가 비판에 부딪힌 것은 당연한 일이다. 어떤 학자는 아웃캐스트를 받아들인 것이야말로 예수의 선교사역이 적대감을 불러일으키게 된 가장 큰 요인이라고 주장했다.31 이것은 유대교 전통에서 종교적인 인물의 행동치고는 예외적이었다.32

식사를 함께하는 이 단순한 행동은 예수의 사회적 세계 속에서는 특별한 종교적, 사회적 의미를 띠고 있었다. 그것은 거룩의 에토스와 정치학에 도전하는 문화적 항거의 수단이 되었다. 거룩의 에토스와 정치학이 이스라엘의 참다운 모습에 대한 또 다른 상, 즉 하나님의 자비를 반영하는 포괄적인 공동체를 제시한 것도 사실이지만 말이다.

여성들과의 사귐

예수 사역에서 가장 주목할 만한 특색 중에, 하나는 여성들과의 관계이다. 이것은 예수 시대의 인습적인 지혜에 도전하는 것이었지만 지금도 교회의 인습적인 지혜에 도전하는 것이기도 하다.

남성과 여성의 엄격한 경계境界는 그가 살았던 사회적 세계의 특색이었

---

31 어떤 사람들은 예수가 유대교 지도자들에 의해 로마 관헌에 넘겨져 십자가에 처형된 일차적인 원인이 바로 여기에 있다고 주장한다. 다음의 책을 보라. Norman Perrin, *Rediscovering the Teaching of Jesus* (New York: Harper & Row, 1967), 103; W. R. Farmer, "An historical Essay on the Humanity of Jesus Christ," in *Christian History and Interpretation*, edited by Farmer et al. (Cambridge: Cambridge University Press, 1967), 103.

32 유다교 학자인 Geza Vermes의 *Jesus the New* (New York: Macmillan, 1973), 224를 보라. 아웃캐스트와의 사귐은 예수를 '그의 동시대인들은 물론 그의 예언자적 계보의 선배들과도 구별되는 **누구보다 뛰어난**(강조는 첨가) 인물로 차별화시킨 점이었다. 예수는 "고상한 사람들의 멸시를 받았던 하층민들 속에 자리를 잡았다. 죄인들은 그의 밥상공동체의 일원이었으며, 공동체의 사귐에서 추방당한 세리들과 창녀들은 그의 친구였다."

다. 설사 그것이 거룩함의 정치학에 의해 강화된 측면이 있다 해도,33 그런 경계는 거룩 정치학의 직접적인 결과라기보다는 어떤 문화에서든 인습적인 지혜가 결코, 포기하지 않으려고 하는 가부장제의 특색이라 할 것이다. 인습적 지혜는 거의 다 남성 주도적이다. 남성이 만들어내고, 남성이 기록하고, 남성에 의해 남성들에게 전수되고, 남성적인 관점을 반영했다.34 유대의 사회적 세계를 중심으로 한 문화와 유대교 내에서도 사정은 마찬가지였다.35

구약성서와 성서 이후 시대의 유대교에 여성에 대한 긍정적인 진술이 있기는 하지만, 현자들의 가르침 속에 나타난 지배적인 태도는 부정적이었다.36 좋은 아내는 칭찬을 받았지만, 여성이라는 성 자체는 좋게 여겨지

---

33 유대교에서 여성에 대한 제한적인 태도는 부분적으로 포로기 이후에 강화된 것으로 보이는데, 그것은 거룩에 대한 추구를 특징짓는 '내(內) 그룹/외(外) 그룹의 방어'를 확고히 하는 것의 일환이었던 것 같다. Leonard Swidler, *Biblical Affirmation of Women* (Philadelphia: Westminster, 1979), 158-159.

34 세계의 종교 속에 나타난 이 주제에 대한 논의는 Danise Carmody, *Women and World Religions* (Nashville: Abingdon, 1979)를 보라. 인습적인 지혜는 항상 남성의 독점물이 아니었을 수도 있다. 많은 문화권에서 신성을 주로 여성적인 것으로 그렸던 석기 시대에는 여성들이 남성들과 마찬가지로(어쩌면 그 이상으로) 지혜의 근원으로 인식되었을 수도 있었다고 믿을 만한 여러 가지 이유가 있다. 히브리어와 고대 그리스어에서 지혜를 나타내는 단어는 여성명사이다. 이것은 위에서 본 바 옛 사고를 반영하는 것일 것이다. 신성을 표현하는 데에 남성적 이미지가 지배적인 것이 되었을 때 자연히 종교적 권위를 인정받은 인물들도 남성이 되었다.

35 C. E. Carlston, "Proverbs, Maxims and the Historical Jesus." *Journal of Biblical Literature* 99 (1980), 85-95는 고대 그리스와 라틴계 저자들이 여성들에 대해 부정적으로 묘사한 대목을 모아 놓은 것으로 주목할 만한 가치가 있다. 구약성서에서 잠언은 인습적인 지혜를 남성들이 지배하고 있었음을 잘 드러내 보여주고 있다. 이것은 상층계급의 자제들을 교육시키기 위해(여성들은 그런 교육에서 제외되었다) 지혜 학파가 사용했던 지침서였다. 지혜 학파의 교사들은 남성이었으며, 그 관점도 물론 남성적이었다. 예를 들면, 사납거나 짜증이 많은 아내에 대한 진술은 많이 있지만, 이에 상응하는 말썽 많은 또는 까다로운 남편에 대한 언급은 전혀 없다. 하지만 주목할 만한 것은 잠언 31장에 나오는 이상적인 아내에 대한 아주 긍정적인 상이다.

지 않았다. 그들은 회당에서 예배를 드릴 때마다 "나를 여인으로 만들지 않으신 주여 찬양받으소서" 하는 기도를 드렸다. 회당에서 여인들은 통상적으로 한쪽 구석에 마련된 자리에 앉아야 했으며 기도회를 개최하는 데 필요한 최소인원 열 사람을 헤아리는 데도 낄 수 없었다. 그들은 토라를 가르칠 수 없었고,37 대개는 배울 수조차 없었다.38

여성들의 종교적 권리 박탈은 사회적인 영역으로까지 확장되었다. 가난한 계층을 제외하고는 남성들과 여성들은 공적인 삶에서 엄격히 구별되었다. 부유한 집안의 처녀들은 결혼할 때까지는 완전히 격리되었다. 결혼 후에는 베일을 쓰고서야 사람들 앞에 나갈 수 있었다. 그들은 가족 이외의 남자들에게는 말도 건넬 수 없었다. 마찬가지로 존경할만한 유대인 남자는(특히 종교적 지도자) 두 가지 이유에서 여성들과 이야기를 나누지 않았다. 하나는 일반적으로 여성들은 총명하지 못할 뿐만 아니라 사소한 일에 골똘하기에 얻을 것이 하나도 없다는 것이다. 게다가 여성들은 유혹적일 뿐더러 성적 욕망에 넘치는 요부들로 간주했다. 사람들은 특히 여성의 목소리, 머리카락 그리고 다리를 유혹적인 것으로 간주했다. 그래서 부분적으로는 여성들이 열등하다고 간주했기 때문에, 또 부분적으로는 여성들의 성적인 매력에 대한 남성들의 지각(그리고 두려움) 때문에 여성들은 그 사회의 종교적 공적 삶에서 조직적으로 배제되었다.39

---

36 특히 Leonard Swidler의 책을 보라. 그의 책 *Women in Judaism: The Status of Women in Formative Judaism* (Methuen, N. J.: Scarecrow Press, 1976)은 기원전 2세기 무렵부터 서기 5세기까지를 다루고 있다. 그의 *Biblical Affirmation of Women*은 후기 사도 시대에 이르기까지 여성들에 대한 긍정적인 진술들과 부정적인 진술들을 모두 개관하고 있다.

37 '그 원칙을 확장하는 예외'는 서기 2세기의 여성 현자였던 베루리아(Beruria)였다. Swidler, *Women in Judaism*, 97-104.

38 1세기의 진술을 보라. "딸에게 토라를 가르치는 것은 음행을 가르치는 것과 같다"(Mishnah Sotah 3, 4).

이러한 배경에 비추어 볼 때 예수의 처신은 각별했다. 예수를 가까이 따르는 방랑의 무리 가운데에는 여성들도 있었고, 그들 중의 어떤 이들—요안나와 수산나—은 예수 운동을 재정적으로 후원했다.40 남녀가 뒤섞인 일단의 무리를 경건한 유대인 남성과 더불어 여행하는 광경은 매우 도발적이었음에 틀림이 없다. 마찬가지로 바리새인의 초대를 받아 간 만찬 석상에서 죄인인 한 여인이 비스듬히 기대앉아있는 예수의 발을 눈물로 닦고 머리카락으로 비벼대는 광경은 충격적이지 않을 수 없다.41

예수는 마리아와 마르다 자매의 집에도 손님으로 갔다. 마르다는 식사를 준비하는 전통적인 여인의 역할을 감당했고 마리아는 마치 제자와 스승의 관계처럼 예수 곁에 있었다. 마르다가 자기 혼자만 일하고 있다고 불평했을 때 예수는 마리아의 행동을 칭찬했다. 1세기 유대의 사회적 세계에서 이것은 급진적인 대목이었다. 예수는 거룩한 일을 수행하는 데 남성과 여성의 능력(그리고 가치)에는 차이가 없는 것으로 간주했다.42 존경할 만한 현자가 자기 가족이 아닌 여성과는 대화조차 하지 않던 때에43 그리

---

39 구약성서에서 하나님에 대한 이미지들은 일반적으로(보편적인 것은 아니다), 남성적이다(예를 들어, 왕, 목자, 아버지 등). 이것은 하나님에 대한 남성적인 이미지와 가부장적 사회질서를 상호 관련으로 생각하려는 시도이다. 하나님에 대한 남성적인 이미지들은 본래 가부장적인 사회 이해와 일치하는가? 만약 그렇다면 하나님에 대한 성적 이미지에서 문제가 되는 것은 사회 현실의 위계이다.

40 눅 8:1-3. 추측하건대 무덤 앞에 있던 여인들은(막 16:1-8과 병행구를 보라) 예수의 선교 사역에 동참했던 사람들이었을 것이다.

41 눅 7:36-50. '죄인', '동리의 여인'으로 묘사된 것으로 보아 이 여인은 창녀였을 것이다. 그 여인이 베일을 쓰지 않고 사람들 앞에서 머리카락을 푼 것도 또한 놀랍다. 막 14:1-9에는 예수에게 향유를 부은 여인에 대한 이야기가 나온다.

42 눅 10:38-42.

43 예수와 한 여인이 우물가에서 만난 사건을 전해 주는 요 4:7-30은 역사적으로 평가하기가 어렵다. 하지만 그 이야기는 당시의 에토스를 반영해준다. 그 여인은 예수가 마치 제자들을 대하는 것처럼 자기에게 말 걸어오는 데 놀랐다.

고 여성들은 위험하다고 열등하다고 간주하던 때에 예수의 행태는 놀라운 것이었다.

여성들에 대해 급진적으로 변화된 태도는 초대교회의 처음 수십 년 동안 계속되었다. 사도행전과 바울의 서신들을 통해 우리가 알 수 있는 것은 바울이 설립한 교회에서 여성들은 자기 이름으로 호칭하면서 문안 인사를 받을 정도로 유력했다는 것이다. 바울의 입장은 예수 운동의 급진성과 일치했다. "유대 사람도 그리스 사람도 없으며, 종도 자유인도 없으며, 남자와 여자가 없습니다. 여러분 모두가 그리스도 예수 안에서 하나이기 때문입니다."[44]

이미 보았듯이 가부장제는 고대의 유대교에만 특징적인 것이 아니라 기독교 문화를 포함해 대부분 문화를 특징짓는 것이다.[45] 사실 여성에 대한 예수 운동의 급진적 태도는 신약성서가 다 성립되기도 전에 이미 교회 내에서 수정되었다. 신약성서 중에서 후기에 기록된 어느 문서는 주류문화의 가부장적 관점을 반영하고 있다. 여성들은 순종해야 하고 조용해야 하고, 남자를 가르칠 수 없으며, 세상에 죄를 가져온 책임이 있다는 것이다.[46] 유대교, 더 나아가서 지중해권 세계의 문화적 태도는 성령에 의해

---

44 갈 3:28. 다음에 나올 주 46을 참조하라.

45 Schüssler Fiorenza, *In Memory of Her*, 106-107에 나오는 중요한 설명을 보라. 거기서 피오렌자는 기독교 초기와 그 후 기독교의 가부장적인 태도는 1세기 유대교의 가부장제만큼이나 강력한 것이라는 사실이 강조되어야 한다고 주장한다. 예수의 반가부장제적 행태는 마치 가부장제가 유대교의 고유한 것 혹은 유대교의 특징인 양 유대교 자체를 겨냥한 것이 아니라는 것이다. 오히려 "그의 운동은 유대교가 견지하고 있던 가치들과 실천을 거부하는 적대적인 입장이라기보다는, 주도적인 가부장제적 사회체제에 대한 대안적 선택을 제시하는 이른바 유대교 내의 갱신 운동으로 보아야 옳게 파악될 수 있다"(107).

46 딤 2:8-15. 이 서신은 바울의 저작으로 알려졌지만, 학자들은 대체로 이 글이(다른 두 개의 '목회 서신', 즉 디모데후서와 디도서와 더불어) 1세기 말엽 바울의 제2 세대 추종자에 의해 쓰인 것으로 본다. 고대 세계에서 문서들을 권위 있는 스승의 것으로 돌리는 것은 흔한 일이었다. 바울 자신이 기록한 문서 가운데서 여성을 비하했다고 볼 수 있는 구절은 고전

촉진한 비전에 먹구름을 드리우기 시작했다.

그러한 태도는 계속해서 교회와 유럽 문화의 일부가 되어왔다. 그러나 우리는 예수와 그의 초기 추종자들이 가부장제를 거부했다는 것을 알고 있으며, 가부장제가 후에 그 전통에 다시 편입되면서 초기 운동의 급진성을 타락시켰다는 명백한 역사적 증거를 가지고 있다. 그런데도 교회 내에 있는 많은 사람이 여성의 종속을 계속해서 가르친다는 것은 이해할 수 없는 일이다. 반문화 운동으로서 예수 운동은 후기 기독교 전통과 대조를 이루는데, 자체의 사회적 세계를 드러냈을 때조차도 그랬다.

"가난한 자에게 복음을"

그러나 예수가 속해 있던 사회적 세계의 또 다른 차원은 자비의 정치학이라고 부를 수 있다. 누가복음을 보면 예수가 공생애를 시작하면서 하신 첫 말씀은 "가난한 자에게 복음을"이었다. 이 구절은 "주님의 영이 내게 내리셨다"라는 말로 시작해서 "주님께서 내게 기름을 부으셔서, 가난한 사람에게 기쁜 소식을 전하게 하셨다"[47]로 이어지고 있다.

그렇다면 어떤 의미에서 예수의 소명이 "가난한 자에게 복음을" 전하는 것인가? 마태는 가난한 자를 '심령이 가난한 자'로 이해했고, 주린 자를 '의에 주린 자'로 이해했다. 그러나 누가는 아주 단순하게 "가난한 자는 복이 있다", "이제 주린 자는 복이 있다" 했으며, 경제적으로 가난한 자들을 염두에 두고 물질적으로 부유한 사람들과 가난한 자들을 분명하게 대조시

14:34-36 한 군데뿐이다. 그리고 이것도 바울 이후 세대의 누군가가 덧붙인 편집적 부가어일 가능성이 많다. Robin Scroggs, *Paul for a New Day* (Philadelphia: Fortress, 1977), 45-48.

47 눅 4:18. 이것은 사 61:1-2의 인용이다. 누가는 그 구절을 예수의 사명에 잘 들어맞는 내용이라고 보았음에 틀림이 없다.

키고 있다. "그러나 너희, 부요한 사람들은 화가 있다. 너희가 너희의 위안을 받고 있기 때문이다."48

적어도 분명한 것은 예수가 인습적인 지혜가 가르치는 의와 번영 사이의 상관관계에 도전했다는 것이다. 이 상관관계에 의하면 가난한 사람은 옳게 살지 못한 사람이고 아브라함의 '쓸모없는' 자녀들이다. 게다가 문화의 척도라는 것이, 그 기준에 미치지 못하는 사람들 자신 속에서 내면화됨으로써 가난한 사람들은 스스로 아브라함의 쓸모없는 자녀라고 생각할 수도 있었다. 사실 가난한 사람들은 대부분 율법을 준수하지 못했다. 하나님의 영에 사로잡힌 예수는 가난한 자를 받아들임으로써 가난한 자들이 스스로 달리 인식할 수 있도록 했을 것이다. 이것은 버림받은 사람들과 함께 식사한 데서 나타난 것과 똑같은 역동적 행위였다.

여기에는 또 다른 차원의 의미가 있을 수 있다. 누가복음에 보면 예수는 "가난한 자에게 복음을" 전하려는 자신의 소명을 희년과 관련한 용어로 표현했다. 그의 소명은 "포로 된 사람들에게 해방을 선포하고", "억눌린 사람들을 풀어 주고", "주님의 은혜의 해를 선포하게 하셨다" 하는 것이었다.49 이것은 모두 희년과 연결되어 있었는데, 이것은 구약성서의 사회법

---

48 마 5:3; 눅 6:20-21, 24-25. 현대 교회는 물론 교회사 전체를 통해서 마태의 해석이 누가의 해석보다 선호되는 경향이 있었다. 부분적으로 이런 경향은 수 세기 동안 성서를 해석하는 사람들의 사회·경제적 지위에 기인하는 것이다. 마치 우리가 성서를 어떻게 '보느냐' 하는 것이 우리가 사회에서 차지하고 있는 지위에 따라서 상당 정도 결정되는 것과 같다. 서구문화 전통에서 교회가 일단 기성 종교가 되자 성서 해석자들은 가난한 자들과 부자들에 대한 예수의 말씀을 해석하는 데서 자기들이 속한 문화의 정치적·경제적 구조를 뒤흔들지 않도록 배려하면서 해석했다. 아래로부터의 시각을 강조하는 '해방신학'은 기존의 사회 경제적 질서를 당연한 것으로 받아들이지 않는 입장으로 보면 성서가 얼마나 달리 보이는지를 우리에게 상기시켰다. 해방신학이 성서를 보는 방법에 대한 좋은 입문서로는 Robert McAfee Brown, *Theology in a New Key* (Philadelphia: Westminster, 1978), 특히 75-100.

49 눅 4:18-19.

중에서 가장 급진적 부분 가운데 하나였다. 희년법에 따르면 50년마다 땅은 가난한 자, 즉 지난 희년 이후에 땅을 잃은 사람들에게 재분배되어야 했다.50 이런 희년법의 의도는 이스라엘에서 땅 없는 계층이 늘어가는 것을 막으려는 것이었다. 물론 그것이 너무나 급진적이어서 거의 시행되지는 않았지만 말이다.51 희년은 실제로 가난한 자들에게는 기쁜 소식이었으며, 가난이라는 범주를 주기적으로 제거하는 역할을 했다.

예수는 문자 그대로 땅의 재분배를 의도했던 것일까? 그가 정치적인 권력을 추구하지 않았기 때문에 정치적인 강령의 한 부분으로 볼 수는 없다. 그렇다면 예수는 부자들을 설득해서 땅을 본래 가지고 있던 사람에게 되돌려 주도록 유도하려 했나? 아니면 어떤 구체적인 계획이나 그것을 현실화시킬 의도조차 없이, 마땅히 그러해야 한다는 '당위성'을 내세운 것에 불과했던가? 희년법의 언어가 은유가 되어 실제적인 땅의 재분배를 말하는 것이라기보다는 '구원의 때'를 선포하는 언어가 되어버린 것인가?

우리가 예수와 희년의 관계를 어떻게 이해한다고 할지라도 한 가지 분명한 것은 예수가 경제적으로 가난한 사람들에 대해 관심이 많았으며 부자들에 대해 가혹한 표현을 썼다는 사실이다. 예수는 그를 따르는 사람들에게 말하기를 구걸하는 자에게 주고, 되돌려받을 것을 기대하지 말고 꾸어 주며, 보상에 대한 기대 없이 자선을 베풀라고 했다.52 그는 하나님과

---

50 희년법에 관해서는 레 25:8-17, 23-55; 27:16-25를 보라. 희년법은 모든 '노예'와 삯꾼들(indentured servants)이 해방되어야 한다고 규정하고 있다. 예수와 희년법 관련한 학문적인 연구로는 John Yoder, *The Politics of Jesus* (Grand Rapids: Eerdmans, 1972); Sharon Ringe, *Jesus, Liberation and the Biblical Jubilee* (Philadelphia: Fortress, 1985)를 보라. 예수와 가난한 자들에 관한 더 일반적인 글은 Walter Pilgrim, *Good News to the Poor: Wealth and Poverty in Luke-Acts* (Minneapolis: Augsburg, 1981); Luise Schottroff and Wolfgang Stegemann, *Jesus and the Hope of the Poor* (Maryknoll, NY: Orbis, 1986)을 보라.

51 희년법이 그대로 시행된 예는 느헤미야 5장에서 찾아볼 수 있다.

맘몬을 동시에 섬기는 것이 불가능하다고 말했으며, 땅에 보화를 쌓아 두는 행위에 대해 엄중히 경고했다.53 예수가 부와 사적인 소유를 근본적으로 거절했는지는 분명하지 않다. 예수의 직계 제자들과 초기의 개종자가 세운 예루살렘 교회는 공동 소유를 실시했음이 분명하다. 그렇지만 이것이 팔레스타인 전역에 있는 기독교인들에게까지 파급되었는지는 알 수 없다.54

부자와 가난한 자에 대한 예수의 가르침에 불분명한 부분이 남아 있는 것은 사실이지만, 자비를 근간으로 해서 조직한 공동체 내에서 부자와 가난한 자 사이의 차이가 그렇게 크지 않았으리라는 것은 분명하다. 우리는 그 공동체 내에는 더 비참할 정도로 가난한 사람은 없었을 거라고 생각할 수 있다.

평화집단

예수의 가르침이 당시의 사회적 세계에 적용된 것은 예수 운동이 팔레스타인 내의 평화를 지향하는 모임이었다는 사실에서도 드러난다. 예수는 하나님을 본받는 행위로서 자비를 말했던 것과 같은 맥락에서 원수도 사랑하라고 말했다. "'네 이웃을 사랑하고, 네 원수를 미워하여라' 하고 말한 것을 너희는 들었다. 그러나 나는 너희에게 말한다. 너희 원수를 사랑하고, 너희를 박해하는 사람을 위하여 기도하여라."55 여기에 인용한 "네 이

---

52 눅 6:30=마 5:42; 눅 6:34-35; 마 6:1-4; 막 10:21 그리고 실제적인 빚에 대해 말하고 있는 주기도문의 간구를 보라. 마 6:12=눅 11:4.
53 마 6:24=눅 16:13; 마 6:19-21=눅 12:33-34. 이 책 6장, 148-152쪽 참조.
54 행 2:44-45; 4:32-35. 팔레스타인 바깥에 있는 바울의 교회들은 공동소유제를 실시하지 않았음이 분명하다.
55 마 5:43-44=눅 6:27.

웃을 사랑하라"라는 말은 성결 법전에서 따온 말인데 당시의 유대인은 이 말을 "언약의 동료를 사랑하라", 즉 너의 동료 이스라엘 사람 혹은 동포를 사랑하라는 말로 이해했다.56 이런 맥락에서 이웃의 반대말은 '비이스라엘인'이었음이 분명하고, 따라서 원수를 사랑하라는 말은 이방인 점령자들을 포함한 "비이스라엘인 원수를 사랑하라"라는 말이 된다.

복음서의 다른 전통은 예수 운동이 평화를 지향하는 모임이었음을 보여준다. 원수를 사랑하라는 말과 같은 맥락에서 예수는 "누가 네 오른쪽 뺨을 치거든, 왼쪽 뺨마저 돌려 대어라"라고 했고, "누가 너더러 억지로 오 리를 가자고 하거든, 십 리를 같이 가 주어라"57고 했는데, 이것은 민간인에게 자기 무기를 들고 오 리를 함께 갈 것을 요구할 수 있었던 로마 군인의 권리를 가리키고 있었다. 이런 구절들은 저항 정신에 어긋나는 것이었다. 그는 어디를 가든지 이렇게 말했다. "화평하게 하는 자는 복이 있나니 그들이 하나님의 아들이라 일컬음을 받을 것임이요"58, "칼을 가지는 자는 다 칼로 망하느니라."59 앞으로 우리가 보게 되겠지만, 예수가 예루살렘에

---

56 레 19:18 후반부. 그러므로 이 말은 19장에 나오는 거룩 추구(레위기 19:2)의 가장 핵심적인 대목이다. 그들은 구별된 삶으로서 거룩함에 대한 강조와 같은 맥락에서 이웃을 동료 이스라엘인(이것은 레 19장 18절 전반부에 나오는 동포와 병행되는 것임을 주목하라)으로 이해했다. 34절에 나오는 타국인(그 땅에 거하는 외국인)을 사랑하라는 명령을 1세기 유대인들은 '개종자'나 '전향자', 즉 유대인이 된 이방인을 사랑하라는 말로 받아들였다. 이처럼 어떤 명령도 비유대인에게는 적용되지 않았다. 이 부분에 대해서는 나의 책 *Conflict, Holiness and Politics in the Teaching of Jesus*, 129-133.

57 마 5:41.

58 마 5:9. 여기서 '하나님의 아들'은 하나님을 본받음에 대한 진술과 맞떨어진다. 즉, 하나님의 아들이 되는 것은 하나님처럼 되는 것이다. 마 5:45과 누가 6:35은 이런 행동은 하나님의 아들이 되는 것과 연관시켰다.

59 마 26:52. 앞의 이야기와 마찬가지로, 이것은 마태복음에만 나온다. 이것에 대한 설명은 계 13:10 후반부에만 나오는데, 여기서 우리가 알 수 있는 것은 이 말씀이 초기 기독교인 공동체에 널리 알려졌으며, 단순히 마태의 창작은 아니라는 것이다. 이것은 예수가 직접 말씀하신 것이며, 여하튼 우리가 알고 있는 예수상과 부합한다.

입성하는 방식은 그가 제시하는 대안이 평화의 길이지 전쟁의 길이 아님을 나타냈다.60

"황제의 것은 황제에게 돌려주고, 하나님의 것은 하나님께 돌려드려라"라는 잘 알려진 말씀도 역시 같은 방향을 가리키고 있다.61 이야기의 배경은 매우 흥미롭고 교훈적이다. 어떤 바리새인들이 예수께 '함정' 질문을 던졌다. "우리가 황제에게 세금을 바치는 것이 옳습니까, 옳지 않습니까?" 만일 예수께서 '옳다'라고 대답했다면 그는 황제에게 세금 바치는 것에 분개하고 있었던 많은 사람을 실망시켰을 것이다. 그러나 만일 '옳지 않다'라고 대답했다면, 로마가 부과한 세금납부를 거절하도록 선동했다는 죄목으로 체포되었을 수도 있었다.62 예수는 이에 대해 역逆함정으로 응대한다. 그를 심문하는 사람들에게 데나리온 하나를 가져다가 보여달라고 하고는 그들에게 물었다. "이 초상은 누구의 것이며, 적힌 글자는 누구를 가리키느냐?" 이에 대해 그들은 "황제의 것이니이다" 하고 대답했다. 이로써 그들은 황제의 상像을 가지고 다니는 것조차 불경한 일로 여겼던 군중들에게 그들 자신의 허물을 드러낸 격이 되었다.

그들의 대답은 예수에게 최종적인 응답의 기회를 주었다. 그 응답의 말은 원래 "그것은 황제의 것이니 가서 그 동전을 그에게 돌려주라"라는 것이었다. 그의 응답은 암묵적으로 세금납부를 승인하는 것이었고, 이것은 무장 저항 운동의 핵심적인 신념 중 하나에 대한 거부를 뜻하는 것이었다. 그러나 그의 대답은 무엇이 황제의 것이고 무엇이 하나님의 것인지에

---

60 이 책 9장 237-239을 보라.

61 막 12:13-17.

62 눅 23:2은 예수가 빌라도 앞에 섰을 때 그의 적대자들이 바로 이런 죄목으로 그를 고발했음을 전해 준다. "우리가 보니, 이 사람은 우리 민족을 오도하고, 황제에게 세금 바치는 것을 반대했다." 누가는 이런 고발이 분명히 잘못된 것이라 여기고 있다.

대한 더욱 광범위한 물음을 던지고 있지는 않다. 역설적인 것은 애당초 군사적 무력의 길을 차단했던 성서 구절이 그 후 여러 세기 동안 군 복무와 전쟁을 정당화하는 데 이용되기도 했다는 사실이다. 교회의 역사 전반을 통해서 정치의 전 영역은 황제에게, 곧 세속 권력으로 귀속되었다. 그러나 그 맥락에서 이 구절은 그렇게 포괄적인 의미인 것은 아니다. 오히려 그것은 당시 해방 운동 세력들이 받아들일 수 없는 대답이었으며, 어떤 세속의 왕권이 그 땅을 지배하느냐는 실질적인 문제가 아니었다.

팔레스타인의 평화집단이었던 예수 운동은 이처럼 로마에 무력으로 저항하는 길을 거부했다.63 하나님의 백성들은 무력이나 폭력으로 자기 삶의 안전을 보장하지는 말아야 했다. 신앙은 다른 길을 가리키고 있다. 예수 운동은 자비를 강조함으로써 다른 갱신 운동과 문화 일반에 널리 유포되어 있던 거룩함과 저항의 관련을 일축했다.

지금까지 교회 안에 있는 많은 사람(현대의 많은 성서학자와 신학자들이 포함해서)이 원수 사랑에 대한 예수의 가르침에 스며 있는 정치적 함의를 부인하는 것은 이상한 일이다. 사람들은 예수의 가르침이 개인적인 원수에게 적용될 뿐 국가적인 차원의 적들에 해당하는 것은 아니라고 주장했고, "다른 뺨을 돌려대는" 것도 불가능한 이상理想이며 그러한 가르침의 의

---

63 Theissen, *Sociology of Early Palestinian Christianity*를 보라. 이 책에서 타이쎈은 예수 운동이 팔레스타인에서 활동하고 있던 갱신 운동 가운데서 '평화집단'(peace party)이었다고 강조하고 있다(64-65, 99-110을 보라. 거기서 그는 공격성을 극복하고 억제하는 예수 운동의 전략에 대해서 말하고 있다). 복음주의의 진영에서는 Ronald Sider와 Richard Taylor가 예수는 자기 시대의 전쟁과 평화의 문제에 깊은 관심을 가졌던 '평화주의자'였다고 말하고 있다. 그들의 책 *Nuclear Holocaust and Christian Hope* (New York: Paulist, 1982), 95-134. 그리고 다음의 글도 참조. William Klassen, *Love of Enimies* (Philadelphia: Fortress, 1984); Stanley Hauerwas, *The Peaceable Kingdom* (Notre Dame: University of Notre Dame PRess, 1983), 특히 72-95; 그리고 John Yoder의 글들, 특히 *The Original Revolution* (Scottsdale, PA: Herald Press, 1971); *The Politics of Jesus* (Grand Rapids: Eerdmans, 1972; *Christian Witness to the State* (Newton, KS: Faith and Life Press, 1977)을 참조.

도는 사람으로 하여 자기들의 죄를 깨닫도록 하는 것이라고 주장했다.

그러나 그런 가르침들은 마치 오늘의 서남아시아, 북아메리카 또는 군사적 분쟁 상태 속에 있는 다른 지역들처럼, 정치적으로 폭력적일 수밖에 없었던 1세기 팔레스타인의 상황에서 분명한 의미였을 것이다. 그런 상황에서 원수를 사랑하라고 말했다면 그는 틀림없이 폭력과 전쟁의 길을 포기하라고 요구한 것이 아니겠는가? 게다가 예수 생전에 그와 가장 가까웠던 사람들은 그의 가르침이 비폭력을 지향하고 있음을 분명히 이해하고 있었다. 초대교회의 초기 삼백 년 동안의 역사는 평화주의의 역사였다.[64] 교회가 그 전통의 정치적인 지향을 전반적으로 부정한다는 것이 이상하지만, 이해 못 할 일은 아니다. 세월이 흘러가면서 교회는 점점 문화화하였고, 문화화한 종교가 문화와 더불어 갈등 관계를 유지한다는 것은 너무 어려운 일이었다. 예수를 따르는 것이 비폭력의 길을 의미한다고 가르쳤다면 교회는 반문화적인 단체가 되었을 수도 있었다. 그러나 예수와 그의 초기 추종자들의 시대 이래 교회가 선뜻 이런 반문화 단체가 되려 했던 경우는 아주 드물었다.

이렇게 예수 운동은 가시적으로 그리고 급진적으로 유대교 세계의 규범들을 무너뜨렸다. 놀랍게도 '하나님을 본받음'의 내용이었던 자비는 유대인/로마인, 의인/버림받은 사람, 남자/여자, 부자/가난한 자 사이의 문화적 차별을 뛰어넘었다.[65] 문화적 차별에 대한 이러한 급진적인 상대화

---

[64] Ronald Bainton의 고전적 연구인 *Christian Attitudes Toward War and Peace* (New York: Abingdon, 1960)를 보라. 베인튼은 교회가 4세기의 로마 황제 콘스탄티누스가 기독교로 개종함에 따라 평화주의로부터 '의로운 전쟁' 이론으로 넘어간 과정을 밝히고 있다. 역설적인 것은 콘스탄티누스 시대부터 교회는 평화의 옹호자가 되기보다는 정당한 전쟁에 더 관심을 주게 되었다는 사실이다.

[65] 또한, 놀라운 것은 사마리아인에 대한 이들의 태도이다. 사마리아인은 유대인의 관점에서 볼 때 이교도들이었으며, 혈통도 순수하지 못한 사람들이었다. 유대인과 사마리아인 사이

의 근거를 우리는 이 운동의 카리스마적인 토대에서 찾을 수 있다.66 예수가 하나님을 은혜로운 분으로, 너그러운 분으로 보았기 때문에 '하나님의 자녀들'은 거룩함의 정치학이 배제한 사람들을 포용할 수 있었으며 또 실제로 포용했다. 하나님과의 관계에서 중요한 것은 그가 버림받은 사람인가, 여자인가, 가난한 사람인가 혹은 원수인가가 아니었다. 성령 체험은 어떤 의미에서 인위적이고 잠정적일 수밖에 없는 문화적 차별의 상대성을 드러냈던 것이다. 뜨거운 성령 체험은 문화가 조장한 경계 설정의 논리, 경쟁 논리와 날카롭게 대비하는 새로운 시각, 새로운 존재의 길을 열어놓았다.

핵심적 요소들의 영성화(靈性化)

예수 운동이 유대교의 사회적 세계의 인습적인 지혜 그리고 그 안에서 촉발된 갱신 운동들과 다른 점이 또 하나 있다. 유대교 가르침의 핵심적

의 적대감의 골은 깊었다. 우리는 예수의 생전에 예수 운동에 가담했던 사마리아인이 있었는지는 알 수 없지만, 복음서에 등장하는 그들은 우호적으로 비치고 있다. 누가는 예수에게 고침을 받은 열 문둥병자 가운데 돌아와 예수께 감사한 사람은 사마리아인 하나였다고 전해 준다(17:11-19). 더욱 놀라운 것은 예수의 가장 유명한 비유에 나오는 '영웅'이 바로 사마리아인이었다는 사실이다. 여기서 사마리아인은 유대인 제사장과 레위 사람의 행태와 비교되고 있다(눅 10:29-37). '선하다'는 말과 사마리아인이라는 말의 결합이 이루어내는 선한 사마리아인의 초상은 당시의 유대교의 사회적 세계에서는 형용모순과 다를 바 없었다. 그러나 예수의 생전에 예수 운동이 사마리아인들까지 포섭했던 것 같지는 않다. 마 10:5-6; 눅 9:52-53을 보라. 하지만 예수 사후에는 사마리아가 포함되었음이 확실하다. 사도행전 8장을 보라.

66 다른 만족할만한 설명을 찾아내기는 어렵다. 예수 운동의 문화 파괴적 속성은 연역적인 추론의 과정을 통해서 얻은 이데올로기부터 나온 것은 아닌 듯싶다. 더욱이 다른 문화들 속에서도 재활성화 운동이 문화적 규범을 비판하는 것은 그 운동 창시자의 강렬한 종교체험에서 비롯되는 것 같다. 물론 카리스마적 경험만이 모든 것을 다 설명해 줄 수는 없다. 개중에는 매우 엄격한 문화적 경계(고전적이지만, 내-그룹/ 외-그룹의 구분을 포함해서)를 받아들이는 카리스마적 인물도 있기 때문이다. 어쩌면 우리는 성령 체험도 불완전하거나 문화적으로 오염된 것이 있다고 말해야 할는지도 모른다.

요소들이 영성화되었다. 영성화(Spiritualization)는 정말로 중요한 것이 외적인 행위나 외적인 실재가 아니라, 그 외적인 실재가 가리키고 있는 내적인 혹은 영적인 실재라는 주장을 내포한다.

예수는 특히 정결의 문제는 대접이나 접시 또는 손과 관련된 것이나, 십일조를 떼어 바치지 않은 음식을 먹었는가 하는 등의 외적인 행위의 문제가 아님을 분명히 했다. 진정한 정결은 내적인 문제이지 인습적인 지혜와 다른 갱신 운동이 규정한 정결의 기준을 만족시키는 능력에 달린 것이 아니었다. 문제는 내적인 변화와 '마음의 정결'[67]이었는데 이것은 자기가 속해 있는 사회적 세계의 울타리를 훌쩍 뛰어넘는 사람에게만 가능한 것이었다. 의로움에 대한 주장도 역시 이같이 내면화했다.[68]

우리가 확신할 수는 없지만, 예수는 성전에 대한 주장도 영성화한 것 같다. 적어도 '손으로 짓지 않은' 성전에 대한 언급은 매우 초기의 기독교 전통에 속하는 것이며, 예수 자신이 한 말로 받아들일 수 있다.[69] 그의 추종자들이 연례적인 성전세를 내야 하는지에 대해 물었을 때 예수가 한 것으로 알려진 가르침은 그것을 승인하고 있다. "꼭 그래야 하는 것은 아니지만 가져다가 나와 네 몫으로 그들에게 내어라."[70] 우리가 다음 장에서 보게 되겠지만, 그는 당시의 성전에 대해 심판을 선언했다. 이것은 예수에게 있어서 성전은 예루살렘 성전 이상이거나 적어도 그것과는 다른 것이었다는 주장과 일치한다. 예수가 예루살렘 성전에 여전히 관심을 주고 있

---

67 이 책 6장, 158-162쪽을 보라.
68 마 5:20을 예루살렘 바이블의 번역으로 보라. 거기는 예수를 따르는 사람들의 의가 서기관들과 바리새인들의 의보다 깊어야 한다고 되어 있다.
69 막 14:56-57에 나오는 예수에 대한 고발의 일부는 물론 잘못된 것이기는 했지만, 예수의
70 마 17:24-27. 이것은 마태복음에만 나오는 것으로 그 진정성은 유보적이다. 하지만 적어도 이 이야기는, 일반적으로 사람들이 유대교적인 상황에서 발전해나간 예수 운동으로 이해하고 있는, 마태의 공동체가 생각했던 바를 우리에게 알려주고 있다.

었던 것은 부인할 수 없는 사실이다. 예루살렘 성전이 당시에는 그 사회적 세계를 지탱하는 세상의 축(axis mundi)의 역할을 했다고 할지라도, 예수에게 그 성전은 하나님의 현존을 매개하는 유일한 또는 가장 중요한 장소는 아니었음이 분명하다. 오히려 성령이나 하나님의 현존이 나타난 곳은 바로 예수 운동 그 자체였다.

예수는 또한 이스라엘에 대한 진술도 영성화했다. 하나님의 백성의 구성원은 단지 혈통에 의해서만 결정되지 않았다. 이스라엘은 '아브라함의 자손'과 동일시되어야 하는 것이 아니었다.[71] 이스라엘은 의인과 버림받은 사람을 구분하는 인습적인 지혜의 구분에 따라 규정되지도 않았다. 그렇다고 해서 아브라함의 자손, 즉 이스라엘 사람이 된다는 것은 그것을 위해 죽음도 불사할 정도로 가치 있는 것은 아니었다. 문제는 하나님의 자녀가 되는 것이었는데, 하나님의 자녀 됨의 근본적인 특질은 자비였다.[72]

그러나 예수 운동이 유대인의 전통의 핵심적 요소들에 대한 내적인 혹은 영적인 의미에 관심을 두고 있다고 해서 실제의 이스라엘과 그 역사적 삶에 무관심했던 것은 아니었다. 예수는 유대교를 급진화하긴 했지만, 깊은 곳에서는 여전히 유대적이었다. 그는 이방인의 사회적 세계를 옹호하지도 않았고, 좀 더 보편적인 비전이라는 명목하에 유대교를 해체하지도 않았다. 그의 운동은 참으로 이스라엘이 된다는 것이 무엇을 뜻하는지에 많은 관심을 두고 있었다.

---

71 세례자 요한의 설교를 보라. "그리고 너희는 속으로 주제넘게 '아브라함이 우리 조상이다' 하고 말할 생각을 하지 말아라. 내가 너희에게 말한다. 하나님께서는 이 돌들로도 아브라함의 자손을 만드실 수 있다."(마 3:9=눅 3:8).
72 눅 6:35('더없이 높으신 분의 아들')= 마 5:45('너희 아버지의 자녀')을 보라. 여기서 하나님을 본받음의 내용은 자비이다. 막 3:31-35도 참조하라. 예수의 가족은 하나님의 뜻을 행하는 사람으로 구성된다.

결론: 대안적 문화로서의 운동

1세기의 유대교 사회적 세계에서 예수 운동을 구별해주는 특징은 주로 이스라엘 역사 그 자체에 근거하고 있었다. 사실 성령과 문화의 갈등은 구약성서 전반을 통해 두루 나타난다. 이스라엘이라는 나라는 모세의 지도하에서 카리스마적 운동으로 시작되었고, 그 모태가 된 것은 이집트에서 노예살이하고 있던 버림받은 사람들, 즉 가난하고 내몰린 사람의 집단이었다. 그들은 하나님의 은혜와 자비로 새로운 삶을 살게 되었다. 구약성서의 위대한 예언자들은 좀 더 포괄적인 비전의 이름으로 그 시대 주류문화의 의식에 일관되게 도전했으며, 무기에 의지하는 백성들을 공격했고, 내몰린 사람들에 대한 부당한 처우에 항거했다.

우리가 예수 운동에서 볼 수 있는 영성화는 구약성서에도 나타난다. "하나님께서 원하시는 제물은 찢겨진 심령입니다."[73] 그렇다면 예수 운동과 그 동시대인들 사이의 갈등은 서로 다른 두 종교, 즉 옛 종교와 새 종교 사이의 갈등은 아니었다. 그것은 전통 자체 내의 갈등이었다. 즉, 역사적 상황의 압력에서 인습적 지혜로 화석화된 전통에 대한 하나님의 입장과 성령과의 교섭을 통해 새롭게 된 대안적 입장 사이의 갈등이었다.

자비의 정치학은 유대 사회적 세계의 위기가 만들어 낸 두 가지의 중요한 문제를 다루고 있었다. 그것은 깊어가는 유대 사회의 내적 분열의 증대 그리고 로마와 갈등의 심화였다. 예수는 하나님의 백성이 지녀야 할 에토스와 정치학으로서 자비를 강조했다. 이것은 이스라엘 사회가 인습적인 지혜, 거룩, 배타주의, 가부장제를 뒤섞어서 만들어 낸 장벽들과 모순되는 것이었다. 역사적으로 말하자면, 예수는 자비를 근간으로 삼아 포괄성과

---

[73] 시 51:17.

수용과 사랑과 평화를 지향하는 규범들로 구성된 대안적 공동체를 창조함으로써 자기가 속해 있던 사회적 세계를 변혁시키려 했다. 현자로서 예수가 가르친 대안의식은 성령에 근거한 '대조 사회'(contrast society), 즉 대안적 의식을 가진 대안적 공동체를 만들어 냈다.74

예수는 이처럼 성령의 삶을, 문화적 삶을 고발하고 변혁시키는 성육신적인 것으로 보았다. 하지만 그의 소명은 단순히 대안적인 공동체를 만드는 데 그치는 것이 아니었다. 그는 자기 문화가 걷고 있는 길에 대해 철저하게 비판하고, 그들이 향해 가고 있는 길이 역사적으로 파국의 길임을 경고해야 했다. 예언자인 예수에 대해서는 다음 장에서 다룰 것이다.

---

74 이 구절은 Lohfink, *Jesus and Community*와 Walter Brueggemann, *The Prophetic Imagination* (Philadelphia: Fortress, 1978), 80, 96에서 따왔다. 부르지만은 성서를 관통하고 있는 '대안 공동체'와 주류문화 사이의 긴장에 주목한다.

8 장
예언자 예수
: 위기에 처한 사회적 세계

예수가 속해 있던 전통 속에 등장했던 그 어떤 인물도 예수만큼 이스라엘의 고전적인 예언자들과 닮은 사람은 없었다.[1] 주전 750년경부터 400년 어간에 활동한 그들은 역사상 등장했던 사람들 가운데 가장 주목할 만한 인물들이다. 여러 문화권에 공통으로 널리 알려진 예언자 상에 걸맞게 그들은 태고적 전통의 두 세계를 말로써 매개하는 자(verbal mediator) 혹은 사자使者였다. 재미있는 사실은 예언서의 마지막 책인 말라기의 문자적 의미가 '나의 사자'라는 것이다.

하나님의 사자로서 그들의 역할은 강렬한 영의 체험에서 비롯된 것인

---

[1] 고전적인 예언자들이란 자기 이름이 붙은 예언서를 가지고 있는 사람들을 일컫는다. '대' 예언자 세 사람(이사야, 예레미야, 에스겔)과 열두 명의 '소' 예언자가 있다. 이 예언자들에 대한 개요로는 Abraham Heschel, *The Prophets* (New York: Harper & Row, 1962)와 Walter Bruggemann, *The Prophetic Imagination* (Philadelphia: Fortress Press, 1978)을 보라. J. A. Blenkinsopp, *A History of Prophecy in Israel* (Philadelphia: Westminster, 1983); G. von Rad, *Old Testament Theology*, volume 2 (New York: Harper & Row, 1965); R. R. Wilson, *Prophecy and Society in Ancient Israel* (Philadelphia: Fortress, 1980)도 참조할 것. 신약성서의 예언에 관해서는 David E. Aune, *Prophecy in Early Christ-ianity and the Ancient Mediterranean World* (Grand Rapids: Eerdmans, 1983)을 보라.

데, 그것은 영감에 가득 찬 이스라엘의 전통 가운데서도 가장 생동감 넘치는 경험이었다.[2] 그들은 영의 매개자로서 주의 말씀을 전했으며, 그들의 예언자적 진술에서 '나'는 대개 신적인 '나'였다. 더욱이 그들의 언어는 생생했고 간결했으며, 사적이고 비범한 기운이 넘쳤다.

특히 주목할 만한 것은 그들이 자기 시대의 백성들이 처해 있던 역사적인 정황에 그렇게도 열정적이며 비판적으로 참여했다는 점이다. 그들은 역사적 위기의 시대에 신의 이름으로 그들이 속해 있던 문화를 철저히 비판했으며 당시의 문화를 지배하던 의식에 도전하는 대안적 의식의 목소리가 되었다.

오해 바로잡기

현대인들에게 예언이라는 단어는 '보통 사람들'에게는 알려지지 않은 특별한 지식을 기초로 해서 먼 장래의 일을 예견하는 것을 떠올리게 한다. 여기에는 미래는 이미 고정되어 있거나 예정되어 있으며, 특별한 은사를 받은 사람들은 그것을 꿰뚫어 볼 수 있을 뿐만 아니라 앞으로 일어나게 될 사건들을 다른 사람에게 알려줄 수도 있다는 생각이 반영되어 있다. 지금까지 '예언'(prophecy)과 '예보'(prediction)는 거의 같은 의미로 통용되어 왔다.

이런 상투적인 생각이 만연하게 된 데는 어느 정도 교회의 책임이 있다. 기독교인들은 대체로 구약성서의 예언자들을 메시아의 '예고자'로, 예

---

2 고전적인 예언자들과 그들의 선배들은 영에 '사로잡혔다.' 이것은 이를테면 신이 임했다든지 여호와의 신이 그들 위에 강림했다, 혹은 여호와의 능력이 사로잡았다 등으로 다양하게 표현되어 있다. 민 11:25-26; 삿 6:34; 삼상 10:6; 왕상 18:46; 왕하 3:15; 렘 15:7; 겔 1:3; 사 61:1을 보라.

수의 오심을 예보하는 자로 보았다. 기독교 변증론자들[3]이 남긴 대중적인 글에서 우리는 구약성서의 구절들과 신약성서에서 보도된 사건들이 상호 관련되어 있을 뿐만 아니라, 그러한 상관관계는 예수가 메시아임을 단적으로 드러내는 증거이며 성서는 초자연적인 기원을 갖는다고 주장하는 경우를 많이 찾아볼 수 있다. 그러나 문제는 아무리 좋은 의도에서 한 것이라 할지라도 그런 주장은 기독교의 진리를 엄격한 이성적인 진술을 통해 증명 가능한 사실인 양 취급하고 있다는 점이다. 게다가 이러한 주장들은 구약성서에 나타난 예언 자체의 의도와 신약성서 기자들이 따르고 있는 문학적인 관습을 충분히 이해하지 못하고 있다. 신구약성서의 상관관계는 신약성서 기자들이 구약성서(이것은 그들의 성경이었다)를 환히 알고 있었다는 사실에서 기인하는 것이다. 고대의 작가들이 대체로 그러하였듯이 그들도 지금 중대한 의미가 있는 사건들은 옛 문헌들 속에 이미 '예시되었다'라는 사실을 당연한 것으로 받아들였다. 신약성서 기자들은 구약성서에 빗대어 말하거나 직접 인용하는 경우가 많았다. 그것이 구약성서 기자의 의도와 아무 관계가 없는 경우에도 마찬가지였다.[4]

실제로 예언의 일차적 기능을 계속해서 예보적인 데서 찾는 기독교인들이 있는데, 그들은 마치 예언의 목적이 그리스도의 재림[5]에 앞서 나타날

---

[3] 변증론은 종교의 진리를 방어하려는 목적에서 기록된 종교적 기술의 양식이다. 이것은 멋진 것이 되거나 반대로 조잡한 것이 될 가능성을 안고 있다.

[4] 예를 들어, 마 2:15에 인용된 호 11:1을 보라. 본래 호 11:1은 예수의 시대를 미리 내다보는 것이 아니라 이집트 탈출 사건을 회고하고 있다. 또한, 막 15:22-37에 언급된 예수의 죽음 이야기에 차용한 시 22편을 보라. 옛 이스라엘의 경건 생활의 일부인 이 시편이 예언적인 것이 아니라는 점은 매우 분명하다. 예언서는(그리고 구약성서 전반은) 거기에 담긴 말씀들을 직접 들었던 공동체에게 예언의 말씀이 원래 의도했던 바대로 이해될 필요가 있다.

[5] 일부 기독교인은 다니엘서를 '예언'으로 취급하지만, 히브리 성서에는 예언서가 아닌 '성문서'로 분류되고 있으며, 안티오코스 4세 에피파네스와 마카비 시대(기원전 165년경)에 기록된 것으로 보이는 일종의 '박해서'(persecution book)이다.

종말의 징조들을 드러내는 것처럼 생각했다. 그러나 먼 미래는 그것이 그리스도의 강림이든 재림이든 간에 이스라엘 예언자들의 중요 관심사가 아니었다. 그들은 백성들의 임박한 현실과 그 현실이 초래할, 임박한 미래에 관심을 두고 있었다.

예언자들과 역사적 위기

놀랍게도 고전적인 예언자들은 이스라엘의 사회적 세계가 외세에 의해 파괴될 운명에 처했던 두 차례에 걸친 문화적 위기 시대에 집중적으로 등장했다. 첫 번째 그룹은 기원전 722년 아시리아에 의해 북왕국 이스라엘이 멸망 당하기 수십 년 전에 나타났다.6 그로부터 약 100년 후에 두 번째 그룹의 예언자들이 나타났는데, 그들은 기원전 586년 바벨론 제국에 의한 예루살렘과 성전의 파괴를 중심으로 한 예언을 선포했다.7 평안한 시기에는 유대의 중요한 예언자가 등장하지 않았다는 사실은 결코 우연이 아니다. 오히려 이들 영감에 찬 사람들은 위기가 불러낸 인물들이며, 그들은 위기의 한복판에서 자기 백성들에게 말씀을 선포했다.

---

6 북쪽 왕국에서는 아모스와 호세아, 남쪽 왕국에서는 미가와 예루살렘의 이사야(그의 예언은 이사야서의 전반부인 1-39장에 기록되어 있다)가 나타났다.

7 임박한 예루살렘과 성전의 파괴를 주로 예언한 것은 예레미야, 에스겔, 스바냐와 하박국 등이다. 그리고 멸망에서 이어진 바벨론 포로 기간 혹은 그 직후에 예언 활동을 한 이는 학개, 스가랴 그리고 바벨론의 이사야(기원전 8세기에 활동했던 예루살렘의 이사야와 구별하기 위해서 '제이 이사야' 혹은 '새 이사야'로 불린다. 그의 예언은 이사야서의 후반부에 기록되어 있는데, 이사야 후반부는 40장부터이다.

고발, 위협 그리고 변화의 요청

예언자적 긴급성은 두 왕국의 멸망 이전에 말씀을 선포했던 예언자들 메시지의 특징이라 할 수 있는 삼중적 양식, 즉 고발, 위협, 변화의 요청에서 찾아볼 수 있다. 하나님의 사자인 예언자들은 이스라엘이 하나님과의 언약을 지키지 않았다고 고발했으며(고발), 파멸로 귀착할 수밖에 없는 미래에 대해 경고했고(위협), 백성들에게 너무 늦기 전에 돌이킬 것을 요구했다. 이러한 유형들은 예언자들의 가장 보편적인 언술유형인 '위협 신탁'[8]일 뿐 아니라, 그들의 사명 전체의 특징이라 할 수 있다. 그것은 만일 이스라엘이 '주님의 길'로 돌아오지 않으면 그들이 걷는 길로 말미암아 역사적 파국을 맞이하리라는 것이다.

고발

예언자들은 지배 엘리트들, 즉 국가의 역사적 운명을 형성하고 그 방향을 잡아나갈 책임이 있는 권력자, 부자, 종교인들을 고발했다.[9] 특히 그들

---

[8] 학자들은 가끔 하나님을 대신하여 예언자들이 이스라엘을 상대로 제기하는 언약 소송에 대해 언급할 때가 있는데 '위협 신탁'이란 그 소송의 일부이다. 때로 위협 신탁의 법률적 표현은 고발 위협 그리고 피고소인에 대한 설교까지 포함하기도 한다. 예를 들어, 미 3:9-12를 보자. 9절 전반부는 설교이고, 9절 후반부에서 11절까지는 고발의 내용이고, 12절은 위협이다. 암 4:1-3은 또 다른 전형적인 위협 신탁이다. 설교: 바산 암소(사마리아의 부유한 여성들, 아모스는 이들을 '최상품 쇠고기 덩어리'라고 부른다); 고발: 가난한 자를 학대하며 궁핍한 자를 압제한다; 위협: 너희는 전쟁 포로처럼 끌려갈 것이다. 이스라엘을 기소하는 지방 검사 같은 예언자들의 이미지는 그들이 단순하게 그 이미지로 환원되지만 않는다면 아주 시사하는 바가 크다.

[9] 이 점은 매우 중요하다. 예언자들이 이스라엘의 집단적인 운명에 관심을 가졌다고는 하지만, 그렇다고 해서, 마치 이스라엘의 모든 백성이 똑같이 죄가 있다는 식으로 이스라엘 전체를 고발했던 것은 아니다. 가난한 자의 수호자였던 예언자들은 가난한 자들의 비참한 처지나, 국가가 지향하는 방향에 대해 가난한 자들에게 책임이 있다고 보지 않았다. 예언자들은 그들

은 부자와 권력자들이 이스라엘에 속해 있는 내몰린 사람들과 힘없는 사람들을 착취했다고 고발했다. 예언자들은 종교적 특권층과 부자들 그리고 권력자들이 딱딱하게 굳어져서 고통에 대해 무감각하게 되었다고 외쳤다. 이스라엘의 지도층은 자기 조상들이 한때 이집트의 전제 정치 아래 희생당하던 사람들이었다는 사실을 망각하고 마음에 '살이 쪄서' 스스로 압제자가 되었다는 것이다.

예언자들은 또한 하나님과 이스라엘의 관계가 왜곡되었다고 비난했다. 이스라엘의 종교가 하나님을 중심으로 조직되었으며 제사장들과 예언자들이 많았고, 종교의식이 번창하기는 했지만, 실제로 이스라엘의 종교적이고 정치적인 삶에 책임이 있는 사람들은 하나님을 몰랐다는 것이다. "이 땅에는 하나님을 아는 지식도 없다."10 하나님을 아는 지식은 하나님에 관한 지식을 의미하는 것은 아니다. 우리가 알다시피 이스라엘에는 하나님에 관한 지식은 많았다. 하나님을 아는 지식이란 누군가가 하나님에 관해 들은 바를 단순하게 믿는 것이 아니라 하나님과의 친밀하고도 신뢰에 찬 관계를 가리키는 것이다. 전자는 인습적인 지혜에 순응한 종교이며, 그 시대를 지배했던 의식을 정당화하는 문화화된 종교일 뿐이다. 예언자들은 그런 종교의 귀착점은 불신앙이며, 좀 더 생동감 있게 표현하자면 간음하는 것이라고 생각했다. 이스라엘의 공동체 생활은 그들이 더 하나님에게 신실하지 않으며 마치 바람을 피우듯 다른 보호자를 찾는 삶이었음을 보여주었다. 하나님을 알지 못할 뿐만 아니라 눈은 멀고 마음은 굳어졌다. 교만했으며, 위기에 처해 있었다. "어리석고 지혜가 없었다."11 이스라

을 희생물로 보았다.

10 호 4:1. 그리고 이것은 예언서 어디에서나 흔히 찾아볼 수 있다. Heschel, *The Prophets*, I, 57-60에 나오는 '하나님을 아는 지식'(히브리어로는 daath elohim)에 대한 주석을 참조하라.

엘의 지배층은 하나님 대신 자신들의 부와 권력, 왕들과 기존 질서, 무기와 군사 동맹을 믿었다.

위협

멸망 이전에 활동했던 예언자들은 하나님의 심판이 임박했음을 경고했다. 하지만 중요한 것은 그것이 최후의 심판이나 종말이 아니라 그들의 사회적 세계가 역사적 파국을 통해 끝장날 것이라는 위협적 종말이었다는 사실이다. 특히, 예언자들은 임박한 군사적 침략과 파괴를 경고했는데, 그들은 그것을 정치적 사건으로 보기보다는 하나님의 심판행위로 이해했다.

아모스와 호세아는 북쪽 왕국을 향해 예언했는데, 만일 그들이 돌이키지 않으면 아시리아 제국에 의해 멸망할 것이며, 그것이 바로 하나님의 심판이라는 경고였다.12 약 한 세기가 지난 후, 이와 똑같은 메시지가 예레미야와 에스겔을 통해 울려 나왔는데, 그들은 만일 그 사회가 돌이키지 않으면 바벨론 왕국의 침략을 받아 예루살렘과 성전이 파괴될 것이라고 경고했다. 하나님에 대한 불신앙과 사랑이 메마른 사회생활은 그들이 속해 있던 사회적 세계의 붕괴와 파멸을 의미했다.

---

11 호 7:11. 예언자들은 이스라엘이 왕과 군주들, 군사 동맹과 무기로부터 안전을 구했다고 비난했는데, 바로 그것이야말로 이스라엘이 하나님을 신뢰하지 않았다는 분명한 증거이며 그것은 다름 아닌 간음이라고 보았다. 예를 들어, 호 5:3; 8:9-10; 13:10; 사 31:1; 미 5:10-11을 보라.

12 아모스에 나오는 다음의 '위협들'을 보라. 암 1:4-5, 7-8, 10, 12, 14-15; 2:2-3, 5, 13-15; 3:11; 4:2-3; 5:27; 6:7, 14; 7:17; 8:2-3; 9:1, 8. 위의 구절들이 불을 포함해 여러 이미지를 사용하고 있기는 하지만, 그 구절들은 한결같이 군사적 정복을 통한 역사적 심판에 대해 말하고 있음이 분명하다.

변화의 요청

예언자들은 이스라엘의 회개를 촉구했는데 그것은 돌이키는 것 혹은 돌아오는 것을 의미했으며, 그것은 단순히 개개인의 삶의 변화가 아니라 이스라엘의 집단적인 삶의 변화를 가리키는 것이었다.13 사실 그런 변화는 예언자들이 했던 위협과 고발의 목적이었다. 그들은 자기들의 사회적 세계를 변화시킴으로써 미래가 달라지기를 바랐던 것이다. "너희는 주님을 찾아라. 그러면 산다. 너희가 살려면, 선을 구하고, 악을 구하지 말아라."14 (확실한 미래와 구별되는)미래가 불확실하다는 것이 예언자 메시지의 전제였다. 역설적인 것은 어떤 예언자의 예언이 성공적인 것이 되려면, 그가 말했던 미래는 일어나지 않아야 한다는 사실이다.15 예언자들의 목적은 미래를 드러내는 것이 아니라 그것을 변화하는 것이었다.

이처럼 파괴 이전의 예언자들이 선포한 위기는 현재의 차원과 미래의 차원을 둘 다 가지고 있었다. 미래의 위기는 그들 사회에 임박한 위협적인

---

13 예언자들의 어법에서 회개는 일반적으로 기독교인들이 사용하는 의미와는 다소 차이가 있다. 기독교인들은 회개란 말을 죄에 대한 슬픔이나 회한 등 개인주의적인 개념으로 주로 사용한다. '돌이킴' 혹은 '돌아옴'으로 회개는 집단으로 하나님께로 돌아가는 것을 포함해서 이스라엘이 지향했던 삶의 방향을 철저히 돌이킨다는 것을 포함해서 이스라엘이 지향했던 삶의 방향을 철저히 돌이킨다는 이중적 의미를 함축하고 있다. 그렇다고 해서 개개인을 '구원'하는 것이 중요하지 않다는 뜻은 아니다. 다만 그것이 예언자들의 주된 관심사는 아니었다는 것이다.

14 암 5:6, 14-15.

15 이런 의미에서 파괴-이전(predestruction) 예언자들 가운데 성공적으로 예언 활동을 한 예언자는 한 사람도 없었다. 다소 역설적으로, "성공한" 예언자는 요나 단 한 사람이었는데, 그의 사명은 이스라엘을 위한 것이 아니라 그들이 증오했던 아시리아를 위한 것이었다. 니느웨(아시리아의 수도)는 회개했고, 그 결과 예비하였던 파괴는 취소됐다. 하지만 사람들은 이 책을 포로기 이후의 것으로 보는데, 요나서는 거룩함을 추구하는 일에서 점점 배타적으로 되어가는 경향에 대한 항거로 쓰였다는 것이다. 게다가 요나서는 역사적이라기보다는 비유적인 특성을 보여주고 있다(3:6-9을 보면, 아시리아인들의 소 떼도 금식을 하고 베옷을 입고 있다).

종말이었으며, 현재의 위기는 너무 늦기 전에 그 사회를 파국으로 이끌어가는 사태를 변화해야 한다는 요청이었다. 즉각적인 현재와 임박한 미래 사이의 이러한 관련은 예언자적 메시지에 긴급성을 부여했다.

예언자적 행동들

예언자들은 종종 상징적인 행동이나 이상한 행동을 함으로써 자기들의 메시지를 몸으로 보여주기도 했다. 그런 행동은 특히 기원전 586년에 일어난 예루살렘과 성전 파괴 이전에 활동했던 두 명의 대*예언자에 의해 실연實演되었다. 예레미야는 백성의 어른들 앞에서 토기장이의 오지병을 깨뜨리면서 하나님께서 그 성을 이처럼 파괴하실 것이라고 선언했다. 그는 또 군사적인 문제를 논의하는 자리에 나무로 만든 멍에를 목에 메고 나와서 지금은 바벨론에 저항할 때가 아니라 바벨론의 멍에를 멜 때라고 선언했다.16 예루살렘의 한 광장에서 에스겔은 그 성의 모형을 짓고 인형 군사로 그 성을 에워싸게 했다. 그는 두 왕국이 사로잡힐 연수를 상징하기 위하여 왼쪽으로 누워 390일을 지낸 후에 오른쪽으로 돌아누워 40일을 지내라는 하나님의 명령을 받았다. 그리고 그는 예루살렘이 포위되었을 때 겪게 될 굶주림을 보여 주기 위해서 굶어 죽지 않을 정도의 음식으로 연명했다.17

---

16 렘 19장, 27-28장. 재판정이나 성전의 지원을 받고 있었음이 분명한 '공직'(公職) 예언자 하나냐는 하나님께서 바벨론의 멍에를 깨뜨리실 것이라는 정반대의 메시지를 상징하기 위해서 예레미야의 멍에를 꺾어버렸다. 잠시 멍에가 꺾인 것처럼 보였지만, 예레미야는 쇠 멍에를 목에 걸고 다시 나타났다. 이 일화는 그 드라마 같은 내용과 두 예언자가 보여주는 갈등의 양상 때문에, 대단히 흥미롭다. 공직 예언자의 한 사람인 하나냐는 현상 질서를 옹호했으며 권력자들이 듣기 원하는 것을 예언했다. 이것은 그 당시 사람들에게 참 당혹스러운 상황이었을 것이다. 도대체 누구 말을 들어야 하는가? 이제나 그제나 사람들은 자기가 듣고 싶은 것을 들었다.

17 겔 4장. 고대 세계의 주요 도시들은 거대한 방어벽으로 둘러싸여 있었다. 성을 포위했을

때때로 예언자적인 행동의 의미는 매우 분명해서 거의 해석이 필요하지 않을 정도였다. 다른 때였다면 그들의 행동은 "왜 당신은 그런 행동을 하는가?"[18]하는 사람들의 질문을 불러일으켰을 것이다. 우리가 앞으로 보겠지만 예수는 이런 드라마 같은 전통을 이어받았다.

예언자: 문화 비판자

이처럼 카리스마적이었던 멸망 이전의 예언자들은 또한 급진적인 문화 비판자이기도 했다. 그들의 이중적 초점은 영과 문화, 즉 하나님과 그들의 사회적 세계였다. 대안적 의식을 대변했던 그들은 무력한 자들을 희생물로 삼는 것에 대해 저항했으며 그 시대를 지배했던 의식에 도전했다. 그들은 자기 사회가 가장 소중히 여겼던 믿음을 파괴하는 성상 파괴자들이었는데, 특히 하나님을 한 사회의 심판자가 아닌 보증인처럼 고백하는 문화화한 종교를 통해 권력과 부 그리고 특권을 정당화하는 모든 이데올로기를 파괴했다.[19] 하나님은 예루살렘과 성전을 지켜주시지 않을 것이며 오히려 바벨론 편에 서서 싸우실 것이다. 따라서 하나님에게 신실하다는

때 적들은 도시 전체를 둘러싸고 모든 식량 공급을 차단함으로써 결과적으로 성 주민들을 굶주림 속에 몰아넣었다.

18 또 다른 예언자적 행동에는 어린아이들에게 상징적인 이름을 붙이는 것(호 1:4-9; 사 7:3, 14; 8:1-4)을 포함하여 다양한 형태가 있다. 이사야는 삼 년 동안 벌거벗고 다녔고(사 20장), 예레미야는 베 띠에 얽힌 일화(렘 13장)와 땅을 매입(렘 32:1-16)하는 일련의 행동을 통해, 에스겔은 머리카락을 자르는 행동을 통해(겔 5장) 자신의 메시지를 전했다.

19 예언자들의 대안적 의식과 그 당시의 문화를 지배했던 의식 사이의 대비는 Brueggemann, *The Prophetic Imagination*, 28-43 참조. 그는 후자를 풍요의 경제학과 억압의 정치학 그리고 낙관주의적 공적 종교에 의해 정당화된 왕권 의식이라고 말한다. 브루지만은 이 왕권 의식이 여전히 현대사회와 교회에서도 위세를 떨치고 있다고 본다.

것은 자기 나라를 지키는 것이 아니라 적들에게 항복하는 것을 뜻한다. 선택된 백성인 이스라엘의 위치는 축복받을 순위에서 맨 앞자리가 아니라 심판을 받을 순위에서 맨 앞자리였다는 것이다. 물론 이스라엘의 지배층은 전통이 명하는 종교의식을 수행하기는 했다. 하지만 그들은 하나님을 몰랐으며, 하나님이 그들의 예배를 멸시하신다는 사실도 몰랐다.

문화를 지배하던 의식을 비판하는 사람들은 인기를 얻지 못했는데, 그것은 별로 놀랄 일이 못 된다. 권력의 자리에 있는 사람들은 비판자의 말을 좋아하지 않았다. 문화 비판자는 자기 동족으로부터 따돌림을 받아 어려워지기도 했다. 아모스는 그 땅을 떠나라는 명령을 받았다.[20] 예레미야는 살해의 위협을 받았고, 여러 차례 매를 맞았고, 족쇄에 묶이고, 대역죄로 기소되고, 감옥에 갇히고, 나중에는 토굴에 갇혀 죽을 뻔했다.[21] 때로는 그들도 평화가 없는 때에도 "괜찮다! 괜찮다!"라고 외침으로써 권력자들이 듣기 원했던 것을 예언했던 공적인 예언자들을 부러워했을 것이다.[22]

역사 속에서 자기 백성의 삶에 대한 예언자들의 열정의 일차적인 근원은 하나님과의 교통이었다. 영과의 관계는 그들로 당시의 지배적인 의식과는 매우 다른 관점에서 사태를 바라보게 했다. 더 나아가 그들은 단순히 달리 보기만 하는 데 그치지 않았다. 그들은 깊이 느끼기도 했다. 그들은 하나님을 알았을 뿐만 아니라 하나님이 느끼시는 바를 느꼈다. 즉, 고난의 희생자들에 대한 하나님의 연민, 억압하는 자들에 대한 하나님의 분노, 가해자들과 희생물에게 공히 닥쳐올 고난에 대한 하나님의 슬픔 따위를 말

---

20 암 7:10-17을 보라. 이것은 예언자와 기존 질서 사이의 대립을 보여주는 가장 고전적인 장면 중의 하나이다.

21 렘 20장, 26장, 37-38장. 그 외에도 예레미야는 백성들이 자기의 생명을 찾고 있었음을 많이 언급하고 있다.

22 렘 6:14; 미가 3:5를 보라.

이다.23 역사 속에서 일어나는 일들, 예컨대, 전쟁, 억압, 불의, 탐욕의 제도화 등은 인간 고난의 가장 큰 근원이다. 따라서 그것은 하나님의 지극한 관심의 원천이기도 하다. 예언자들에게 하나님은 역사 속에서 일어나는 일들을 염려하시는 분이지 단순히 개인들 사이에 발생하는 일에만 관심을 가지는 분이 아니다.

따라서 하나님에게 사로잡힌 예언자들의 관심은 오늘날 우리가 사용하는 의미 그대로 정치적이었다. 그들의 관심은 자기들이 사는 인간 공동체를 틀로 짓는 것이었다. 자기네 문화가 충성을 바치고 있는 가장 핵심적인 것과 가치를 비판했으며 문화의 근본적인 변혁을 요구했다. 문화에 대한 비판자로 그리고 다른 길의 옹호자로서 그들은 자기 백성의 집단적인 생활에 관심을 가졌는데, 현 상태는 물론이고 역사적인 방향에도 관심을 가졌다. 그들의 관심은 영과 문화, 하나님과 역사를 연결하는 것이었다.

예언자 예수

예수는 선배 예언자들과 동일시되었다. 그의 동시대인들만 그렇게 본 것이 아니라 예수도 자신을 예언자라고 일컬었다.24 예언자들처럼 그의 이중적 초점은 하나님과 위기에 직면한 이스라엘 백성의 '문화적 삶'이었다. 위협과 고발 그리고 변화의 요청이라는 예언자적 유형이 예수의 선교 사역 전반을 관통하고 있었다. 실제로 이스라엘 백성의 역사적 삶에 대한

---

23 예언자들이 하나님이 느끼시는 바를 느낀다는 것은 헤셸이 그의 책 *The Prophets*, 23-26에서 특히 강조하고 있는 내용이다. 예언자적 경험의 근본 내용은 하나님의 파토스(느낌들)에 대한 공감이다.
24 이 책 제3장, 78-79쪽 참조.

열정 때문에 예수는 자기 목숨을 바치기까지 했다.

위기: 사회적 세계에 대한 위협

예수 사역의 특성은 긴급성과 위기에 대한 감수성이었다. 그는 당시 사람들이 일기의 징조는 해석할 줄 알면서도 그 시대의 징조는 해석할 줄 모른다고 책망했다. 예수는 그들의 상황이 자기 운명을 바꿀 기회가 얼마 남지 않은 채 법정에 끌려온 파산한 빚쟁이 또는 열매를 맺을 기회가 오직 일 년밖에 남지 않은 열매 맺지 못하는 무화과나무와 같다고 말했다.[25] 심판과 위기에 대한 이미지와 비유들은 아주 많다. 예컨대 나무뿌리에 놓인 도끼, 쭉정이를 삼켜버리는 불길, 갑자기 회개할 것을 요청받은 종, 등불을 밝힐 기름을 준비하지 않은 채 잠이 든 처녀들, 초대를 거절해 잔치 자리에 들어가지 못한 사람들 등이다. 그는 자기 세대를 향해 그들이 특히 위기에 처했다고 경고했다. "창세 이래로 흘린 모든 예언자의 피의 대가를 이 세대에게 요구할 것이다." '이 세대'가 옛 예언자인 요나 시대의 니느웨 사람들처럼 위기에 처해 있다는 것이다.[26]

그러나 그 위기는 어떤 것이었나? 금세기의 학풍을 지배한 예수의 이미지에 의하면 그 세대가 직면하고 있던 위기는 세계의 잠정적인 종말과 최후의 심판이었다.[27] 예수가 최후의 심판에 대해 말한 것은 사실이지만,

---

25 이 특이한 예는 모두 눅 12:54-13:9에 나와 있다. 이 부분은 전체적으로 13:1-5에 보도된 일화를 포함해서 매우 계몽적이다. 아래 주 66 참조.

26 눅 11:50와 비교 마 12:38-42, 23:35-36; 눅 11:29-32. 여기서 '이 세대'는 '동시대인들'을 일컫는 잠정적인 의미로 쓰였을 뿐 이따금 이 말이 지시하던 '이 민족의 후손들'을 의미하는 것은 아니었다.

27 이 책 제1장, 28-30쪽을 볼 것.

그가 그 심판의 임박성을 생각했다고 믿을 만한 근거는 어디에도 없다.[28] 과거에 멸망 이전의 예언자들이 그러했듯이 그가 선포한 위기는 그의 사회가 직면한 역사적 파국에 대한 위협이었다.[29]

문화 비판: 거룩함의 정치학에 대한 고발

재활성화 운동의 창시자로서 예수상과 예언자로서 예수상은 서로 중첩되어 있다. 갱신 운동의 창시자로서 예수는 대안적인 길을 가리켰다. 예언자 예수는 자기 백성이 지금 걷고 있는 길을 터놓고 고발했다. 그가 제기한 문제는 개인적인 죄가 아니라, 역사적 파국으로 치닫고 있는 문화적 동력에 대한 맹목적인 충성이었다. 예수는 자비 정치학을 제창하면서 거룩함의 정치학을 비판했다. 거룩함의 정치학은 이스라엘을 열매 없는 불신앙의

---

[28] 최후의 심판 텍스트를 보라. 막 9:43-48; 마 25:31-46; 눅 10:12-15=마 10:15; 11:21-23; 눅 11:31-32=마 12:41-42. 이 텍스트 중 어느 곳에서도 임박한 심판을 말하는 곳은 없다. 임박한 심판의 요소는 '인자의 도래' 언술들(눅 12:8-9=마 10:32-33; 막 8:38; 눅 12:39-40 =마 24:43-44; 눅 17:23-24, 37=마 24:26-28) 속에서 찾아볼 수 있다. 근래에 와서 학자들은 위의 말씀들이 예수 자신의 말은 아니라는 것을 대체로 의견의 일치로 보고 있다. 나의 논문 "A Temperate Case for a Non-Eschatoloigical Jesus," *Foundations and Facets Forum*, volume 2, Number 3 (September 1986: 81-102)와 "An Orthodoxy Re-considered: The 'End-of-the-World Jesus,'" in *The Glory of Christ in the New Testament* (Oxford: Oxford University Press, 1987), 207-217.

[29] 공관복음서에 등장하는 위협 전통에 대해 자세히 고찰하려면 나의 책 *Conflict, Holiness and Politics in the Teaching of Jesus* (New York and Toronto: Edwin Mellen Press, 1984), 201-221 그리고 265-276에 나오는 목차를 참조하라. 그 위협들은 대략 동일한 세 개의 범주로 나눌 수 있다. 역사적 파멸의 위협, 최후의 심판 위협, 확인할 수 없는 내용의 위협(즉, 이런 위협들은 그것이 발견되는 비유나 잠언의 이미지 속에 남아 있는데, 그것이 무엇을 지시하는지는 분명하지 않다) 등이다. 마태의 편집 의도 가운데 특이한 것은 개인적인 악행에 대한 영원한 심판의 강조이다(특히 203-204, 266-268을 보라). 일단 임박한 위기가 최후의 심판이 아니라고 보면, 선교사역이 다루고 있는 위기는 이스라엘의 사회적 세계의 역사적 위협이며, 그 위기의 한복판에서 변화에 대한 긴급한 요청임이 분명하다.

공동체로 만들어놓았다. 예언자들처럼 예수도 이스라엘과 하나님의 관계를 설명하기 위해서 포도원의 이미지를 사용했다. 이스라엘(혹은 그 지도자들)은 포도원의 소출 일부를 주인에게 세금으로 바치기를 거부한 소작인들과 같았으며 열매를 맺도록 일 년의 유예기간을 얻은 열매 없는 무화과나무와도 같았다.30 예수도 역시 이스라엘을 하나님의 종으로 묘사했다. 이스라엘은 자비를 베풀지 않는 종, 또는 달란트를 잃어버리지 않으려고 그것을 땅에 묻어놓았던 게으른 종, 불성실한 종과 같이 되었다.31 예수는 맡겨진 역할을 제대로 감당하지 못하는 것과 관련한 이미지들을 다양하게 사용했는데 그것은 이를테면 맛을 잃은 소금, 빛을 비추지 못하고 숨긴 빛 등이다.32 거룩의 에토스를 가지고 살던 예수 시대의 이스라엘은 더는 열매 맺는 하나님의 포도원, 하나님의 신실한 종, 열방의 빛이 아니었다.

예수는 자기 동족들을 그릇된 길로 인도하던 사람들을 고발했다. 그는 당시의 스승들이 '눈 멀었다'고 보았으며, 소경인 인도자를 따를 때 어떤 일이 일어날지에 대해 경고했다. "둘이 다 구덩이에 빠지지 않겠느냐?"33

---

30 막 12:1-9; 눅 13:6-9. 구약성서에서 이스라엘을 열매 맺지 못하는 포도원으로 묘사한 것 중에서 가장 널리 알려진 것은 사 5:1-7이다. 이사야의 어법은 막 12:1-9에 나오는 악한 소작인의 비유에 잘 반영되어 있다. '바로 그 아들'인 예수의 십자가 처형을 언급하는 것으로 비출 가능성이 있어서 그 진정성이 가끔 의심되기도 하지만, 예수의 죽음이나 '아들 됨'에 대해서 명시적으로 언급하고 있지 않은 마가 비유의 핵심은 예수에게 소급되는 것이 당연하다.

31 마 18:23-35; 25:14-30=눅 19:11-27; 12:42-46=마 24:45-51. 마 25:14-30과 눅 19:11-27에 서로 다른 형태로 보도되고 있는 게으른 종의 비유는 세 번째 종과 '셈 장면'에서는 매우 유사한 형태를 띠고 있다. 여기서 우리가 알 수 있는 것은 바로 그 대목이 이 비유가 본래 강조하려던 내용이라는 사실이다. 주인의 출자금에 대해 아무런 수익도 돌려주지 못한 '게으른 종'은 당시 이스라엘이나 그 지도자들의 모습이었다. 이 논의에 대해서는 C. H. Dodd, *The Parables of the Kingdom* (New York: Scribner's, 1961), 114-121; Joachim Jeremias, *The Parables of Jesus* (New York: Scribner's, 1972), 55-63 참조.

32 마 5:13, 15; 눅 11:33; 14:34-35; 막 4:21; 9:50.

33 눅 6:39=마 15:14.

그는 토라 학자들이—현자들이— 이스라엘의 전통이 갖는 의미를 밝히기보다는 "지식의 열쇠를 가로채" 버렸다고 고발했다.34 그는 율법사들이 자기들도 똑같은 일을 저지르면서 조상들이 죽인 예언자들의 비석을 세운다고 고발했다.35 그는 자기 세대의 많은 사람이 코앞에 닥친 위기(그리고 기회)를 분별하지 못하고 일상사에 매여 있음을 알았다.36

그러나 그의 세대가 특별히 '사악했다'라고 생각할 필요는 없다. 그들이 그 이전이나 이후의 세대들보다 더 사악하지는 않았다. 오히려 그들의 헌신과 진지함은 어쩌면 최고였는지도 모른다.37 우리는 특히 예수와 바리새인의 관계에서 볼 수 있다. 현대인들은 바리새인이라고 하면 상투적으로 위선자(그리고 더 나쁜 무엇)를 떠올리지만38 논점은 '위선'이 아니다. 위선자라는 말이 마음에도 없으면서 헌신을 가장하기 위해 겉을 꾸미는 사람들을 의미한다면 말이다.39 바리새인들은 선하고 경건한 사람들이었다. 논점은

---

34 눅 11:52=마 23:13. '율법사'(누가)라는 용어는 율법(토라) 전문가를 가리키는 말로서 '토라 현인'과 동의어이다. 이 책 제5장, 118쪽 참조.

35 눅 11:47-48=마 23:29-31.

36 예를 들어, 눅 14:15-24; 17:26-30; 마 22:1-10 참조.

37 Jacob Neusner, *A Life of Yohanan ben Zakkai*, 2d ed. (Leiden: Brill, 1970), 11은 서기 66-70년의 전쟁 이전 세대의 삶에 관해 옳게 논평하고 있다. "그때가 특별히 죄가 만연한 세대였던 것은 아니다. 오히려 언약과 그때 막 기록되기 시작한 경전에 매우 신실한 세대였으며 어쩌면 이후에 그것을 소홀히 했던 다른 많은 세대보다도 더 신실했다고 볼 수 있다."

38 이 책 제5장, 128-129쪽을 참조. 마태가 바리새인들과의 갈등을 과장하고 있기에 나는 마태복음에만 나오는 특수 자료를 이용하지 않고 마가복음과 누가복음에 다 나오는 자료에서 논거를 찾았다.

39 '위선자'라는 단어는 가면을 쓰고 무엇인가를 연기하는 배우를 뜻한다. 여기에는 두 가지의 미묘한 차이가 있다. 누군가가 그 가면을 의식한다면 그때 위선은 '가장', 즉 외적인 드러남과 내적인 상태 사이의 대조를 가리키는 것이다. '가장된' 의로움을 예로 들 수 있다. 그런데 이런 의미에서라면 바리새인들은 위선자들이 아니었다. 그들은 자기들이 주장하는 것을 대체로 다 이행했다. 그렇지만 사람들은 자기가 가면을 쓰고 있다는 사실 그리고 연기를 하고 있다는 사실을 의식하지 못할 수도 있다. 이러한 맥락에서, 위선은 성실성의 결여와는 아무

그들의 성실성이나 성실성의 결여에 대한 것이 아니라 성실함의 대상, 즉 그들이 전념하고 있던 거룩의 에토스와 정치학에 대한 것이었다.

예수는 거룩의 에토스에 있어서 가장 중요한 문제인 정결과 십일조에 대한 바리새인들의 관심을 공격했다. 정결은 외적 행위의 문제가 아니라 마음의 문제이며[40] 깨끗한 것과 부정한 것의 구별을 강조하다 보면 사회의 분열을 일으키게 된다는 것이 예수의 주장이었다. 또한, 십일조에 대한 바리새인들의 세심한 관심은 정작 거룩함의 정치학에서 가장 중요한 것을 소홀히 하게 되었다. "너희 바리새파 사람들에게 화가 있다! 너희는 박하와 운향과 온갖 채소의 십일조는 바치면서, 정의와 하나님께 대한 사랑은 소홀히 한다!"[41]

거룩함의 정치학 목적은 이스라엘을 '정결하게' 하려는 것이었으나 이스라엘에 대한 바리새인들의 영향이 정반대의 결과를 가져왔음을 예수는 역설적이면서 극적인 방식으로 표현했다. 즉, 그들은 이스라엘을 거룩하게 하기는커녕 더럽혔다는 것이다. "너희에게 화가 있다! 너희는 드러나지 않게 만든 무덤과 같아서, 사람들이 그 위를 밟고 다니면서도 그것이 무덤인지를 알지 못한다!" 유대교는 주검과의 접촉을 가장 부정한 일로 보았기 때문에 그들은 무덤에 회칠 함으로써 사람들이 그것을 보고 그 위를 밟지 않도록 했다. 그러나 예수는 바리새인들이 회를 칠하지 않은 무덤과 같다고 보았다. 그래서 사람들은 바리새인들의 거룩의 길이 실은 더럽힘의 길이라는 것을 깨닫지 못했다는 것이다.[42] 이와 유사한 것을 우리는 예수가

런 상관도 없다. 그것은 자기 삶의 다른 측면에서는 그와 상반되는 삶을 살면서도 종교적 충성을 고백하는 등의 어떤 행위를 하는(때로 대단히 성실하게) 것이다. 이러한 의미에서라면, 바리새인들(그 이전이나 이후의 다른 많은 이들도) '위선자들'일 것이다.

40 막 7; 눅 11:38-41=마 23:25-26. 이 책 제6장, 158-161쪽도 참고하라.
41 눅 11:42; 마 23:23은 꼼꼼한 십일조에 대한 강조가 정의와 긍휼과 믿음을 소홀히 하도록 만든다고 말한다. 이 두 본문의 의미는 본질이 같다.

바리새인을 '누룩'이라고 특성화한 데서도 찾을 수 있다. 예수는 누룩이 깨끗하지 않으며 마치 누룩이 반죽에 들어가 퍼지듯이 바리새인들의 영향도 전염성이 강하며 부정한 것으로 보았다.43 예수가 바리새인들에게서 비판하는 것은 다른 문화 일반 속에 존재하는 동적인 영향과 다를 바 없는데, 그것은 바리새인들에게서 강화한 형태로 나타났다. 우리가 바리새인들을 단순히 '나쁜' 사람들로 생각한다면 핵심을 놓치게 된다. 오히려 그들에 대한 예수의 비판은 그 시대뿐만 아니라, 또 이후에도 다양한 형식으로 나타나는바 삶을 구성하는 방식에 대한 비판이었다.44

거룩함의 정치학에 대한 고발은 예수의 비유 가운데서도 가장 널리 알려진 것 중의 하나인 선한 사마리아 사람의 비유에도 나타나고 있다.45 이 비유는 매우 잘 알려져 있다. 강도를 만나 '반쯤 죽게 된' 사람이 길에 버려졌다. 제사장과 레위인은 모른 척 그냥 지나쳤지만 한 사마리아인이 그를 도우려고 멈췄다. 이 비유는 예수의 다음과 같은 질문으로 끝난다. "너는 이 세 사람 가운데서 누가 강도 만난 사람에게 이웃이 되어 주었다고 생각하느냐?"

---

42 바리새인들을 무덤이나 묘혈에 비교하는 것은 눅 11:44와 마 23:27에 각기 다른 형태로 등장하고 있는데, 그중에서 나는 누가의 경우를 따른 것이다. 마태복음에서 바리새인들은 회칠한 무덤에 비교되고 있다. 그것은 바깥은 아름답지만, 속에는 썩은 것이 가득 차 있는 무덤이다. 마태는 회칠함의 의미를 놓치고 있으며(회를 칠하는 것은 무덤을 아름답게 만들기 위한 것이 아니다), 바리새인들에 대한 비판을 외적인 드러남과 내적인 상태 사이의 대조로 바꾸어 놓았다. 누가의 보도는 예수 사역의 현장을 더 잘 반영하고 있다. 즉, 비판의 핵심은 바리새적인 길이지, 바리새인들의 가식은 아니었다.

43 바리새인들을 누룩으로 보는 것은 눅 12:1, 막 8:15, 마 16:6, 11-12를 보라.

44 만일 우리가 예수의 적대자들을 모두 악인으로 본다면 우리는 그의 메시지를 축소하고 왜곡하는 것이다. 마치 그의 주된 메시지가 '악하게' 살지 말고 '착하게' 살라는 내용인 양 말이다. 우리가 주목해야 할 사실은 그의 적대자들은 대개 '착한 사람들'이었으며 자기들의 확신에 대해 성실했고 정직했다는 점이다.

45 눅 10:29-37. 자세한 주석은 나의 책 *Conflict, Holiness and Politics*, 103-106 참조.

이 비유는 이웃이 된다는 것이 과연 무엇을 의미하는지에 대한 규정이라는 측면에서는 무시간적인 적합성을 띠고 있지만,[46] 이 비유의 본래 맥락에서는 그 당시를 지배했던 사회 동력에 대한 예리한 비판이었다. 제사장과 레위인은 거룩의 기준에 벗어날까 우려하여 그냥 지나쳤다. 그런 상황에서 시체에 접근하는 것은 제의적으로 부정하게 될 가능성이 많았기 때문이다. 그냥 지나침으로, 또 그런 접촉을 회피함으로써 그들은 거룩이 요구하는 바에 현실적으로 복종했다. 바리새인들과 마찬가지로 그들은 '나쁜' 사람들이 아니었다. 다만 거룩함의 정치학을 중심으로 조직한 사회적 세계의 논리에 따라서 처신했다. 따라서 예수는 두 사람의 특별히 무감각한 개인들을 비판한 것이 아니라 거룩의 에토스 자체를 고발했다.[47] 반면 사마리아인은 특별히 그의 자비 때문에 칭찬을 받았다.

예수는 또 거룩함의 정치학으로부터 이득을 얻은 사람들을 고발했다. 그는 자기들의 문화로부터 얻는 명예를 자부심의 근거로 삼고 있는 사람들을 조롱했다. "율법학자들을 조심하여라. 그들은 예복을 입고 다니기를 좋아하고, 장터에서 인사받기를 좋아하고, 회당에서는 높은 자리에 앉기를 좋아하고, 잔치에서는 윗자리에 앉기를 좋아한다."[48] 예수는 스스로 의롭다는 자들에 대해 특히 가혹한 표현을 썼다. "세리와 창녀들이 오히려 너희보다 먼저 하나님의 나라에 들어간다."[49] 그는 부자들을 고발했다. 예수의 가르침에서 경제적 프로그램을 구별해내는 것은 쉬운 일이 아니라는

---

46 이 비유가 "누가 나의 이웃입니까?"라는 질문에 답하지 않고 사마리아인을 이웃으로 처신한 사람으로 그리고 있음에 주목하라. 여기서 알 수 있다시피 이 비유의 초점은 "내가 사랑해야 할 사람 가운데 누구를 포함시킬 것인가?"에 대한 질문에서부터 "이웃이 되라"는 단언으로 옮겨가고 있다.
47 이 비유는 예언자적으로 사용된 지혜 장르(비유)의 좋은 예를 제공하고 있다.
48 막 12:38-40; 눅 6:26;, 14:7-14; 마 6:1-8, 16-18.
49 마 21:31.

것을 우리는 이미 살펴보았다. 차라리 예수는 풍요에 입각하여 조직된 사회 질서와 그것의 정당화를 자비의 정치학에 대한 침해로 보았다고 말하는 편이 낫다.50

때로 당시 사회적 세계에 대한 예수의 비판은 유대교 자체에 대한 고발처럼 보인다. 그러나 사실은 그렇지 않다. 그러한 주장은 유대교에 대한 우리의 평가에 영향을 미칠 뿐만 아니라, 예수(그의 선배 예언자들처럼)가 —유대인들에게 유대교 전통을 새로이 이해할 것을 호소하면서— 유대교 내의 대안 의식을 대변하고 있다는 사실을 간과하기 쉽다. 그가 열매가 없다고 본 것은 유대교 자체가 아니었다. 어찌 보면 구약성서의 예언자들이 더 반유대교적이었다. 오히려 예수가 보기에 가장 그릇되고 맹목적이었던 것은 당시의 사회적 세계가 나아가던 방향이었다. 예수와 동시대 사람들 사이에 있었던 갈등은 유대교나 토라의 정당함에 대한 것이나 '악하지' 않고 '선하게' 사는 것에 대한 것이 아니라, 하나님 중심으로 산다는 것이 무엇을 뜻하는지에 대한 두 개의 서로 다른 견해에 관한 것이다. 따지고 보면 거룩의 에토스와 거룩함의 정치학을 따라 사는 사람이나 자비의 에토스와 자비의 정치학을 따라 사는 사람의 견해는 모두 토라에서 나온 것이다.

그러므로 그 갈등은 토라에 대한 적절한 해석의 문제에 관심을 두게 되었다. 토라는 거룩의 범례에 따라 해석될 것인가? 아니면 자비의 범례에 따라 해석될 것인가? 따라서 너무 신학적인 표현이 아닌가 싶지만, 그것은 해석학적 전투라 할 만했다. 고대 그리스어로 '해석'(interpretation)을 뜻하는 해석학(hermeneutics)은 개별적인 텍스트들과 성서 전반을 포함해 성서 해석에 관심하는 신학의 한 분과이다. 우리가 성서를 볼 때 들이대는 '렌즈'는 우리가 보는 바에 상당한 영향을 끼친다. 종교가 사회적 세계의

---

50 이 책 제7장, 195-198쪽을 보라.

구조를 결정하는 요인으로 작용하고 있던 시기의 해석학적 투쟁은 역사적으로 그리고 문화적으로 결정적인 결과들을 낳았다.51

위협: 역사적 파국

이처럼 예수는 거룩함의 정치학, 즉 거룩의 에토스에 의해 형성되고 갈등의 압력 속에서 매우 엄격한 이데올로기로 경직되어간 사회적 세계의 구성원리를 고발했다. 예수는 세상을 정한 자/부정한 자, 의인/아웃캐스트, 부자/가난한 자, 이웃/적으로 갈라놓은 당시의 전통적인 지혜가 파국의 심판을 향하고 있다고 보았다. 과거 예언자들처럼 예수도 만일 당시의 문화가 철저히 방향 전환하지 않으면 예루살렘과 성전이 군사적 침략에 의해 파괴될 것이라고 경고했다. 이러한 위협들이 담지하고 있는 의미를 제대로 이해하기 위해서는 먼저 유대인들의 사회적 세계에서 예루살렘과 성전이 어떤 역할을 했는지를 알아볼 필요가 있다.

예루살렘과 성전

예루살렘이 중요시된 것은 일차적으로 성전이 거기에 있었기 때문이다. 이미 말한 대로 사람들은 하나님이 그곳에 거하신다고 믿었다. 곧 성전은 예부터 두 세계를 매개하는 장소였다. 사람들은 그곳을 하나님의 거처로 생각했고 따라서 성전과 예루살렘은 안전할 뿐만 아니라 하나님이 친히

---

51 이런 투쟁은 현대 교회에서도 계속된다. 누군가가 당시의 인습적인 지혜가 제공하는 '렌즈'를 통해 성서를 해석한다면 성서는 인습적 지혜와 근본적으로 조화되는 것처럼 보일 것이다. 다른 예를 들어보자. 기독교인들이 성서를 구원에 필요한 일련의 요청들의 집합으로 해석하느냐, 아니면 하나님의 자비에 관한 이야기로 해석하느냐에 따라 기독교적인 삶에 대한 사람들의 견해는 크게 달라질 것이다.

보호하신다고 믿었다. 그러한 믿음의 뿌리를 더듬어 보려면 이스라엘의 역사를 한참 소급해 올라가야 한다. 예레미야는 성전에 자기들의 안전을 걸고 있었던 사람들이 말끝마다 하는 후렴구를 빈정거리듯이 인용했다. "이것이 주님의 성전이다, 주님의 성전이다, 주님의 성전이다."52 예수 시대에도 이런 믿음은 있었다. 성전은 로마에 대한 저항 이데올로기의 중심이 되어 있었다. 사람들은 하나님이 친히 모든 적으로부터 당신의 거처를 지키실 것이라 믿었다.53 그 이전과 이후의 많은 문화권에서 그러했던 것처럼 당시의 유대인들도 하나님이 이스라엘을 지켜주시리라고 확신했다.

이런 이데올로기는 감각적인 증거들에 의해 강화되었다. 고대의 많은 도시가 그러했듯이 예루살렘은 도시 자체를 성채로 만드는 대규모의 방어벽을 갖고 있었다. 그러나 그 중앙에 위치한 성전 일대는 훨씬 더 견고한 성채였다. 예수가 태어나기 수십 년 전에 헤롯 1세에 의해 재건축된 이 성전은 거대하게 축조된 연단 위에 서 있었는데 그 벽의 높이는 서쪽 약 30m, 기드론 골짜기로 통하면서 성전이 그 위에 세워졌던 산의 남동쪽 일각은 90m가 넘었다. 벽에 사용한 돌 중에는 그 길이가 10m, 무게가 70톤이 넘는 거석도 있었다. 헤롯에 의해 건축된 그 성전은 영광스러우면서도 난공불락의 요새처럼 보였다.

그러나 예레미야나 에스겔과 같은 대략 6세기 이전의 예언자들이 그러했던 것처럼 예수도 예루살렘과 성전이 파괴의 위협에 직면해 있다고 경고했다. 그 예언자들처럼 예수는 하나님의 임재가 성전을 떠났다고 선포했다. 예언자적 어투인 '신적인 1인칭 단수(divine I)'를 사용하면서 그는 이렇게 말했다.

---

52 렘 7:4.
53 이 부분에 대해 그리고 성전을 둘러싼 '저항 이데올로기'의 발전에 관해서는 나의 책 *Conflict, Holiness and Politics*, 163-170 참조.

> 예루살렘아, 예루살렘아, 예언자들을 죽이고, 네게 파송된 사람들을 돌로 치는구나! 암탉이 제 새끼를 날개 아래에 품듯이, 내가 몇 번이나 네 자녀를 모아 품으려 하였더냐! 그러나 너희는 그것을 원하지 않았다. 보아라, 너희의 집은 버림을 받을 것이다. 54

하나님의 임재를 상실한 예루살렘은 파괴의 가능성 앞에 노출되었다. 예수는 "예루살렘이 군대를 에워싸는 대재난의 날"이 다가오고 있다고 경고했다.

> 예루살렘이 군대에게 포위 당하는 것을 보거든, 그 도성의 파멸이 가까이 온 줄 알아라… 땅에는 큰 재난이 닥치겠고, 이 백성에게는 무서운 진노가 내릴 것이다. 그들은 칼날에 쓰러지고, 뭇 이방 나라에 포로로 잡혀갈 것이요, 예루살렘은 이방 사람들의 때가 차기까지, 이방 사람들에게 짓밟힐 것이다. 55

다른 곳에서도 예수는 침략자들이 몰려와 예루살렘 둘레에 토성을 쌓고 그곳을 파괴할 것이라고 경고했다.56 제자들이 성전에 사용된 돌의 크기에 감탄했을 때 예수는 이렇게 말했다. "여기에 돌 하나도 돌 위에 남지

---

54 눅 13:34-35=마 23:37-39. 예레미야는 실제로 이와 똑같은 언어를 사용했다. 렘 12:7을 보라. 에스겔은 하나님의 임재가 성전을 떠나는 환상을 보았다(11:22-24). 그렇기에 그는 "하나님은 시온에 거하신다. 시온과 예루살렘은 안전할 것이다"라고 말하는 사람들에게 "그러나 나는 하나님이 떠나는 것을 보았다"라고 말할 수 있었다.

55 눅 21:20, 23b-24. 이 구절과 이와 유사한 구절들의 진정성에 대한 학자들의 논의를 참조하려면 나의 책 *Conflict, Holiness and Politics*, 184-190 참조.

56 눅 19:42-44. 이 책 제9장 238 참조. "너의 원수들이 토성을 쌓고, 너를 에워싸고, 너를 사면에서 죄어들어서"라는 구절은 성벽으로 둘러싸인 도시를 공략할 때 사용하는 전형적인 군사전략을 가리키고 있다. 성 밖으로부터 지원을 차단하는 동시에 스스로 지키기 위해 공격대는 그 도시를 에둘러 자신들의 방벽을 쌓았다.

않고 다 무너질 것이다."⁵⁷

예레미야처럼 예수도 그의 청중들에게 예루살렘의 방어에 가담하지 말라고 말했다. 예루살렘에 들어가거나 남아있기보다는(전시에 사람들은 일반적으로 자신의 신변 보호를 위해서 또는 방어군에 가담하기 위해서 성벽이 있는 도시로 피하려는 반응을 보였다) 산으로 도망하라고 말했다.⁵⁸ 미래는 침략과 전쟁의 위협 아래 있었다. 예수의 동시대인들이 직면하고 있었던 위기는 사회적 세계의 파괴와 그에 뒤따르는 갖가지 형태의 고난이었다.⁵⁹

예수가 전한 고발과 위협의 메시지는 용기가 필요한 것이었다. 이전의 예언자들처럼 예수는 당시의 사람들이 의지하고 있었던 중심적인 이미지들과 확신들을 공격하는 우상 파괴자였다. 그들은 하나님이 거룩을 원하신다고 믿었다. 또한, 부자는 복 받은 자이며, 의로운 사람은 아웃캐스트들보다 나은 존재이며, 신앙적 삶이란 인습적 지혜의 삶이며, 예루살렘은 하나님이 거기에 계시고 또한 지키실 것이기 때문에 안전하다고 믿었다.

예언자들이 자기 시대에 사람들이 가장 소중히 여겼던 신념체계에 의해 주눅 들지 않았던 것처럼 예수는 인간의 권위를 두려워하지도 않았고

---

57 막 13:1-2; 눅 19:44도 보라. 이 구절은 예수 사역의 '정치적' 차원에 대한 Lloyd Gaston의 탁월하고도 전문적인 연구서인 *No Stone on Another* (Leiden: Brill, 1970)의 제목으로 사용되었다.

58 눅 21:21; 막 13:14 참조.

59 이미 인용한 것 말고도 예루살렘의 파괴나 임박한 전쟁에 대해 언급한 다른 본문들은 다음과 같다. 눅 17:31-36(침입: 우리가 만일 이 구절들을 세상의 종말을 가리키는 것으로 해석한다면 서둘러 피하라는 말은 별다른 의미를 갖지 못한다); 눅23:28-31(나라가 반란으로 소란스러울 때 어떤 일이 일어나는지에 대한 경고); 눅 13:1-5(주 66 참조); 막 13:14-18(성전의 모독); 마 26:52(검을 가지는 자는 다 검으로 망한다; 마태복음의 맥락 속에서 개인에게 적용되고 있기는 하지만 이것은 집단적으로 적용되기도 한다); 우리가 제9장에서 살펴 볼 막 11:15-17(성전 '정화'). 예수가 성전을 헐고 다른 성전을 짓겠다고 말했다는 사람들의 고발도 참조(막 14:58; 15:29; 참조 요 2:19; 행 6:14). 나의 책 *Conflict, Holiness and Poliotics*, 177-195.

그 앞에 굴종하지도 않았다. 그는 헤롯을 여우라고 불렀다. 이 말은 단순히 '교활하다', '영리하다'는 뜻으로 한 말이 아니라 어떤 의미에서는 스컹크나 설치류와 동의어로 사용한 경멸적인 용어였다.60 그는 이방인의 집권자들의 행동을, 특히 권력에 대한 집착에 관련해서 그렇게 처신해서는 안 되는 본보기로써 비판했다.61 빌라도와 유대의 권원들 앞에서 심문을 받을 때도 그는 애매한 대답을 하거나 묵비권을 행사함으로써 그들에게 협조하지 않았다. 이것은 어느 시대에나 심문자들의 화를 돋우는 행동이다.62

예수의 용기와 지각은 그의 선배 예언자들이 전했고, 그의 추종자들에게 약속되었던 성령의 능력으로부터 나온 것이었다.63 그러나 그의 메시지는 역사적 파국에 대한 경고에 그치는 것은 아니었다. 이전의 예언자들처럼 그도 역시 희망을 전했다.

변화의 요청

복음서가 기록된 시기는 이미 예루살렘이 파괴된 후였다. 복음서 기자들에게 이것은 그 당시의 문화가 지배했던 의식이 예수 운동을 거절함으로써 생긴 피할 수 없는 결과처럼 보였다.64 그러나 거의 40년 전에 살았

---

60 눅 13:32. 여기서 언급된 헤롯은 헤롯 1세의 아들이며, 갈릴리의 통치자인 헤롯 안티파스이다. '여우'라는 단어가 경멸적인 의미로 사용된 것에 대해서는 H. W. Hoehner, *Herod Antipas* (Cambridge: Cambridge University Press, 1972), 220-221, 343-347.
61 막 10:42-43; 눅 22:25-26과 비교해 보라.
62 예를 들어, 막 14:61; 마 26:64; 눅 22:67; 막 15:2, 5; 눅 23:9를 보라.
63 막 13:11; 마 10:19-20; 눅 12:11-12과 21:12-15.
64 단 하나의 예외가 있다면 그것은 마가복음이다. 마가복음은 서기 65년경(전쟁은 66년에 시작되었다)에 쓰인 것으로 추정된다.

던 예수에게 예루살렘의 파괴는 여전히 위협이었을 뿐 예정된 미래는 아니었다. 아직 변화를 위한 시간이 남아있었으며, 변화의 가능성은 그의 선교의 전제이자 목적이었다.

어떤 의미에서 예수의 사역은 한 마디로 변화로의 부름이었다고 할 수 있다. 마가가 복음서의 서두에 예수의 선교와 메시지를 잘 요약해 놓은 것처럼 예수 사역의 핵심은 회개로의 부름, 즉 하나님께로 돌아가는 것을 의미하는 철저한 돌아섬이었다. "때가 찼다. 하나님의 나라가 가까이 왔다. 회개하여라. 복음을 믿어라." 여기서 '때'를 뜻하는 고대 그리스어 카이로스kairos는 연대기적 시간이나 '일상적' 시간과는 다른 것이다. 이 단어는 특별한 의미를 지닌 '중대한', '충만한' 시간을 가리킨다. 성서는 예수의 때를 잉태된 시간, 중대한 시간, 그러므로 회개해야 할 시간으로 소개하고 있다.65 예수가 회개하라는 단어를 그렇게 자주 사용하지는 않았지만, 우리는 그의 가르침 어디에서나 그런 뜻을 읽을 수 있다. 그는 청중들에게 하나님께 그리고 성령께 돌아서라고 했는데 그것은 당시의 문화가 향하고 있던 길에서 돌아서라는 요청이기도 했다.

실제로 변화로의 부름은 예수의 다양한 역할들 가운데 핵심적이다. 예수는 재활성화 운동의 창시자로서 성령에 근거한 대안적 공동체를 만들었으며, 그가 의도한 것은 거룩함의 정치학에 대안적 문화를 제시하려는 것이었다. 그의 많은 가르침이 이런 운동과 관련한 것이었다. 예수는 그 운동의 형태를 자비의 공동체로 묘사했으며, 타자들의 질문과 반대에 굴하지 않고 그 형태를 방어했다.

---

65 막 1:15. 마가가 복음서 서두에 예수의 선교를 요약한 것처럼, 이 구절은 마가가 가장 중요하게 생각한 바가 무엇인지를 밝혀주고 있다. 보통 이러한 번역('때가 찼고')은 어떤 의미에서는 예언-성취의 도식을 연상시킨다. 마치 그것이 "지금은 구약성서의 '예언들'이 성취된 때"를 의미하는 것처럼.

현자로서 그가 가르친 변혁의 길 역시 회개로의 부름이었다. 이것은 당시 종교적인 믿음이나 문화적 확신에 우선적인 관심을 가질 것이 아니라 성령과의 교제 속에 머물라는 요청이었다. 특권과 명백한 안전을 보장해 준다는 점에서 사람들이 당연한 것으로 받아들이고 있었던 인습적 지혜의 세계에서 벗어나, 실재의 핵심인 하나님과의 관계로 돌아옴으로써 삶의 지향점을 바꾸라는 초대이다. 하나님과 새로운 관계로부터 새로운 에토스가 흘러나온다. 그리고 자비의 정치학이 거룩함의 정치학을 대신했다.

회개로의 부름은 단순히 개인적인 차원에 머무는 것이 아니라 집단적이었다. 그의 모든 가르침이 어떤 의미에서는 개인을 향하고 있지만(사실 모든 가르침은 일차적으로는 개인적이다), 그의 관심은 이스라엘이었다. 즉, 예수는 개인 그리고 그 개인이 하나님과 맺는 관계에도 관심을 가졌지만, 더 나아가서 이스라엘 백성들의 집단적인 행로에 대해서도 깊은 관심을 가졌다. 이스라엘은 그때까지만 해도 불확정적이었던 미래에 직면하여 변화 요청을 받았다.66

기회의 시간

변화로의 부름은 예수가 자기 시대를 재난의 위협 아래 있는 시기로

---

66 눅 13:1-5를 보라. 이 대목은 예수가 '회개하라'는 단어를 사용한 것으로 보도된 몇 안 되는 경우 가운데 하나이다. 어떤 사람들이 로마인들의 잔혹 행위에 대해서 예수께 아뢰었다. 즉, 빌라도가 예루살렘에서 희생제물을 바치려 했던 어떤 갈릴리 사람들을 죽였다는 것이다. 예수는 이렇게 응답했다. "너희도 회개하지 않으면, 모두 그렇게 망할 것이다." 그리고는 로마에 대한 저항 운동 과정에서 실로암 탑이 무너져 치어 죽은 사람들 이야기를 덧붙이셨다. 이 본문은 **당시 다급했던** 위기에 대한 보도로 시작하여 열매를 맺지 못하는 무화과나무 이야기로 귀결되는(눅 12:54-13:9) 일련의 흐름의 한 부분으로서, 위협은 불시에 다가올 수 있으며 회개로의 요청은 집단적이라는 사실을 암시한다. 즉, 회개하지 않으면 갈릴리와 예루살렘을 포함한 나라 전체가 로마에 의한 멸망을 면할 길이 없다는 것이다. 나의 책 *Conflict, Holiness and Politics*, 191-193 참조.

파악했을 뿐만 아니라 기회의 시기로도 파악했음을 시사한다. 심판의 가능성이 그의 경고 속을 면면히 흐르고 있긴 하지만, 그의 사역의 전반적인 논조는 심판이 아니라 기쁨이었다. 그의 말과 행동들은 그가 그 시대를 하나님이 그 또한 그를 중심으로 하는 운동을 통해 이스라엘 백성들을 찾아오시고 구원하시는 때로 보았음을 드러내 보여주었다.

경고와 위협이 있으면 항상 '구원의 신탁'도 나타나고 있는데, 그는 자기의 때가 구원의 때임을 나타내기 위해서 구약에서 이끈 이미지를 사용하고 있다. 세례자 요한이 보낸 사람들에게 예수는 이렇게 말했다. "눈 먼 사람이 보고, 다리 저는 사람이 걸으며, 나병 환자가 깨끗하게 되며, 듣지 못하는 사람이 들으며, 죽은 사람이 살아나며, 가난한 사람이 복음을 듣는다."[67] 이 구절들은 이사야서에서 인용한 것[68]으로 백성들에게 곧 다가올 구원을 가리키는 것이다. 여기서 그 의미는 은유적인 것처럼 보인다. 즉, 이사야는 실제로 눈멀고, 귀먹고, 다리를 저는 사람이 치유되는 것을 기대한 것 같지는 않다. 오히려 이런 이미지를 통해 구원의 때를 말하려 한 것이다. 예수가 실제로 치유행위를 했다지만, 이 단어들은 치유행위 이상을 말하는 것이다. 그 단어들을 사용함으로써 예수는 자기의 때와 구원의 때를 일치시켰다.

이처럼, 예수의 운동과 메시지는 당시의 사회적 세계에 길게 드리워진 어두운 그림자에도, 기쁨을 특징으로 하는 새로운 삶의 방식으로의 부름이었다. 예수의 청중들 앞에는 두 개의 길이 있었다. 한편에는 인습적인 지혜와 그것에 충성하는 넓은 길이 있었고, 다른 편에는 대안적인 삶의 방식에 이르는 변혁의 좁은 길이 있었다. 넓은 길은 파멸로, 좁은 길은 생명

---

67 마 11:5=눅 7:22.
68 사 29:18-19; 35:5-6.

으로 인도한다. 두 길에 대한 메시지는 예언자, 현자, 갱신 운동의 창시자인 예수로 하여금 이스라엘 백성들의 생활 중심이었던 예루살렘으로 최후의 여행, 그의 삶의 절정을 이루게 될 여행을 떠나도록 했다.

9 장
도전으로서의 예수
: 예루살렘과 죽음

서기 30년 봄 유월절기에 예수는 "예루살렘을 향해 올라가기로 굳게 결심"했다. 그를 죽음으로 몰고 간 결단이었다.[1] 기적을 행하여 군중을 몰고 다녔던 자, 당시의 인습적인 지혜에 도전하고 변혁의 대안적 길을 가르쳤던 교사, 자기 백성의 구체적 삶의 길을 고발했던 예언자요, 재활성화 운동의 창시자였던 예수는 자신의 메시지와 자신을 따르는 유랑제자집단을 예루살렘으로 데려갔다.

그는 왜 그 마지막 여행을 시도했을까? 어떤 사람은 그가 죽기 위해서 그랬다고 생각한다. 즉, 그의 죽음은 그가 의도했던 바라는 것이다. 예수에 대한 대중적 이미지는 이런 견해를 받아들인다. 세상의 죄로 인하여 죽기로 예정된 분이신 예수는 자기 목숨을 죄에 대한 희생물로 바치려고 의도적으로 예루살렘에 갔다는 것인데, 때때로 이런 입장은 학자들의 세계에서조차 승인되었다.[2] 복음서의 많은 구절은 예수가 예루살렘의 머무는

---

[1] 이 구절은 눅 9:51에서 따왔다. 예수가 죽임을 당한 정확한 연도는 분명치 않지만, 30년이 가장 그럴듯하다. 다른 가능성이 있다면 33년일 것이다. 그가 기원전 4년 이전에 태어났다는 견해를 고려하면 그는 대략 30대 중반이었다.

것은 결국 죽음으로 귀결될 수밖에 없었음을 암시하고 있지만,3 나타난 결과는 그 여행의 목적은 아니었다. 오히려 예수의 예루살렘행은 그의 예언자적 사역과 새로운 삶에 대한 요구의 절정으로 보는 것이 나을 듯하다. 그는 이스라엘의 수도이며 종교적 삶의 중심부인 그곳에서 이스라엘 백성을 향해 마지막으로 호소하려고 갔다. 성서 기자들은 예루살렘에 도착한 예수가 "예언자가 예루살렘이 아닌 다른 곳에서는 죽을 수 없기 때문이다"4라고 말한 것으로 보도하고 있다. 실제로 예수는 자신을 암탉이 병아리를 모으듯이 예루살렘 주민들을 모으기 위해서 하나님께로부터 보냄을 받았다는 예언자적 외침의 전통과 자신을 일치시키고 있다.

> 예루살렘아, 예루살렘아, 예언자들을 죽이고, 네게 파송된 사람들을 돌로 치는구나! 암탉이 제 새끼를 날개 아래에 품듯이, 내가 몇 번이나 네 자녀를 모아 품으려 하였더냐! 그러나 너희는 그것을 원하지 않았다.5

---

2 가장 주목할 만한 것은 금세기 초에 나온 알버트 슈바이처의 두 저작이다(이 책 제1장, 29-33쪽을 보라). 슈바이처에 따르면 예수는 자기의 사명을 많은 사람을 위해서 말세의 재난('메시아적 재난들')을 짊어지는 것으로 믿었다. 즉, 그는 다른 사람들을 대신해서 고난을 받고자 했다는 것이다. 예수는 이처럼 죽임을 당하려고 예루살렘으로 갔으며, 그의 생애의 마지막 한 주 동안의 행적들은 대개 당국으로 하여금 그에 대해 모종의 행동을 취하도록 고의로 부추긴 것이라는 것이다. 슈바이처의 설명이 황당하기는 해도 예수 선교의 통전적인 목적은 죽는 것이라고 생각했던 사람들이 암시하는 바와 별반 다르지 않다. 슈바이처 역시 예수는 죽임을 당하기 위해 예루살렘으로 갔다고 생각한다. 예수는 자신이 죽임을 당할 것을 알면서도 그곳에 간 것이었으며, 또한 그의 죽음은 그가 예루살렘에 간 목적이기도 했다는 것이다.

3 이런 '암시들'은 사실 '고난 예고'(막 8:31; 9:31; 10:33-34)로 알려진 본문들 속에서 분명하게 표현되고 있다. 그러나 학자들은 대체로 이들 본문을 부활절 이후에 교회의 창작물로 보고 있다. 초대 교회의 입장에서는 예수의 예루살렘 여행 결과는 하나님의 섭리 가운데서 이미 예정된 목표였던 셈이다. 하지만 고난 예고가 설사 없었다 해도 예수는 자신의 최후 호소가 죽음으로 끝날 것이라고 예견하고 있었고, 그런 결과를 충분히 인식하고 예루살렘에 갔음을 믿을 만한 이유가 있다. 눅 13:31-33을 보라.

4 눅 13:33.

예수는 예루살렘에 '보냄을 받은' 다른 사람들 이상의 인물이 되었다. 그 도시가 유대인 순례자들로 북적거리는 바로 그 기간에, 이스라엘 백성들이 자기네 사회적 세계의 핵심을 가장 포괄적으로 재연하는 바로 그 시기에 예수는 변화를 요구하기 위하여 그 도시에 들어갔다.

예루살렘에 대한 메시지

예수의 최후 한 주간은 극적인 행위와 대립 그리고 사건들의 연속이었다. 그것은 모두 자기 백성들의 삶의 지향과 미래에 대한 깊은 걱정에서 우러나온 것이었다.

예루살렘에 접근함

누가는 예수와 그의 제자들이 예루살렘을 동쪽에서 조망할 수 있는 올리브 산에 도착한 장면을 묘사하면서 예루살렘과 이스라엘의 장래에 대한 예수의 걱정을 감동적으로 묘사하고 있다. 예수는 그곳에서 예루살렘을 한눈에 조감하고는 그 주민들을 생각하며 몹시 비통했다고 하는데, 그것은 자기가 내다볼 수 있는 그들의 미래, 즉 전쟁의 위협, 적들에 의한 포위, 정복과 파괴 등을 정작 당사자들은 알지 못했기 때문이다.

그 날들이 너에게 닥치리니, 너의 원수들이 토성을 쌓고, 너를 에워싸고, 너를 사

---

5 눅 13:34. 이 구절에서 '나'는 신적인 1인칭 단수의 '나'이다. 즉, 이스라엘의 고전적인 예언자들과 마찬가지로 예수는 여기서 하나님의 이름으로 말하고 있다.

면에서 죄어들어서, 너와 네 안에 있는 네 자녀들을 짓밟고, 네 안에 돌 한 개도 다른 돌 위에 얹혀 있지 못하게 할 것이다…

예레미야처럼 예수도 그들의 눈멂 때문에 벌어지게 될 일에 대한 하나님의 슬픔을 체감하면서 자기 백성의 미래 때문에 울었다. 그는 이렇게 외쳤다. "오늘 너도 평화에 이르게 하는 일을 알았더라면, 좋을 터인데! 그러나 지금 너는 그 일을 보지 못하는구나."6 평화에 관한 일을 몰랐기에 그들은 파멸의 운명을 불러들였다.

예루살렘 입성

예수 당시의 예루살렘에는 주민이 대략 4만 명에서 7만 명가량 살고 있었다. 1세기 팔레스타인의 도시들 가운데 가장 유대적이었던 예루살렘은 중요한 절기가 되면 모여드는 유대인 순례자들의 소요에 대처하기 위해서 강화된 로마군 수비대가 점령하고 있었다. 유월절 시기에 로마 군인들은 총독의 인솔하에 행렬을 이루어 서쪽에서 왔는데 그들은 황제의 권력을 나타내는 온갖 장식들을 갖추고 있었다.

아마 예수와 그의 제자들이 동쪽에서부터 온 날이 바로 그 날이었을 것이다. 그들이 행렬을 지어 예루살렘에 들어갔을 때 예수는 두 가지의 예언자적 행동 가운데 하나를 행했다. 복음서는 그가 제자들과 동조자들의 환호 속에 나귀 새끼를 타고 그 성에 입성할 준비를 치밀하게 한 것으로 보도했다.7 평화의 임금은 "나귀의 작은 것 곧 나귀의 새끼"를 타고 입성할

---

6 눅 19:41-44.

7 막 11:10; 병행구는 마 21:1-9; 눅 19:28-38; 요한은 12:12-19에서는 조금 다른 형태로 이 이야기를 소개하고 있다.

것이라는 스가랴의 예언8을 예수가 의도적으로 재현한 것임을 생각할 때 이런 행동의 의미가 분명해진다. 그가 예언을 기계적으로 성취했던 것은 아니다. 오히려 그는 그가 말하는 하나님의 나라가 전쟁이 아닌 평화의 나라임을 알리기 위해서 이스라엘의 전통 가운데서 널리 알려진 상징을 취했다.9 이런 용어가 너무 현대적인 감이 없지는 않지만, 예수의 예루살렘 입성은 계획된 정치적인 시위였으며, 예루살렘이 평화의 길을 걸어야 한다는 호소였다. 더 나아가서 이것은 전쟁을 지향하고 있던 그 세대에 예수 운동은 평화를 추구하는 집단이라는 선언이기도 했다. 이것은 또한 평화의 대안이 여전히 열려 있음을 암시하는 것이었다.

성전에서의 예언자적 행동

얼마 후 예수는 성전 구역, 즉 약 35에이커(약 4만 4천 평)에 이르는 거대한 평지인 '성전 언덕'에 들어갔다.10 그곳에는 이런저런 뜰과 부속건물들 그리고 성전(성소)이 늘어서 있었다. 성전은 그다지 크지 않았으며, 공공건물이 아니라 ―고대 세계 대부분 신전처럼― 하나님의 집, 하나님의 거

---

8 슥 9:9-10. 9절은 나귀를 타고 오시는 평화의 왕에 대해 말하는데, 10절은 예루살렘에서 전쟁을 위해 준비한 말과 전쟁 무기를 없애는 것에 대해 말하고 있다. 마가복음은 스가랴서와의 관련이 암묵적으로 감췄으나, 마 21:4-5(요 12:15도 마찬가지지만)은 명시적이다. 재미있는 것은 마태가 스가랴서의 예언이 짐승 두 마리를 일컫는 것으로 오독함으로써 자기 이야기에 두 번째 짐승을 추가했고 그 결과 예수가 동시에 두 마리의 짐승을 타는 있을 법하지 않은 광경을 만들어냈다(마 21:7 참조. 그의 담론 속에는 짐승 두 마리에 대한 언급이 여러 번 나온다).

9 예수의 이 행위 역시 베일로 가리고자 한 것일까 혹은 평화의 왕이 되리라는 명백한 주장이었을까? 우리는 어떤 가능성도 추측할 수 없다. 사실, 일반적으로 진정한 것이라고 받아들이고 있는 다른 본문에서도 그 '왕' 메타포를 예수가 자신에게 적용한, 명확한 증거는 없다.

10 이것은 헤롯에 의해 축조된 '돋워진 단'으로 이루어져 있는데, 대략 가로와 세로 각각 45m, 35m쯤의 반듯하지 않은 땅이었다.

처로 이해되었다.11 공적인 예배는 성소를 둘러싸고 있는 뜰에서 이루어졌다. 이 뜰은 제사장의 뜰, 이스라엘의 뜰(유대인 남자만 해당), 여인들의 뜰, 이렇게 세 부분으로 나누어져 있었다. 이 뜰들 너머에는 다른 뜰도 있었다. 그중 하나가 제사에 쓸 희생제물을 팔고 순례자들이 가져온 어떤 상(像)이 없는 동전과 교환하는 곳이었다. 이방인들이 성전 구역에 접근하는 것은 엄격히 통제되었는데, 일정한 장소를 넘어서면 죽음을 면할 수 없었다.12

예수가 두 번째로, 어쩌면 첫 번째보다 더 극적인 예언자적 행동을 취한 것은 바로 이 외부의 뜰 한가운데에서였다. 흔히 사람들은 그 행동을 그가 했던 '가장 위대한 공적 행동'이라 일컫는데, 예수는 환전상들과 비둘기를 파는 자들을 쫓아냈다.13 그것은 도발적인 행동이었으며, 소동까지는 아니라 해도 상당한 혼란을 일으켰음에 틀림이 없다. 그러나 한 가지 분명한 것은 이것이 성전 일대를 전복시키거나 점령하려는 의도적인 행동은 아니었다는 점이다.14 만약 그랬다면 성전 뜰을 경비하고 있던 로마 수비대가 즉

---

11 그 내부는 대략 길이 32m, 폭 11m, 높이 16m 정도였다. 내부는 가장 거룩한 '지성소'(11m 입방체)와 제사장들과 레위인들을 위한 더 넓은 장소 두 부분으로 나누었다. 지성소를 포함한 성전 건물 그 자체는 하나님의 거처였고 사람들의 공적인 예배의 장소가 아니었음은 성전의 가장 일반적인 이름인 하나님의 집이라는 말 속에 이미 나타나고 있다. 예배는 성전 안에서가 아니라 그 밖에서 이루어졌다.

12 학자들이 '이방인의 뜰'에 대해 말하는 경우도 있다. 그러나 그런 칭호는 현대적인 것이지, 고대에도 그랬던 것은 아니다. 이방인들이 성전 구역의 어떤 지점까지는 출입이 허용됐다 해도, 특별히 그들의 이름으로 명명된 뜰은 없었다.

13 Joseph Klausner, *Jesus of Nazareth* (New York: MacMillan, 1929), 312. 출판한 지 60년이 지났지만, 지금도 클라우스너의 책은 매우 유용하다. E. F. Scott는 그의 책 *The Crisis in the Life of Jesus* (New York, 1952)에서 성전 사건을 예수의 생애에 있어서 가장 큰 위기라 부른다.

14 예를 들자면, S. G. F. Brandon 같은 사람은 예수를 해방 운동의 동조자로 보면서 그렇게 설명하고 있다. 그의 책 *Jesus and the Zealots*, 331-334 참조. 종종 같은 주장을 하는 학자도 있다.

시 개입하지 않은 까닭을 설명할 도리가 없다. 이것은 오히려 제한된 지역, 의도, 기간 동안 어떤 메시지를 전달할 요량으로 시행된 예언자적 행동이었다. 예언자적 행동이 늘 그랬듯이 이 사건도 그 의미의 해석을 담은 선고가 뒤따랐다. "내 집은 만민이 기도하는 집이라고 불릴 것이다 하지 않았느냐? 그런데 너희는 그곳을 강도들의 소굴로 만들어 버렸다."[15]

그 행동 자체나 행동에 대한 해석의 말은 한결같이 그 사건이 거룩함의 정치학에 대한 공격인 동시에 그것이 야기한 결과에 대한 경고였음을 보여준다. 환전상들과 비둘기를 파는 자들은 거룩의 에토스에 봉사하기 위해 거기에 있었다. 매년 내는 성전세는 상像들이 그려져 있는 이교적인 혹은 속된 동전 말고, '거룩한' 동전으로 내야 했다. 마찬가지로, 상인들은 수십 마일에서 수백 마일 떨어진 곳으로부터 의례적으로 정결한 희생제물을 가져올 수 없었던 순례자들에게 희생에 쓰일 비둘기를 팔았다. 이들 성전 상인들의 활동은 거룩한 것과 속된 것, 정결한 것과 부정한 것, 거룩한 나라와 부정한 나라 사이의 명백한 구분을 드러내 보여주는데, 이것은 거룩의 에토스와 정치학을 특징짓는 것이다. 그들은 분리에 근거하여 거룩한 질서의 종들이었다.

해석의 말에서 예수는 예언서에 나오는 두 구절을 인용했다. 첫째 것은 성전의 존재 이유에 대해 언급하고 있다. "나의 집은 만민이 모여 기도하는 집이라고 불릴 것이다."[16] 여기서 만민은 성서에서 대개 그렇게 쓰이듯

---

15 막 11:15-17; 마 21:12-13; 눅 19:45-46; 요 2:13-22도 참조할 것. 마가(마태와 누가도 마찬가지지만)는 이 사건을 예수의 생애 마지막 주간에 일어난 것으로 보도하고 있다. 요한은 그의 사역 초기에 일어난 것으로 보도하고 있다. 공관복음서가 전하는 시기가 역사적으로 더 그럴듯하게 보인다. 이 사건의 전모와 상세한 해석은 나의 책 *Conflict, Holiness and Politics in the Teaching of Jesus* (New York and Toronto: Edwin Mellen Press, 1984), 171-176.

16 사 56:7.

이 이방인들을 뜻하는 것이다. 예수는 성전의 존재 이유가 보편적이라고 말했다. 그것은 어떤 특정한 집단의 사적인 소유물일 수 없으며, 거룩한 백성들만의 것도 아니다. 둘째 인용은 성전이 무엇이 되었는지를 지적하고 있다. "너희는 광포한 자들의(violent ones) 소굴을 만들었도다." 일반적으로 번역하는 도둑들(robbers)의 굴은 문제가 부정직한 상행위나 순례자들에 대한 사기행위였던 것처럼 의미를 희미하게 만든다.17 그것은 예레미야에서 인용한 구절인데, 여기서 광포한 자들이란 자기들은 계약을 위반하더라도 성전의 건재가 안전을 보장해 주리라고 믿는 사람들을 가리키는 말이다.18

어쩌면 예수의 선고에서 '강도의 굴혈'이 의미하는 바를 너무 정확하게 따지지 않는 편이 나을지도 모르겠다. 이 구절은 성전에 종종 있었던 로마인과 유대인 사이에 일어났던 실제적인 폭력 사태의 배경으로 지목한 것이거나, 저항 이데올로기 속에서 성전의 역할 또는 단순히 당시의 기분을 나타낸 것이었을 수도 있다. 어떤 경우든 강도의 굴혈이 됨으로써 성전은 예레미야 시대와 똑같은 위협, 즉 파괴의 위협에 직면했다. 예수의 행동은 위협인 동시에 고발이었다. 성전이 폭력의 중심이 되었기 때문에 심판을 면할 길이 없었다.19 그 행동은 다른 길로의 초대였다 해도 역시 거룩함의

---

17 상인들은 당시의 에토스에 입각하여 필요한 서비스를 제공하기도 했지만, 얻어진 이익은 엄격하게 통제되었으며, 개인의 주머니에 들어간 것이 아니고 성전의 기금으로 들어갔다.
18 렘 7:11. 이 구절은 성전 설교의 맥락에서 나온 것으로 예레미야는 여기서 "이것이 주님의 성전이다, 주님의 성전이다, 주님의 성전이다"하는 사람들을 조롱하고 있다.
19 마가는 성전의 이 행동에 대한 그의 설명을 무화과나무를 저주하는 당혹스러운 이야기로 에워싸고 있다(마 11:12-14, 20-25). 만일 우리가 이 사건을 예수가 실제로 행한 일을 보도한 역사적 담화로 받아들인다면 몇 가지 문제가 있다. 이것은 예수의 품성에 들어맞지 않는다. 또 무화과나무 철이 아니라고 했다. 또 저주로써 무화과나무를 말라 죽게 할 수 있는 사람이 과연 있겠는가 하는 문제도 있다. 그렇지만 역사적 질문은 접어두고라도 하나의 담화로서 이 설명은 예언자적 행동으로서는 개연성이 있다. 즉, 열매를 맺지 못한 무화가나무

정치학에 대한 도전이었다.

예수 생애의 마지막 한 주간은 두 개의 극적인 행동으로 시작되었는데 그것은 예루살렘에 대한 고발, 위협, 변화의 요청이라는 그의 메시지를 담고 있었다. 두 가지 다 과감한 행동이었다. 왕 됨을 상징하는 나귀를 타고 (다소 이상한 것이긴 하지만) 사람들의 선두에 서서 예루살렘에 입성하는 광경은 많은 사람의 호기심을 끌 수밖에 없었고, 질서 유지의 책임을 져야 했던 사람의 주목 대상이 되지 않을 수 없었다. 성전에서 벌인 예언자적 행동은 더 도발적이었다. 실제로 그 일 직후, 성전의 지도자들이 예수에게 와서 "그대들은 대체 무슨 권세와 누구의 이름으로 이런 일을 하였소?" 하고 질문했다. 그는 직접적인 대답을 회피함으로써 심문자들을 좀 머쓱하게 만들었지만, 그의 마음속 대답은 '성령으로부터'였을 것이다.[20] 그렇지만 그 대답이 그들을 단념시키지는 못했다. 마가는 성전에서의 그 행동이 지도자로 하여 예수에게 적대적으로 행동하게 했다고 보도하고 있다.[21] 그들이 세부적인 계획을 세우는 데에는 며칠이 더 걸렸다.

갈등과 적대

복음서는 그 마지막 한 주간 동안 예수가 유대교의 사회적 세계의 중심에서 자기의 일을 계속했다고 전했다.[22] 예수는 많은 사람을 만날 수 있었

의 고사(枯死)는 예루살렘에 일어난 사건을 상징했다.

20 마 11:27-33; 이 책 제3장 76-77을 보라.

21 막 11:18; 눅 19:47은 이 점을 명백히 보여주고 있다.

22 아래에서 나는 기본적으로 마가의 이야기를 따랐는데, 그렇다고 마가가 역사적 보도를 우선적인 목표로 삼았다고 가정한 것은 아니다. 사실 마가는 예수의 최후의 한 주간을 설명하는 데 포괄적이지 못하다. 예수는 마가가 전하는 몇 개 되지 않은 이야기보다 더 많은 이야기를 했을 것이라는 사실은 의심의 여지가 없다. 마가가 보도한 이야기들은 대체로 적절해 보인

던 야외의 공공장소인 성전 뜰에서 날마다 가르쳤다. 그곳에는 유월절을 지키기 위해 온 수천 명의 순례자가 북적대고 있었고, 성전이 서 있던 산과 뜰은 예루살렘의 이편에서 저편으로 가는 데 사용된 공적인 통행로였다. 우리는 예수가 가르치고 있을 때 동조자들이 예수의 주변에 몰려들고, 호기심에 찬 구경꾼들이 오고 가는 광경을 상상해 볼 수 있다.

비판자들과 적대자들도 나타나서 그에게 질문을 던졌다. 성전 논쟁에 나타난 예수는 당시의 다른 중요한 종교적 선택들, 즉 경건한 바리새인들, 관료적인 사두개인들 그리고 저항 운동 등과 갈등 관계에 있던 것처럼 보이고 또 황제에게 세금을 바쳐야 하는가에 대한 그의 대답도 역시 갈등의 소지를 안고 있었다.23 그는 부자(시골 마을에서보다는 도시적 관료주의에 젖어 있던 예루살렘에서 더 눈에 띄었을 것이다)를 고발했다. 특히, 자기들의 돈벌이 행태를 종교적으로 합리화하고 있었던 사람들, 과부의 가산을 삼키는24 서기관들이 그 대상이었다.

백성의 지도자들에게 예수는 포도원을 소작인들에게 빌려준 주인의 이야기를 들려주었다. 주인은 소작료를 거둬오라고 여러 차례 사람을 보냈지만, 그들은 모욕을 당하거나 거부를 당했을 뿐이다. 그러한 포도원 주인이 과연 어떻게 해야 할 것인가?25 그 대답을 받아들이지 않아도 이 물

다. 우리가 기대하는 역사적 개연성이 많아 보이기 때문이다. 이러한 적절성이 담론에 대한 마가의 균형 감각에서 나온 것인지 상당히 정확한(그것이 양식화된 것이든, 압축화된 것이든) 역사적 기억에서 나온 것인지는 확실치 않다.

23 막 12:13-27. 이 책 제7장, 199-200쪽을 보라. 바리새인들의 반대가 만장일치가 아님에 주목하라. 막 12:28-34에 나오는 "하나님 나라에서 멀리 있지 않은" 바리새인에 대한 이야기를 보라.

24 막 12:38-40. 과부의 가산을 삼키는 서기관들에 대한 언급은 재산의 법적(이것은 토라에 의해 정당화되었다) 전유 과정을 암시하고 있다. 이어서 나오는 가난한 과부에 관한 기사도 보라(12:41-44).

25 막 12:1-9. 이 책 제8장, 223쪽을 보라.

음에 대한 대답을 모를 사람은 없다. 이것은 이스라엘의 리더십에 대한 고발로서 이스라엘의 현 상황은 지배 엘리트들에게 책임이 있다는 것이다. 이것은 경고이기도 하다. 계속해서 그는 그리 놀랄 일은 아니지만, 예루살렘의 임박한 파괴를 분명히 예고했다.26

이처럼 예루살렘의 한 주간 동안 예수는 일차적으로는 예언자였고, 그의 백성들의 변화를 요구한 급진적인 교사였다. 치유행위에 대한 보도는 전혀 없다. 실제로 그런 행위가 없었기 때문이든지 아니면 복음서 기자가 더 이상의 치유 이야기는 불필요하다고 생각했기 때문이든지 둘 중의 하나일 것이다. 그러나 어떤 경우든 권능 있는 행동들은 그의 예루살렘 사역의 중심이 아님은 분명하다. 오히려 예수는 대안적 의식의 목소리로서 당시의 문화 의식들을 향해 하나님께 돌아오라고 요구했다. 그것이 죽음을 가져올 수도 있다는 사실이 더욱 분명해지고 있는데도 말이다.

그 한 주간의 막바지에 예수는 나중에야 제자들과 나눈 마지막 만찬이었음이 드러난, 식사를 준비시켰다. 복음서에 따르면 저녁 식사를 하는 동안 예수는 임박한 그의 죽음을 예레미야가 말한 새 계약, 즉 외적인 법이 아니라 그들의 마음에 기록한 계약서의 봉인이라고 말했다.27 그 후에 한밤중에 그와 제자들은 예루살렘을 떠나 성벽의 동쪽에 있었던 기드론 골짜기로 가서 겟세마네라 하는 동산에 올라갔고 예수는 거기서 체포됐다.

---

26 예루살렘에 대한 위협의 많은 부분은 복음서 기자들에 의해 예수의 생의 마지막 한 주간에 집중하고 있다. 눅 19:41-44 외에도 막 12:9의 암시적인 위협과 막 13:2, 14; 눅 21:20-24의 명시적인 위협을 보라.

27 막 14:22-25, 평행구는 마 26:26-29와 눅 22:17-19(또는 20); 그 최초의 언급은 고전 11:23-26이다. 예레미야의 '새 언약'은 렘 31:31-34를 보라. 예수가 실제로 한 말씀을 포함해서 최후의 만찬의 세부 내용에 대한 역사적인 판단은 매우 어려운 일이다. 그것은 소박하게 말하자면, 최후의 만찬에 대한 기억과 축하는 초대교회의 핵심이었기 때문이다. 이 이야기의 세부는 교회의 제의적 실천에 많은 영향을 받았다. 그렇지만 예수가 그러한 최후의 만찬을 나눴다는 사실은 역사적으로 그럴 법해 보였다.

그는 일행 중 한 사람에게 배신을 당했다.28

예수의 죽음

예수의 죽음에 관한 이야기들은 아마도 복음서에 담화의 형태로 삽입된 가장 초기의 한 부분일 것이다. 세밀한 부분에서는 그 내용이 조금씩 다르지만, 기본적인 이야기 구조는 같다. 예수는 유대교 지도자들에게 체포되었으며 산헤드린최고 의회 앞에서 심문받았고, 죄목은 신성모독이었다. 그에게서 죄를 찾아내려고 그들은 예수를 로마 총독인 빌라도에게 데려갔다. 그러나 빌라도는 예수에게서 아무런 죄도 찾아내지 못했다. 그렇지만 유대교 지도자들은 꺼리는 빌라도를 부추겨 사형선고를 내리게 했다. 매를 맞고, 채찍질 당한 예수는 처형 장소에 끌려가 로마인들이 '대역죄인'이라 부르는 두 명의 저항 운동가 사이에서 십자가에 못 박혔다.

예수의 죽음 이야기는 매우 일찍 형성되었다. 그러나 그것도 어느 정도는 교회의 신앙에 의해 영향을 받았기 때문에 역사적 사건과 신학적 해석을 구별하는 일은 쉽지 않다. 초대교회의 입장에서 이어서 일어난 사건에 비추어 예수의 죽음을 되돌아볼 때, 그의 죽음은 예정된 것이었으며 처음부터 하나님의 계획의 일부였다는 사실이 분명해 보였다. 그들에게 예수의 죽음은 의로운 수난자의 죽음이었으며, 많은 사람을 위해 자기의 생명을 바친 하나님의 종의 죽음이었으며, 이 일을 위해 세상에 보냄 받은 하나님의 독생자의 죽음이었다. 당연한 일이지만, 그의 죽음에 대한 설명은 이 점을 간접적으로 확인해주는 구약성서의 반향과 인용으로 얽혀 있다.29

---

28 막 14:32-52; 마 26:36-56; 눅 22:40-53.

더 나아가서 그 이야기를 회상하던 초대 교인들에게 예수의 죽음은 결국 그를 하나님의 아들로 인정하기를 거부했던 유대교 지도자들에게서 비롯됐다. 그렇기 때문에 대제사장 앞에서 받은 '심문' 이야기가 전해지는 것이다. 이처럼 예수는 로마에 의해 처형을 당했지만, 그의 죽음 이야기들은 유대인들의 책임을 강조했다. 이 점을 강조함으로써 로마의 책임은 점차 유대인들의 책임으로 전환하고 있는데, 이런 경향은 초대 교인들의 관심을 반영하고 있다. 그들은 이 운동자의 창시자가 로마 당국에 의해 반역죄로 처형당하기는 했지만, 자기들은 결코 제국 내에서 반역적인 집단이 아니라고 주장하고 싶었다.[30] 그렇지만 수난 사화를 있는 그대로 역사적 사실로 취급하는 데에 무리가 있음을 인정하면서도, 합리적이며 개연성 있는 역사적 시나리오의 대강을 세울 수는 있다.[31]

가장 분명한 것에서부터 시작하자. 처형방식과 십자가에 걸린 명패('유

---

[29] 예를 들어, 시 22편('의로운 수난자'의 시)이 막 15:24, 29, 34에서 어떻게 사용되고 있는지를 보라. 막 15:33의 한낮의 어둠에 대해서는 암 8:9; 렘 15:9; 사 50:3을 보라. 막 15:38에 나오는 성소의 휘장이 찢어진 것은 예수 그리스도의 죽음을 통해 지성소(하나님의 임재)로 통하는 문이 열린 것으로 이해되어야 한다.

[30] 로마의 책임이 희미해지고 유대인의 책임이 강조되는 것을 우리는 특히 마태복음에서 찾아볼 수 있다. 복음서 가운데 오직 마태복음에만 나오는 것이 빌라도의 아내가 꾼 꿈 이야기다. 그 꿈은 예수가 '옳은 사람'(27:19)임을 보여주었다. 또 빌라도가 '이 사람의 피에 대하여' 자신의 손을 씻은 일(27:24), 모든 사람이 "그 사람의 피를 우리와 우리 자손에게 돌리시오"(27:25)하고 외친 일도 그런 예이다. 비극적인 것은, 초대 교인들이 로마 제국 내에 있는 선동적인 불순단체라는 혐의를 벗기 위한 마태의 노력이 부지불식간에 그 대답을 받아들이지 않아도, 서양사 전반을 통해서 기독교인들에 의한 유대인 박해를 정당화하는 증거 본문으로 이용되는 결과를 낳게 되었다는 사실이다. 유대인들이 그들을 도우려는 일념밖에 없었던 한 유대인의 이름으로 계속 박해를 받아야 했다는 사실은 역사의 커다란 아이러니 가운데 하나이다. 맹목성은 예수의 적대자들만의 전유물은 아니었다.

[31] 다음의 설명은 많은 학자의 연구 결과에 따른 것이다. 물론 어떤 한 사람의 학문적인 재구성을 직접 반영한 것은 아니다. 이것은 역사적 개연성에 대한 나 자신의 평가이다. 그러나 학자들의 일치된 견해라고 할 수 있는 것에서 벗어나지는 않는다. 물론 어떤 점에서는 그 의견의 일치가 이루어지지 않는 경우도 있지만 말이다.

대인의 왕', 즉 황제에 대항하는 왕)는 그가 대역죄 혹은 반란 죄목으로 빌라도에 의해 사형선고를 받았으며, 로마인들에 의해 처형되었음을 가리키고 있다. 역사적 예수에 관해 무엇보다 분명한 사실은 그가 정치적 반역자로서 처형당했다는 사실이다. 어떤 의미에서 그는 무죄다. 그는 '열혈당원'도 아니었고 동조자도 아니었다. 여기서 열혈당원이란 그 의미가 불명확하기는 하지만, 대중적인 의미로 사용한 것이다. 우리는 예수가 로마에 대한 폭력적인 저항에 동조했다고 생각할 만한 근거를 찾을 수 없다. 그 반대의 경우가 많다. 사실 우리는 그가 무고히 죽임을 당했다고 말할 수 있다. 그가 뒤집어썼던 혐의는 오히려 그의 동족들 다수에게 해당한다. 다른 의미에서라면 그는 유죄다. 예수는 로마나 이 세상의 어떤 다른 나라에도 궁극적인 충성을 바치지 않았다.

우리가 로마의 팔레스타인 정책과 특별히 빌라도의 성품에 대한 정보를 종합해 보면 체포, 심문 그리고 처형에 이르는 모든 시나리오의 책임은 전적으로 로마에 있음을 확실히 알 수 있다. 로마는 점령지 내에서 일어나는 토착적인 운동들에 대해서 고질적으로 의심하곤 했다. 그리고 팔레스타인은 다른 지역보다 훨씬 말썽이 많다는 소문이 나 있었다. 빌라도는 아주 뻔뻔스러운 사람으로 알려졌다. 그를 임명한 사람은 셈족에게 적대적인 태도였기 때문에, 그의 통치 기간 십 년은 특별히 가혹했다.[32] 심문하는 동안 망설이다가 어쩔 수 없이 유대교 지도자들에게 예수를 넘겨주는 모습은 그의 품성에 맞지 않는다. 그것이 설사 실제 역사를 반영한 것이라 해도 이것은 동시에 로마의 혐의를 벗겨 주려는 초대 교회의 대체적 경향

---

32 그의 통치가 얼마나 가혹했는지에 대한 요약적인 진술은 1세기 유대사가인 필로의 Legatio 302를 보라. 그리고 최근의 것은 W. R. Wilson, *The Execution of Jesus* (New York: Scribner, 1970), 18-22; H. Cohn, *The Trial and Death of Jesus* (New York: Harper& Row, 1971), 7-17.

의 산물일 것이다. 그 결과는 다음의 말에서도 드러난다. "로마는 이 사람에게서 죄를 찾지 못하였다." 그러나 빌라도가 사람들의 마음이 들떠있는 유월절 기간에 예루살렘에서 많은 사람이 따를 뿐만 아니라 사람들 관심의 초점으로 떠오른 유대의 카리스마적 지도자에 대해 어떤 행동을 취했으리라는 것은 쉽게 상상할 수 있는 일이다.

따라서 빌라도와 로마인들만이 이 사건에 관련되었다는 주장도 역사적으로 가능한 것이긴 하다. 그러나 역사적으로 있을 법하지는 않다. 대제사장을 중심으로 하는 유대교 지도자들 편에서 협조가 있었음이 분명하다. 유대교의 공식적인 종교지도자인 대제사장도 역시 모종의 정치적인 역할을 했다. 로마에 의해 임명을 받았고, 로마 총독에게 어떤 보답을 해야 했던 그는 팔레스타인의 질서 유지 책임을 지고 있었다. 그가 그 직무를 성공적으로 수행하느냐에 그 자리가 걸려 있었다. 우리는 예수 당시의 대제사장이었던 가야바가 빌라도의 재직 기간 십 년을 포함해서 근 18년이라는 긴 세월 동안 자기 자리를 확고히 유지했다는 사실에서 그가 로마인들과 선린관계를 유지하는 데 탁월한 솜씨를 발휘했음을 미루어 짐작할 수 있다.33 대제사장은 자기의 직무를 도와줄 사람을 임명해 회의체를 구성했는데, 그들은 대제사장의 정치적 고문 역할을 했으며, 대제사장과 마찬가지로 귀족이나 대제사장 가문 출신들이었다. 예수에 대한 유대인들의 심문 이야기는 아마도 종교회의 앞에서 한 공식적인 심문이라기보다는 이 정치적 산헤드린 앞의 예비 청문회였을 것이다.34 그들은 그 주간에 예루

---

33 유대교 율법에 의하면 대제사장은 생명을 위해 봉사했다. 그렇지만 로마인들은 임명권을 차지하고 앉아 자기들이 필요하다고 생각하면 언제든지 대제사장을 교체했다(우리가 추측해 볼 수 있는 사실은 교체의 기준이 로마와 협력하는 일에 대한 수완이었다는 점이다). 서기 15년부터 전쟁이 일어나기까지 52년 동안 17명의 대제사장이 명멸했다. 그들 중 15명이 22년간 봉사했고, 다른 두 사람이 30년을 일했다. 카야파의 18년은 최장기간이다. 우리는 그가 로마인들을 어떻게 다루어야 하는지를 매우 잘 알고 있었을 것이라고 추측할 수 있다.

살렘에서 벌인 예수의 극적인 행동들이 두려웠을 것이고, 그의 체포를 위해 결정적인 절차들을 밟았을 것이고, 그래서 스스로 원고가 되어 예수를 심문하도록 그를 빌라도에게 넘겨주었을 것이다.35

예수의 무죄성과 선함, 그의 정체성에 대한 우리의 인식을 전제할 때 우리는 이들이 몹시 비열한 사람이라고 평가하기 쉽다. 그러나 그들은 그렇지 않았고 그렇게 생각할 이유도 없다. 그들은 당시의 사회적 세계에서 정치적으로, 경제적으로, 종교적으로 최상층에 있었던 그 사회의 기존 질서였다. 그 사회에서 그들이 처한 삶의 자리는 그들에게 질서 유지의 책임을 부여했으며, 그들의 실재관에도 영향을 미쳤다. 그러한 책임과 인식을 가정해 볼 때 그들이 직면한 역사적 상황은 몇 가지 문제를 안고 있었으며, 그 상황은 우리가 그들의 행동을 이해하는 데 도움을 줄 수 있다.

첫째로 예수는 많은 추종자가 따르는 카리스마적 지도자였다. 긴장된 1세기 팔레스타인의 정치적 상황에서는 그것만으로도 한 사람을 곤경에 빠뜨릴 수 있었다. 몇 년 전에 일어났던 세례자 요한의 운명처럼 말이다. 요한은 헤롯 안티파스(갈릴리의 통치자며, 헤롯 1세의 아들)에 의해 살해당했다. 헤롯은 사람들에 대한 요한의 영향력이 두려웠기 때문이다.36 자기 마

---

34 막 14:53-64; 병행구는 마 26:57-66; 눅 22:66-71. 종교회의(벳딘*betin* 혹은 불레*boule*)와 정치적 산헤드린의 구분과 특히 정치적 산헤드린이 대제사장의 사적인 자문 집단이라는 사실에 대해서는 Ellis Rivkin, *What Crucified Jesus?* (Nashville: Abingdon, 1984; 신혜란 역, 『무엇이 예수를 십자가에 못 박았는가』[한국신학연구소, 1989]).

35 저들이 빌라도에게 제시한 혐의 사실은 눅 23:2의 설명을 보라. 그는 백성을 미혹하고, 황제에게 세 바치는 것을 금하며 자칭 왕 그리스도라 한다는 것이다. 이 부분은 누가 자신이 임의로 지어낸 것이라기보다는 이 문제에 관한 독립적인 자료를 가지고 있었다고 생각할 만한 까닭이 있다.

36 Josepuhs, *Antiuities* 18:116-119. 마가에 의하면 요한은 헤롯 가문 여인들 사이의 공모 때문에 살해당했다(막 6:17-29). 이 두 이야기가 서로 부딪힐 필요는 없다. 예수의 체포와 처형을 이해하는 데 요한의 운명이 가지는 중요성에 대해서는 Rivkin, *What Crucified Jesus?* 참조.

을에 머물러 있으면서 어떤 운동 같은 것은 일으키지 않는 카리스마적 존재나 지역의 스승이었다면 치명적인 적대감을 부추기지는 않았을 것이다. 그러나 예수는 기존 질서를 위협하는 존재로 비쳤는데, 요한처럼 그도 역시 추종을 받는 공적인 인물이었기 때문이다.37

둘째로 예수는 예루살렘의 몰락에 대해 경고했는데 이것도 역시 1세기의 팔레스타인에서는 한 사람을 곤경에 빠뜨릴 수 있는 행동이었다. 우리는 예루살렘에 심판이 임박했다고 경고한 동시대의 또 다른 한 유대인을 알고 있다. 전쟁이 일어나기 10년 전쯤 별로 알려지지 않았던 벤 아나니아스라는 사람이 예루살렘 거리를 어슬렁거리면서 '화禍로다' 하고 외쳤다. 그 때문에 그는 미친 사람으로 취급받았고 매를 맞았다.38 대제사장과 공의회는 자기들 사회적 세계의 중심인 예루살렘을 하나님께서 심판하고 파괴하신다는 것을 어떤 의미에서든 도저히 생각조차 할 수 없었다. 이것은 예루살렘의 지도자들인 자기들을 향한 직접적인 모욕인 동시에 깔봄이었다. 그것은 바로 그들의 청지기 직이 맹목적이며 하나님의 심판을 받을 수밖에 없었다는 고발이었기 때문이다.

마지막으로 그들의 사회적 세계의 정점에서 볼 때 예수는 분명히 잘못됐다. 예수는 사회의 현상 질서를 고발하고 다른 질서를 옹호했다. 그들은 사회 변혁에는 그다지 관심이 없었는데 그것은 사회에서 그들이 차지하고 있던 자리와 사회의 현상 질서를 옹호하는 이데올로기 때문이다. 로마와의 관계를 현재 수준에서 유지하기를 바랄 수밖에 없었던 대제사장을 위

---

37 하니나 벤 도사와 거룩한 사람 호니와 같은 지역의 카리스마적 지도자들도 인습적 현자들로부터 의심을 받았지만, 그것은 율법에 충분한 주의를 기울이지 않는다는 것 때문이었다. 따라서 그들에 대해 적대적인 행동은 없었다(물론, 호니가 정치적인 논쟁에서 '우익의 입장' 취하기를 거절했기 때문에 죽임을 당했다는 사실은 우리가 주목해야 하지만 말이다).

38 Josephus, *The Jewish War*, 6.300-309.

시한 친외세분자들에게 평화의 길은 받아들여질 수도 있었다. 그러나 예수는 의로움, 정결함, 명예와 지위가 문제 되지 않는 생명의 길에 대해 말했다. 이것은 가난한 자들에게는 복음이었고 부자들에게는 재난이었다. 그것은 문화적 관습들에 대한 사람들의 충성심의 끈을 느슨하게 만들었다. 또한, 예수 운동은 아웃캐스트를 받아들였다. 이 모든 것이 당시의 인습적인 지혜에 도전이 되었다. 그들의 입장에서 예수는 공공질서에 대한 위협일 뿐만 아니라 아주 질 나쁜 사람이었다.

사실 그들이 예수는 '거짓 카리스마적 인물', 즉 '다른 영'을 접하고 있는 거짓 교사라고 결론을 내린 것은 예수의 가르침을 완전히 잘못 받아들였기 때문이다. 참된 카리스마의 시금석은 이적을 행하는 능력이 아니라 카리스마적 인물이 가르치는 내용이다. 만일 그 내용이 사람들을 오도한다면 그 인물은 거짓 예언자이며 그의 권능 있는 행동들은 하나님한테서 나온 것이 아니라 사탄에게서 나온 것이다. 사실 이런 중상모략은 예수의 사역 초기부터 있었다.39 그리고 그에 대한 심문과 재판 이야기들은 그런 비난에 대한 어떠한 명시적인 언급도 없었다. 하지만 이 문제는 그들이 내세웠던 표면적인 이유와 전혀 동떨어진 것은 아니었다.

따라서 선량하고 신중한 사람들이 예수는 사회 질서에 위협적인 인물이며 거짓 교사라고 결론을 내릴 가능성은 충분했다. 기득권층에게 사회 변혁을 요구하는 그의 가르침은 위협이었으며, 그의 운동은 로마 당국을 자극해서 간섭을 자초하게 될 위험이 있었다. 두 가지 모두 질서 유지의 책임을 지고 있던 사람들로서는 받아들일 수 없는 것이었다. 실제로 있었던 일이었는지는 모르겠지만, 요한복음에 나오는 가야바의 말은 역사적으로 타당성이 있다. 가야바의 공회에서 여러 사람이 일어나 예수 운동은 소

---

39 이 책 제4장, 96-97쪽 참조.

요를 일으킬 소지가 많으며 로마가 이 일을 좌시하지 않으리라는 발언을 한 후에 가야바는 이렇게 말했다. "한 사람이 백성을 위하여 죽어서 민족 전체가 망하지 않는 것이, 당신들에게 유익하다는 것을 생각하지 못하고 있소."40 그의(그리고 그들의) 관점에서는 바알세불과 연합하고 있다는 소문이 나돌고 있는 거짓 교사를 제거하는 일은 자기들의 사회적 세계를 보존하기 위해서 가치 있는 일이다.

간단히 말해 예수가 죽어 마땅하다고 결정했던 사람들이 반드시 '나쁜' 사람이었던 것은 아니다. 역사적으로, 예수의 적대자들은 우리나 우리 시대의 사람들과 아주 비슷하다. 자기가 보는 관점에 따라 그리고 자기가 믿는 바에 따라 자기가 할 수 있는 최선을 다하려 한다는 점에서 말이다. 그들이 달리 처신할 가능성은 거의 없었다. 당시 사회적 세계의 정점에 있던 입장에서 달리 볼 가능성이 별로 없었으니 말이다.41

따라서 예수의 죽음은 로마의 제국주의적 통치와 유대 민중 사이에서 중재하던 유대교 종교지도자들과 관료집단의 협의체 그리고 로마 총독이 동맹한 결과였다. 그러나 그의 죽음을 둘러싼 직접적인 상황을 넘어 **무엇이 예수의 죽음에 책임이 있었는가?** 하는 폭넓은 질문으로 옮겨가는 것은

---

40 요 11:47-53. 이 기사는 예수의 적대자들이 예수의 마지막 예루살렘 여행 얼마 전에 이미 예수의 사형을 결의했던 한 공회를 반영하고 있으며, 요한의 신학으로 다소 채색되기는 했지만 그 경과가 비교적 정확하게 보존되어 있다는 흥미로운 주장을 펴고 있는 글로는 E. Bammel, "Ex illa itaque die consilium fecerunt…," in *The Trial of Jesus*, edited by E. Bammel (London: SCM, 1970), 11-40.

41 이것은 마치 사람들의 지각이 사회 계급에 의해 절대적으로 조건 지어진다는 식의 엄격한 사회적 결정론을 주장하려는 것이 아니다. 우리는 예수 시대에 특권계층에 속해 있던 사람들 가운데 적어도 두 사람의 예외를 알고 있다. 아리마대 요셉과 니고데모, 이들은 둘 다 공회의 회원이었다. 그것도 대제사장의 사적인 회의체가 아닌 종교회의의 회원으로서 복음서 전통에 따르면 아주 교육 수준이 높은 사람들이었다. 하지만 여기서 내가 한 가지 좀 더 분명하게 드러내고자 하는 것은 어느 시대의 어떤 사람에게나 그 사회적 세계에서 그가 차지하고 있는 위치가 그의 지각을 결정한다는 사실이다.

시사하는 바가 매우 크다 — "**누가 예수를 죽였는가?**"에서 (그래서 '왜'라는 이유를 떠올릴 수 있는) "**무엇이 예수를 죽였는가?**"로.42

전체적으로 보아 예수의 죽음에 책임을 져야 하는 것은 당시의 인습적인 지혜—그 당시의 '지배적인 의식'—였다. 대제사장과 그를 중심으로 한 집단은 지배의식의 충복忠僕이었으며 수호자였다. 그들의 모태는 이 지배적 의식이었고, 어떤 의미에서 그들은 거기에 예속되어 있었기 때문에, 그 당시의 지배적인 의식을 유지하는 일에 관심을 둘 수밖에 없었다. 온건하고 자기 보전적인 율법들과 믿음과 규칙의 그물망으로 실재를 길들임으로써 실재를 더 안전하게 만들려 했던 인습적 지혜의 지배적 의식은 대안적 의식을 외치는 음성을 위협으로 느꼈다. 세속 문화도 그렇지만 종교적 전통도 한창 물이 오르는 대안적 의식의 음성과 편안한 관계를 유지하지 못하는 경우가 많았다. 특히 그 음성을 추종하는 자들이 생길 때는 더 그랬다. 그것은 그 문화를 뿌리로부터 위협했으며, 지배적 의식의 근본적인 주장들을 제도화하는 사회 구조는 물론이고 실재를 바라보는 나름의 관점과 에토스를 문제 삼았다. 예수를 통해 흘러나온 성령의 음성은 지배적 의식에 도전했다.

거룩한 정치학 역시 어떤 역할을 했다. 이것은 예수의 메시지와 그 운동이 직면했던 많은 저항의 원인을 설명해준다. 거룩함의 정치학을 강력하게 구현했던 바리새인들은 그들이 비록 예수의 체포와 재판에 직접 개입한 것 같지는 않지만, 예수의 공생애 동안 가장 음성을 높였던 비판자 그룹이었다. 그러나 거룩함의 정치학은 문화 전반에 관련된 것이지 바리새인들에게 국한된 것은 아니었다. 그것은 다소 느슨한 느낌은 있지만, 순

---

42 Rivkin의 책 *What Crucified Jesus?*의 제목은 누가 예수를 죽였는가와 무엇이 예수를 죽였는가 하는 질문 사이의 대조에 기초하고 있다.

응적인 지배층의 삶은 물론이고 보통 사람들의(심지어 아웃캐스트까지도) 삶에도 영향을 끼쳤다.

유대인과 이방인, 의인과 아웃캐스트의 첨예한 구별을 통한 생존을 강조한 거룩함의 정치학은 자비의 정치학을 비정통적이며 위협적인 것으로 간주했다. 거룩함의 정치학에서 종교(문화)의 목적은 어느 정도 그 자체를 유지하는 것이었다. 그러나 예수가 가르쳤던 그 '길'은 종교적 전통과 사회의 존립을 위태롭게 하는 것이었다. 성령의 길은 인습적인 지혜를 기반으로 세워진 사회에 대한 위협이었고, 포용의 길은 의와 업적, 구별에 관심하는 사회에 대한 위협이었고, 평화의 길은 전쟁에 직면한 사회에 대한 위협이었다. 따라서 예수의 대안적 의식은 당시 문화의 지배적인 의식과 충돌할 수밖에 없었다. 예수의 대안적 의식은 헌신적으로 거룩함을 추구하는 사람들이 보기에는 잘못된 것이었고, 현상 질서 유지에 목을 매고 있었던 사람들에게는 사회를 불안하게 하는 것이었다.

그러나 이제 우리는 예수의 적대자들을 이끌어 갔던 힘에 대해서 뿐만 아니라 예수 자신의 의도에 대해서도 말해야 한다. 그를 단순히 희생자로만 말할 수는 없다. 그는 자기 시대의 에토스에 적극 도전을 했던 사람이다. 그는 성령의 이름으로 그리고 성령의 권능으로 그 당시 문화의 변혁을 시도했기에 죽임을 당했다. 그는 하나님과의 친밀한 관계를 요구했는데, 그것은 새로운 에토스와 새로운 정치학을 낳기 마련이었다. 예수가 자신의 죽음을 애초부터 의도했던 것은 아니었다 해도 그는 그 목표를 위해 자기 목숨을 바쳤다.

예수와 그의 적대자들의 갈등은 두 가지 존재 방식 사이의 갈등이었는데, 이것은 비단 이스라엘 역사뿐만 아니라 교회와 현대 문화를 포함해서 인간의 역사 일반을 통해서 항상 있던 것이다. 하나는 삶을 자아와 그 세계의 안전을 중심으로 하여 구성한다. 인습적인 지혜와 거룩함의 정치학의

(그것이 개혁된 형태이거나 세속적인 형태라 해도) 본질적인 요소는 지금도 여전히 우리 삶 속에 남아있다. 따라서 예수를 죽인 것은 지금도 여전히 인간의 역사 속에 살아 있다고 할 수 있다. 다른 존재 방식은 삶을 하나님을 중심으로 해서 구성한다. 결국, 이것은 성령에 근거한 삶과 문화에 근거한 삶 사이의 갈등이다. 성령의 이름으로 문화를 변혁하려 했던 예수의 관심이 예수를 죽음으로 내몰았다. 성령에 의해 형성된 대안적 의식의 음성이었던 예수는 그의 백성들을 다른 길로 이끌었다.

예수가 예언자 이상의 사람이기는 하지만 그를 죽음으로 내몰았던 것은 변화를 요구하는 그의 예언자적 외침이었다. 우리가 살펴본 바와 마찬가지로 예수는 카리스마적인 치유자였으며, 비#인습적인 현자였으며, 대안적 공동체의 창시자였다. 그러나 이러한 범주들조차도 역사적인 인물이었던 예수를 궁극적으로 정당하게 파악한 것은 아니다. 유대인 철학자 마틴 부버가 힘있게 주장했던 것처럼 이 예수에게는 유대교의 범주를 넘어서는 무엇인가가 있다.[43] 기독교적인 전제를 상정하지 않고, 순전히 역사적인 근거만 가지고 말하더라도 예수는 역사상에 존재했던 가장 주목할 만한 인물들 가운데 하나임이 분명하다.

---

43 부버의 진술은 매우 충격적이다. "젊은 시절부터 나는 예수에게서 나의 큰 형님을 발견했다. 기독교는 그를 하나님으로 그리고 구세주로 여겼고 지금도 그렇게 여기고 있다는 사실은 나에게 가장 중요한 사실처럼 보였다. 나는 그와 나를 위해서 그것을 이해하기 위해 노력해야만 했다. … 그에 대해 느끼는 나 자신의 개방적인 형제애는 점점 강력해지고 분명해졌으며, 지금에 와서는 그를 이전보다 좀 더 확고하게, 분명하게 보고 있다. 나는 이전보다 더 큰 확신으로 말할 수 있다. 이스라엘의 신앙사 가운데서 그는 위대한 자리를 차지해야 한다는 것, 그 자리는 어떠한 일반적인 범주로도 묘사될 수 없다는 것을 말이다." *Two Types of Faith* (New York: MacMillan, 1952), 12-13.

결어: 부활절과 살아계신 그리스도의 탄생

역사적 예수 이야기는 서기 30년 어느 금요일에 일어났던 그의 죽음으로 끝나지만, '예수 이야기'는 거기서 끝나지 않는다. 그의 제자들에 의하면 죽음도 그를 붙들어 둘 수는 없었으며 예수는 부활주일부터 시작된 새로운 길에서 그들 가운데 나타났다. 실제로 기독교인들은 그를 언제나 살아 있는 실재로 받아들이고 있다.

우리는 정확히 어떤 일이 일어났는지는 모른다. 제자들이 전한 부활 사건에 대한 가장 초기의 전승에 따르면 예수가 "그들에게 나타났으며" 그분은 공생애 동안 그들이 알고 있었던 분과 동일 인물이었다는 것이다. 우리는 그러한 현현이 어떤 형태로 이루어진 것인지는 모른다. 부활 현현을 전하는 데 사용한 언어는 때로 환각의 경험을 들려주는 것처럼 보이기도 한다. 또 예수를 거의 육체적인 형태로 묘사하는 경우도 있다. 우리가 말할 수 있는 것은 부활이 주검의 소생은 아니었다는 것이다. 여기서 소생과 부활은 그 의미가 사뭇 다르다. 전자는 한 번 죽었던 사람이 되살아나는 것과 그/그녀가 다시 죽을 때까지 일상적인 실존의 조건들을 받아들이는 것을 의미한다. 부활이 뜻하는 것이 무엇이든 간에 부활은 소생이 아니다. 부활은 존재의 다른 양상으로 들어감이지 이전의 존재 양상을 회복하는 것이 아니다. 예수의 경우에 부활은 교회의 언어를 사용해서 말하건대 '하나님의 오른편에 올리는 것'이었다.

그렇지만 부활절 사건은 예수의 주검에 일어난 어떤 사건을 포함하는가? 역사적인 측면에서는 대답할 수 없다.[44] 하지만 우리가 말할 수 있는

---

[44] 예수의 주검에 어떤 일이 일어났음을 제시해주는 빈 무덤 이야기는 막 16:1-8에 처음으로 보도하고 있다. 그리고 거기서 그 사건은 일반에게 널리 알려지지 않은 것으로 묘사하고 있다. 여인들은 빈 무덤을 발견했지만, 아무에게도 그것에 대해서 말하지 않는다. 이 부분이

것은 기독교 신앙의 관점에서 매우 중요한 것이다. 즉, 예수의 추종자들은 그를 계속해서 살아 있는 실재로 체험했으며, 하나님의 특성을 갖는 존재로 새롭게 체험했다는 사실이다. 이제 그는 어떤 특정한 장소에 국한하지 않고, 어느 곳에서든 알려질 수 있게 되었다. 이제 그는 그들과 함께 거하는 임마누엘(하나님이 우리와 함께 계시다)이었다. 이제 그는 "하나님의 우편에 앉으셔서" 하나님의 권능과 위엄에 참여하신다. 이제 그들은 예수를 주님으로, 그리스도로 이해했다. 그러나 살아계신 그리스도와 기독교인들의 삶에 미치는 그의 주권에 관한 이야기는 이 책의 범위를 넘는 것이다. 다만 성령의 이름으로 문화를 변혁하려던 열정 때문에 죽임을 당한 예수는 죽음이나 문화에 의해 삼켜질 수 없었다고 말하는 것으로 충분하리라. 실로 성령은 문화를 극복했다.

과연 빈 무덤 이야기가 나중에 첨가된 것인지를 나타내는지 아닌지를 알아내기는 쉽지 않다. 어떤 경우든 마가의 진술은 이해하기 어렵다. 하지만 부활의 진실이 빈 무덤이나 사라진 시신에 근거하는 것이 아님을 기억하는 것은 중요하다. 오히려 부활의 진실은 죽음을 넘어 살아 있는 실재로서의 그리스도 체험에 근거하는 것이다.

10장
결론: 예수의 새로운 비전
— 우리 시대에 주는 의미

　예수가 대체 어떤 분이었는지는 예수 당시와 마찬가지로 20세기 후반을 보내고 있는 오늘의 교회와 문화에도 역시 하나의 도전이 되고 있다. 예수의 '새로운 비전'—삶에 대한 예수 자신의 비전과 예수에 대해 우리가 알아낼 수 있는 이미지—은 우리의 가장 일상적인 존재 방식에 급진적인 문제를 제기하고 있으며 다른 시각으로 세상을 보도록 우리를 초대하고 있다.

　기독교인이든, 비기독교인이든, 우리가 예수에 관해 알 수 있는 것은 성령의 실재에 대한 생생한 증언이다. 지나간 세대는 대부분 성령에 귀를 기울일 필요가 없었다. 그때는 성령의 실재를 당연한 것으로 받아들였기 때문이다. 하지만 우리는 그렇지 않다. 이런 사정은 대부분 교회에서도 마찬가지이다. 이것은 실재에 대한 현대적 이미지가 신자든 비신자든 현대인들의 정신생활에 두루 영향을 미치고 있기 때문이다. 오늘날 많은 사람에게 신앙은 그것이 우리에게 큰 의미로 다가오지 않지만, 교회의 가르침을 믿으려는 일종의 투쟁이 되었다. 믿어져야 하는 일련의 신념체계가 되어버린 기독교(그리고 '다른 세계'를 긍정하는 모든 종교)는 현대인들의 마음을 형성해 온 실재의 이미지에 의해 철저히 도전받고 있다.

바로 이와 같은 상황에서 유대교의 카리스마적 흐름에서 영에 충만한 인물이었던 역사적 예수는 우리에게 말을 걸어올 수 있다. 예수의 영적 세계 체험은 도무지 다른 신념체계를 인정하지 않고 있는 현대 세계관에 도전해 온다. 예수가 어떤 인물이었냐 하는 물음은 우리로 하여금, 다른 모든 문화권에서도 '다른 세계'를 체험한 인물들이 있었으며, 현대사회에 사는 우리만 유독 다른 세계의 실재를 의심하도록 교육을 받아 왔다는 사실을 깨닫게 한다. 성서가 보도하고 있는바 성령에 대한 예수의 강렬한 체험적 관계는 우리로 하여 실재는 현대 세계에서 사는 우리가 상상하는 것과는 아주 다를 수도 있음을 고려하라고 한다. 예수의 삶은 성령이 실재적인 것임을 강력하게 시사했다.

역사적 예수는 성령의 실재에 대한 하나의 증언이며 성령 안에서 사는 삶이 어떤 것인지를 생생하게 예시해주는 분이다. 그것은 매우 인상적이다. 성령의 놀라운 권능은 예수의 능력 있는 행위 속에서 충만하게 드러났다. 그러나 그러한 극적인 사건만을 생각해서는 안 된다. 예수에 대한 역사적 기록들은 그것과는 다른 예외적인 특성들을 보여준다. 그는 놀라우리만큼 자유로운 인물이었다.[1] 두려움과 불안에서 자유로웠던 그는 현실을 정확하게 바라보고 사랑하는 데도 자유로웠다. 그의 자유는 성령에 근거한 것이었으며 그의 삶이 가지고 있는 다른 중심적인 특성인 용기, 통찰, 기쁨 그리고 가장 귀한 자비도 성령으로부터 흘러나왔다. 이 모든 것은 사도 바울의 말대로 성령의 열매였다. 이처럼 우리가 예수에 대해 알 수 있는 바는 성령 안에서 사는 삶을 우리의 일상적인 삶의 방식과는 다른 놀라운 대안으로 보라고 우리를 초대하고 있다.

---

[1] 내가 처음으로 이런 통찰과 만났던 것은 역사적 예수를 놀라우리만큼 자유로운 인물로 규정한 Paul Van Buren의 놀라운 문장에서였다. 그의 *The Secular Meaning of the Gospel* (New York: MacMillan, 1963).

특히, 기독교인들에게 역사적 인물로서 예수가 어떤 존재인지는 매우 중요한데, 그것은 교회의 전통에서 그가 차지하고 있는 특별한 지위 때문이다. 교회의 전통은 예수에 대해서 일관되게 두 가지 점을 언급하고 있는데, 그것은 예수가 '참 하나님'이요 '참 인간', 즉 참 하나님의 화육化肉인 동시에 진정한 인간이라는 것이다. 참 하나님으로서 예수는 그가 세상에 계실 때에도 신의 현현, 곧 하나님의 나타남 혹은 계시('현현'이라는 단어의 뜻 그대로)였다는 것이다.2 참 인간으로서 예수는 인간의 삶을 위한 모델이다. 특히 제자 됨을 위한 모델이다. 정통 기독교 신학의 전통에서 예수가 차지하고 있는 이중적 지위는 우리로 하여 그 당시에 그의 제자가 되려 했던 사람들에게 그가 갖는 의미가 무엇이었는지를 이해할 수 있게 했다.

역사적 예수: 하나님의 현현

신의 현현으로서 예수는 하나님의 나타남 혹은 계시였다. 그는 자신의 가르침을 통해서만(마치 계시가 일차적으로 정보로 이루어진 것인 양) 하나님을 드러낸 것이 아니라 자신의 존재 방식을 통해서도 하나님을 드러냈다.3

---

2 이러한 주장이 의미하는 바의 뉘앙스를 탐색하는 것은 결론 부분의 한계와 목적을 훨씬 벗어나는 것이다. 다만 나는 기독교 신학의 정통적인 흐름은 예수가 그의 역사적 삶의 기간에도 역시 하나님의 계시였음을 지속해서 주장해왔다는 사실을 지적해두고자 한다. 마치 그가 공생애 기간에는 보통 인간이었고 그 후에 비로소 신이 된 것처럼 생각해서는 안 된다(이런 주장은 양자론과 급진적인 형태의 겸비의 그리스도론이 주장하는 바인데 이런 주장들은 교회의 정통주의와 부합하지 않는 것이다). 즉, 그의 '신성'이 부활 이후의 부활체에 부여된 것으로 간주해서는 안 된다는 말이다. 따라서 역사적 삶 가운데 나타난 그의 존재는 굳이 말하자면 하나님의 나타남이었다. 인간인 동시에 하나님인 예수에 대한 교회의 다양한 이해에 관한 탁월하고도 이해하기 쉬운 연구 결과로는 John Baillie, *God Was in Christ* (New York: Scribner, 1948)을 보라. 신약성서 시대에 관한 연구로는 John Knox, *The Humanity and Divinity of Christ* (Cambridge: Cambridge University Press, 1967).

그 현현顯現은 예수였다. 그의 메시지뿐 아니라 그의 인물됨 자체가 현현이었다. 이처럼 그는 하나님의 형상4이었고, 신적 실재를 드러내고 매개하는 하나님의 성상聖像5이었다. 따라서 그가 어떤 존재였는가는 곧 하나님이 어떤 분이신지를 드러냈다.

전통적인 표현을 빌자면 예수는 하나님 사랑의 계시이다. 기독교인들에게 말씀이 육신이 되신 예수는 하나님 사랑의 화육이다. 그의 삶은 하나님의 사랑이 어떠한지에 대한 특별한 내용을 우리에게 제공하고 있다. 그렇지 않았더라면 추상일 수밖에 없었던, 하나님의 사랑에 구체성을 부여했다는 말이다.

그 사랑의 특징은 무엇보다도 우리가 역사적 예수에게서 발견하는 자비로움에서 찾아볼 수 있다. 그로 하여 문둥병자를 만지게 하고, 안식일에 병자를 고치고, 인간 공동체에서 소외된 사람들에게서 하나님의 자녀를 보게 하고, 자신은 훤히 내다보지만, 이스라엘 백성들은 보지 못하는 미래로부터 그들을 구원하기 위해 목숨을 걸게 했던 것은 그의 자비심이었다.

우리가 예수에게서 보다시피 하나님의 자비에는 개인적인 차원은 물론, 사회적인 차원도 있다. 이전의 예언자들이 그러했듯이6 예수에게도 하나님의 자비는 인간의 고난을 초래하는 맹목성, 불의 그리고 우상숭배에 대한 슬픔과 분노를 담고 있다. 또한, 여기에는 사람들을 위협하고 제

---

3 Leander Keck은 역사적 예수는 '하나님의 비유'라는 놀라운 표현을 하고 있다. 그의 책 *A Future for the Historical Jesus* (New York and Nashville: Abingdon, 1971).
4 신약성서에서 '하나님의 형상'으로서 예수에 관해서는 고후 4:4; 골 1:15를 보라.
5 '성상'(icon)은 고대 그리스어로 '형상'(image)이다. 동방정교회 전통에서 성상들은 종교적 주제를 고도로 양식화해서 그린 거룩한 형상이었다. 성상은 명상의 대상으로서 다른 세계로 향하는 창문 구실을 했다. 즉, 성상들은 성령을 매개했다.
6 Walter Bruggemann, *Prophetic Imagination* (Philadelphia: Fortress, 1978)과 Abraham Heschel, *The Prophets* (New York: Harper & Row, 1962).

지하기 위한 것으로서 심판의 경고가 포함된다. 그리고 이런 심판의 경고가 현실로 나타나기도 한다. 완고한 맹목성과 부주의함은 심판을 자초한다. 하나님의 형상으로서의 예수는 역사 속에서 인간에게 일어날 일들에 대한 하나님의 염려를 반영해준다. 문화적 삶이 하나님께는 문제가 된다.

하나님의 현현이신 예수는 모든 것의 중심에는 어떤 실재가 있음을 드러냈다. 그 실재는 우리와 사랑에 빠져 있으며, 우리가 개인으로서 또한 사회에 속해 있는 개인으로서 행복하기를 원하고 있다. 하나님의 형상이신 예수는 고대 세계와 현대 세계에 가장 널리 퍼진 실재 이미지에 도전하고, 또 인습적 지혜가 하나님을 이해하는 방식에도 저항한다. 인습적인 지혜의 하나님은 인간에게 여러 가지를 요구하는데, 자신의 안전을 추구하는 불안한 자아는 반드시 이 요구들을 만족시켜야 한다. 바로 이러한 하나님 이해의 자리에 자비로운 분이신 하나님의 형상이 들어서는데, 그분은 인간의 삶이 개인적인 측면과 사회적인 측면 모두에서 근본적으로 변혁할 수 있는 어떤 관계 속으로 사람들을 초청하신다.

예수: 제자 됨의 모델

예수는 또한 기독교적인 삶의 모델이다. 이 주장은 제자 됨의 이미지와 더불어 복음서에 나온다. 예수의 제자가 된다는 것은 한 교사의 생도가 된다는 것 이상을 의미한다. 제자가 된다는 것은 '뒤를 따른다'라는 뜻이다. 예수는 누구든지 나의 제자가 되려는 사람은 '나를 따르라'고 했다. 예수를 따르는 자가 된다는 것은 무슨 뜻인가?[7] 그것은 예수가 진지하게 받아들

---

[7] 제자로서 사는 삶을 모든 기독교인이 똑같이 강조하고 있는 것은 아니다. 어떤 이들은 예수가

이는 것을 자신도 진지하게 받아들인다는 것이다. 쉽게 말해, 그처럼 된다는 말이다. 바로 이것이 사도 바울이 말한 그리스도를 본받는 것이다.8 역사 인물로서 예수의 인물됨은 그가 자기 제자들을 그리로 초대했던 바로 그 삶의 비전을 밝히고 체화한 제자 됨의 모델이 되었다.9

그 비전은 성령과 문화의 경계선 위에서 살아가는 삶, 즉 두 세계에 참여하는 삶이다. 이것은 세 가지 핵심 요소를 가지고 있다. 첫째, 그 근원은 성령 안에서 나는 '탄생'이다. 그 탄생은 예수가 말했고 또한 체험했던 '자

벌써 '이 모든 일을 다 행했기' 때문에 —예수께서 십자가에서 죽으심으로써 나의 모든 죄를 대속하셨으니 그의 피와 의를 확실하게 믿고 평강을 누리는 것 이외에는, 아무 할 일도 없다— 예수를 따르는 일은 전혀 중요한 일이 아니라고 생각하기도(심지어 주장하기까지) 한다. 여기에도 조금은 일리가 있다. 수 세기 동안 기독교 신학의 주된 흐름은 우리가 행위에 의해서가 아니라 은총에 의해 구원받았으며, 우리가 알려졌다는 사실을 알기도 전에 하나님께 알려진 바 되었으며, 우리가 그의 사랑에 귀의하기도 전에 이미 하나님께 사랑을 받고 있었다고 일관되게 주장해왔다. 그러나 우리가 그것을 보고, 믿고, 알았다고 하자. 그다음은 무엇인가? 제자직은 응답이다. 즉, 제자직은 은총의 우선성에 도전하지 않는다. 은총에 대한 응답일 뿐이다.

8 고전 11:1. 바울은 '내가 그리스도를 본받는 사람인 것과 같이, 여러분은 나를 본받는 사람이 되십시오'라고 했다. 빌 2:5-8을 보라. 이 대목에서도 그리스도를 본받음의 모티프가 지배하고 있다. 예수의 자기 비움, 종 됨 그리고 죽기까지 복종하심은 본받아야 할 모델로 제시되고 있다.

9 나는 예수에 관한 역사적 지식이 기독교인 제자직의 삶을 위한 필요조건이라고 주장하는 것은 아니다. 예수가 죽은 후, 제자 됨은 살아계신 그리스도에 대한 응답이지 역사적 예수에 대한 응답은 아니다. 지금도 우리에게 주님으로 알려진 그분은, '나를 따르라'고 요구하는 그분은, 그분을 따르는 자들과 더불어 스승과 제자의 관계를 여전히 유지하고 계신 그분은 그분을 따르는 자들과 더불어 스승과 제자의 관계를 여전히 유지하고 계신 그분은 살아계신 그리스도시다. 더욱이 수 세기 동안 기독교인들은 역사적 예수에 관한 지식이 없이도 제자 됨의 삶을 살았다. 현대 이전까지만 해도 복음서에 나오는 그리스도와 역사적 인물로서 예수를 나누어 생각하려는 시도는 전혀 없었다. 분명한 것은 예수에 관한 역사적 지식은 그것이 기독교 신앙을 위해서도 그렇듯이 제자 됨의 삶을 위해서도 꼭 필요한 것은 아니라는 사실이다(이 책 제1장, 33-34쪽 참조). 그렇지만 예수의 인물됨은 제자 됨과 무관한 것이 아니다. 사실 우리는 부활 사건 이후 수십 년 동안 초대 기독교인들이 예수의 인물됨에 대한 생생한 역사적 기억을 통해 그를 따른다는 것이 과연 무엇을 의미하는지에 대한 이해를 형성했음에 틀림이 없었다고 생각할 수 있다. 내가 주장하는 바는 역사적 예수에 관한 이미지가 제자 직의 길을 밝혀주었으리라는 것이다.

아의 죽음'을 내포한다. "나를 따라오려고 하는 사람은 자기를 부인하고, 자기 십자가를 지고, 나를 따라오너라."10 본회퍼의 경구는 의미를 제대로 파악하고 있다. "그리스도께서 사람을 부르실 때 그는 와서 죽으라고 명령하신다."11 그 죽음은 우리를 인습적인 지혜와 자아에 대한 선입견 그리고 그것이 지탱하고 있던 안주의 세계로부터 거듭남을 의미하는 새로운 생명으로, 새로운 존재 방식으로 인도한다. 성령으로 거듭남은 문화가 더 줄 수 없는 완전 새로운 정체성을 낳는다. 이것은 우리가 하나님을 친밀한 분으로, 즉 아바 아버지라고 부를 수 있는 '자리'에 대한 눈뜸이다.12

성령 안에서 사는 삶의 두 번째 핵심적 요소는 그 중심적인 특징인 자비이다. 이것은 예수에게도 마찬가지였다. 그가 가르치고 또 살았던 '자궁성'으로서 자비는 하나의 느낌인 동시에 존재의 방식이다. 사람은 자비심을 느끼고 또 자비로운 존재이다. 이것은 단순히 자애로운 호의가 아니라 부드러움이요 감정 이입을 가능케 하는 포용성이다. 자비는 다른 사람과 공유하는 감정이요 그들의 상황에 의해서 마음이 움직여질 수 있는 능력이다. 느낌으로서의 자비는 어떤 행위를 위한 동기가 된다. 존재 방식으로서의 자비는 일관된 성향이거나 고유의 특질인데 다소 낡은 표현을 쓰자면 하나의 '덕성'이라 할 수 있다. 사람은 자비로워야 한다.

자비는 은총이지 업적이 아니다. 자비의 항구성은 의지적인 노력의 산물이 아니라 성령과의 관계에 달린 것이다. 자비는 우리가 예수에게서 보

---

10 막 8:34. 이 책 제6장, 164-170쪽 참조.
11 제6장 주 67. 독일의 루터교 목사이자 신학자였던 본회퍼(1906-1945)는 제삼 제국이 패망하던 달에 나치에 의해 순교 당했다. 이 말은 그에게 문자 그대로의 의미로 다가왔다. 그가 죽기 약 8년 전에 이런 표현을 썼을 때 그는 아마도 이런 결과를 예기치 못했을 것이다.
12 이러한 탄생은 '성령세례'에 관한 옹색한 이해와 동일시되어서는 안 된다. 가장 성숙한 기독교인의 삶은 성령과의 생동감 있는 관계를 내포하기 때문이다.

듯이 철저히 하나님께 집중하는 데서 나온다. 우리가 자아를 비울 때라야 비로소 자비로우신 하나님의 영으로 충만할 수 있다는 말이다. 다른 은유를 써서 말하면 자비는 우선 성령의 열매이다. 만일 우리가 예수를 성령 안에서 나타난 생명으로 진실하게 받아들인다면, 기독교적인 삶의 성장은 본질적으로 자비로움의 성장으로 나타날 것이다.

성령 안에서 사는 삶의 세 번째 핵심적 요소는 문화와의 변증법적 관계성이다. 새로운 생명은 문화에 덜 연루됨과 동시에 더욱 연루되는 것이다. 생명을 지향하는 운동이 하나님의 영에 근거하듯이 성령 안에서의 삶은 그것이 상품이든, 지위든, 정체성이든, 국가든, 성공이든, 의(義)든 간에 문화가 제공하는 많은 안전물로부터 벗어나는 움직임이다. 인습적 지혜의 세계에서 나온 이런저런 구별들도 마찬가지이다. 그것들은 사회적 필요에 따라 생겨난 산물들로써 아무런 영속적인 거처도 제공하지 못한다. 예수가 살았고 또 가르쳤던 삶의 비전은 그것이 종교적인 것이든, 세속적인 것이든 —첫 제자들에게 그러했듯이— 인습적인 지혜의 '집'을 떠나라는 것이었다.

하지만 성령 안에서 사는 삶이 사람들로 하여금 문화로부터 달아나도록 하는 것은 아니다. 이것은 개인주의적 비전이 아니기에 새로운 공동체, 대안적 공동체 또는 대안적인 문화를 창조했다.13 이것은 예수와 —그가 살아계신 동안 그리고 그가 떠나신 이후에도— 그의 추종자들의 경우에도 마찬가지이다. 새로운 삶은 새로운 사회적 실제를 만들어낸다. 먼저 '운동'으로, 다음에는 '교회'의 형태로. 사실 교회라는 말 자체는 '불러냄을 받은

---

13 즉, 공동체는 이것의 고유한 일부이다. 기독교적인 전통에서 몇몇의 예외가 있기는 하지만 (은수자와 주변 세계에서 고립된 기독교인들), 예수와 그의 추종자들은 새로운 삶을 묘사하기 위해 가족, 이스라엘, 하나님의 나라, 잔치, 가지 많은 포도나무, 많은 지체가 있는 몸 등 풍부한 공동체적 이미지들을 사용했다.

공동체'를 뜻한다. 유대교 사회에서 탄생했고, 로마 세계에서 자라난 교회는 대안적 비전과 가치관을 가진 대안적 공동체로서 뚜렷하게 등장했다.

성령을 알고 있는 대안적 문화 공동체인 교회는 공유된 지각과 가치관 그리고 새로운 관점과 존재 방식을 확인하고 유지하는 예배를 통해 새로운 삶을 육성하기 위해 존재한다. 그러나 새로운 공동체는 또한 새로운 존재 방식을 구현하기 마련이다. 교회는 그 자체의 삶을 통해 성령 안에서의 삶에 의해 촉발된 대안적인 가치들을 구현해야 하며, 자비의 에토스를 구현함으로써 자비의 증인이 되어야 한다. 예수의 대안적 공동체에는 급진주의가 있으며 교회가 그 급진주의를 구현할 때라야 비로소 '그 빛을 숨길 수 없는 산 위의 동네'[14]가 되는 것이다. 그런데 교회는 성령에 근거한 공동체일 때만 그 일을 해낼 수 있다.

예수의 비전을 진지하게 받아들인다면 교회는 오늘날 대안적 문화가 되어야 한다. 서양사에서 그 사회의 공식적인 가치들이 기독교 전통의 중심적인 가치들과 대략 일치한 시기가 있었는지는 몰라도, 그런 시대는 이미 지나갔다. 현대에 와서 양자 사이의 틈은 더욱 커졌다. 오늘날 미국식 생활의 중심적인 가치들—풍요로움, 성취, 외양, 권력, 경쟁, 소비, 개인주의—은 기독교적이라 할만한 것과는 엄청난 차이가 있다. 개인으로서든 문화 전체로서든 여러 가지 보호 수단들과 '이 세상' 그리고 '유한한 것들'에 집중하는 가치들로 무장한 우리의 실존은 매우 우상숭배처럼 되고 있다.

우리는 현대판 바벨론에 살고 있지만, 우리 대부분은 그것의 실체를 의식하지 못하고 있다. 그것은 대개 상냥하고 호의적인 외양을 갖고 있기에 더욱 유혹적이다.[15] 사실 바벨론은 교회 내에도 광범위하게 존재한다.

---

14 마 5:14.

15 성서에 나오는 '바벨론'은 문자적 의미와 상징적 의미를 다 갖고 있다. 문자적인 의미의 바벨론은 기원전 586년에 하나님의 백성을 멸망시켰던 제국을 일컫는다. 신약에서(그리고 당시

교회는(우리를 통해서) 철두철미하게 '이 시대의 정신'으로 얼룩져 왔던 것이다. 현대 문화는 우리의 삶 가운데서 경쟁하는 또 하나의 주^主로 작용하고 있다. 이 문화의 주^主는 현대 문화의 실재관에 입각하여 모든 것에 가치와 정체성을 부여하고, 우리의 복종을 요구하고 있다. 만일 교회가 문화에서 물러남과 대안 문화로 들어감이라는 이중적 운동을 진지하게 받아들였더라면, 자기가 따르는 주님이 문화의 주와 다르며, 자기의 충성 대상과 가치관이 우리 문화의 지배적 의식과 매우 다르다는 것을 점점 더 깊이 자각하는 공동체가 되었을 것이다. 그리고 교회는 예수의 추종자들에 대한 요한의 표현대로, 세상에 있지만 세상에 속하지 않은, 세상에 근거한 것이 아니라, 하나님 안에서 사는 삶을 살았을 것이다.16

그러나 성령과 문화의 경계선상에서 사는 삶에는 또 다른 차원이 있다. 말하자면 그것은 성령의 공동체로서 교회와 교회가 자리 잡은 더 광범위한 문화 사이의 관계이다. 교회사 속에서 그 관계는 크게 네 가지 양상으로 나타났다.17 어떤 기독교인들은 문화를 무관심이나 적대감을 가지고 대하면서 거부하려고 했다. 문화는 어둠의 세계일 뿐이며, 기독교적 삶이란 그 세계를 거부하고 더는 그것에 관심을 주지 않는 것이다. 때로 소종파적 대응이라고 묘사됐던 이런 태도는 아미시 공동체와 같이 매우 점잖은 양상을 취하기도 하지만, 기독교 메시지의 핵심이 세상에 대한 심판을 선포한

・의 다른 유대교 문헌도 역시) 바벨론은 로마를 상징하는 것이었으며, '성도들의 피에 취한 큰 음녀'(계 17), 하나님의 백성을 훼방하는 '새로운' 제국주의적 권력으로 묘사하고 있다. 바벨론은 이처럼 하나님을 적대하는 한 문화를 상징했다.

16 요 17:14-18.

17 이에 대한, 고전적 연구는 Richard Niebuhr의 대가다운 통찰력이 빛나는 *Christ and Culutre* (New York: Harper, 1951)이다. 니버는 이 두 요소의 관계 양상을 다섯 가지로 분류했다. 그러나 나는 논의를 단순화할 요량으로 이것을 넷으로 축소했다. 좀 더 정교한 구분은 그의 세련된 분석의 수준에서 밝히 드러난다.

다 생각하면서, 자기들 스스로는 그 심판에서 항상 열외라고 생각하는 사람들 사이에서 발견되는 다분히 전투적인 양상도 있다.

일반적으로 기독교인들은 두 가지의 다른 길을 취했는데, 그것은 공공연히 대안적 비전의 급진주의를 길들인 것이었다. 때로 기독교인들은 기독교를 자기네 문화의 중심적 가치의 추인자로 보면서 종교적 신념의 이름으로 자기들의 문화에 정당성을 부여해왔다. 이것이 바로 치명적이면서도 더 자상한 형태를 띠는 기독교적 민족주의 혹은 문화화한 종교의 본질이다. 여기서 사람들은 우리의 문화적 가치들과 종교적 가치들 사이에 근본적인 조화가 있다고 가정한다. 그렇기에 문화의 가치들과 기독교적인 전통 사이에 어떤 근본적인 긴장이 있을 수도 있다는 것은 상상도 할 수 없는 일이다. 성령 안에 있는 대안적 공동체의 급진주의는 성령 안에서의 삶과 문화 안에서의 삶을 날카롭게 구분하고, 삶을 각기 자기 나름의 규범을 갖는 두 영역, 즉 종교적인 영역과 세속적인 영역으로 가르는 다른 일반적인 대응 때문에 사라지고 말았다. 여기서 성령 안에서 삶은 사적인 생활, 더 한정적으로 말하자면 '내적인' 삶에만 국한됨으로써 길들여진다.

넷째의 대응도 있었다. 이것은 문화가 성령의 권능에 의해 변혁한다고 확신했다. 일반적인 것은 아니지만, 이것은 교회사를 통해서 간간이 극적으로 표면에 떠올랐는데, 어떤 세대이든 일부 사람들에게는 의심의 여지가 없는 것이었다. 이것이 우리가 역사적 예수에게서 보는 바이다. 성령의 열매요, 대안적 공동체의 에토스인 자비는 더 광범위한 문화 속에서도 실현해야 했다. 자비의 정치학은 예수로 하여 문화에서 뒷걸음치도록 하기는커녕 오히려 그 시대의 문화를 변혁하려는 열정적인 소명으로 이끌었다. 그는 하나님을 역사 내에서 인간에게 일어나는 일에 관심이 많은 분으로 보았다. 그리고 그는 문화는 거부되거나 정당화되어야 할 것이 아니라 변혁돼야 할 것으로 보았다.

따라서 예수의 비전을 진지하게 받아들인다는 것은 그 사회의 삶을 자비의 정치학과 조화를 이루도록 조정하려는 시도를 내포한다. 이것은 어떤 특별한 경제적 혹은 정치적 프로그램과 일치하는 해석은 아니지만, 그 대체적인 방향은 분명하다.18 자비의 정치학을 중심으로 조직한 사회는 다른 규범들을 중심으로 하여 조직된 사회와는 무척 다르게 보일 것이다. 비록 의의 기준들이 바뀌기는 했지만, 우리는 여러 측면에서 세속화된 형태의 거룩함의 정치학 속에서 살고 있다. 업적과 보상은 그 추진력이다.

자비의 정치학은 인간의 생명을 드높이는 것을 중심 원리로 하여 조직되는 것이지 문화적으로 소중히 여겨지는 업적에 대한 보상을 중심 원리로 하여 조직되는 것이 아니다. 자비의 정치학은 세계를 가치 있는 것과 무가치한 것으로, 친구와 적으로 나누는 데서 발생하는 차이를 강조하지 않는다. 오히려 자비의 정치학은 우리의 평범함을 강조한다. 이것은 배타적이기보다는 포괄적이다. 이러한 정치학은 우리가 지금 우리의 국내적, 국제적 삶을 규정하는 방식과는 매우 다르게 보일 것이다.

당연한 일이지만, 기독교인의 삶에서 자비의 정치학이 의미하는 바는 문화에 따라서 그리고 개인에 따라서 다르다. 어떤 문화권에서는 기독교인들이 너무 소수여서 자기들 문화의 삶에 영향을 미칠 가능성이 아주 적거나 전혀 없는 경우도 있었다. 게다가 기독교인들 모두가 정치적 행동주의의 길로 부름 받은 것은 아니다. 바울의 말대로 은사는 다양하다. 그러나 우리의 문화 속에는 정치적 삶에 직접 참여하는 것과는 거리가 먼 은사를 받은 사람들조차 자신의 정치적 성향을 통해 문화를 형성하는 데 목소

---

18 기독교인들이 정치학에 연루되는 경우는 어떤 기독교인 그룹이 요즘에 와서 시도하고 있는 활동과 혼동되어서는 안 된다. 그들은 의(義)에 대한 엄밀한 이해의 틀을 세우려고 하는데, 이것은 역사적으로 조건 지워진 초창기 문화 시대의 산물이며, '거룩함의 정치학'에 가까워 보인다. 그러나 '자비의 정치학'은 모든 프로그램과 입법을 구체화하는 에토스다.

리를 내는 경우가 있다. 자비의 정치학을 진지하게 받아들인다면 기독교인들이 지지하게 될 '정치학'의 종류에 변화가 일어날 것이다.

인간의 사회적 삶을 조직하는 방법인 자비의 정치학은 하나의 이상理想이다. 그러나 인간의 역사와 관련된 이상이다. '자유'와 마찬가지로 이것은 접근 가능한 이상이다. 비록 그것이 완전히 실현되기는 어렵다 해도 말이다.[19] 더 나아가서 그것의 실현 가능성은 현실주의 정치학이 무엇을 상상할 수 있는가에 달린 것이 아니라, 문화를 변혁하는 성령의 능력에 대한 개방성에 달렸다. 성령 안에서 사는 삶은 문화에 대한 관심을 대신할 뿐만 아니라 성령의 능력을 위한 통로가 되기도 한다. 성령은 용기와 확신 그리고 희망의 근원이다.

성령 안에서 사는 삶과 하나님 나라

예수가 성령의 능력과 성령에 의해 촉발된 삶에 관해 말한 특징적인 요소들 가운데 하나는 '하나님 나라'라는 상징성이 풍부한 문구였다.[20] 유

---

[19] 우리는 '이상들'은 정치적으로 부적절하다고 생각할 수도 있지만, 사실은 그렇지 않다. 우리가 예견할 수 있는 어떤 역사적 미래 가운데 자비의 정치학이 현실 속에 완전히 구현되는 것을 상상할 수는 없다. 그러나 이것은(자유나 정의처럼) '불가능한 이상과의 관련성'—이 문구는 금세기에 북미에서(아마 세계에서) 가장 영향력 있는 기독교 사회 윤리학자인 라인홀드 니버 사상의 핵심이다—을 가질 수는 있다.

[20] 20세기의 연구는 거듭해서 하나님 나라를 예수의 설교와 사역의 핵심적 요소로 다루어 왔으며, 예수의 사역을 이해하기 위한 '열쇠'로 보았다. 역사적 예수에 관한 많은 연구가 이 주제에 집중했다. 나는 지금까지 두 가지 이유에서 이 주제에 대한 언급을 자제해왔다. 물론 우연히 언급할 수 있지만 말이다. 첫째로 하나님 나라는 역사적 예수 연구를 위한 좋은 출발점이 아닌 것처럼 보이기 때문이다. 오히려 역사적 예수 탐구에 참여했던 한 세기 동안의 연구물들이 보여주듯이 이 주제는 아주 다양한 해석 가능성을 안고 있다. 사정이 이렇다면 문제가 좀 더 명확한 곳에서부터 역사적 연구를 시작한 후에 덜 분명한 곳으로 가는 것이

대교적 전통에서 나온 언어적 상징인 이 문구는 '왕'21으로서 하나님 상과 관련하여 다양한 의미의 그물망을 만들었다.

왕으로서 하나님 상은 이스라엘인들이 다른 세계와 이 세계 사이의 관계에 관해 말하는 고전적인 방법 가운데 하나였다. 하나님을 왕이라고 말하는 것은 창조 그리고 역사적으로 결정적인 순간들(이집트 탈출과 포로 생활로부터 귀환 등과 같은), '종말의 때'에 이 세계에서 역사하는 다른 세계의 '힘'에 대해 언급하는 것이다. 하나님의 왕 되심은 또한 현재와 역사의 종말에 하나님 나라를 창조한다. 이 땅에서 하나님 나라는 하나님의 다스리심을 받아들이고, 하나님 나라의 멍에를 스스로 짊어지는 사람들로 이루어져 있다. 종말에는 평화와 정의, 잔치와 기쁨의 영원한 나라가 올 것이다. 하나님의 왕 되심에 대한 이야기는 이처럼 태고 전통의 두 세계를 역사 속에서 처음(창조)과 마지막(완성)에 연결한다. 이것은 이스라엘이 성령에 대해 그리고 성령과 이 세계의 관계를 설명하는 데 사용했던 방법 가운데

정상적인 과정인 것 같다. 이것이야말로, 내가 취하고자 하는 탐구의 과정이다. 예수가 하나님 나라에 관해 말한 바는 이 책 전체에서 그려진 예수의 전형성(Gestalt)을 고려할 때 더 분명해진다. 둘째로 하나님 나라의 중심성이 너무 과장될 수 있기 때문이다. Bruton Mack 은 한 세기 동안의 연구가 예수의 메시지를 요약한 마가복음의 서장('때가 찼고 하나님 나라가 가까웠다')에 홀려서, 그것이 마가의 편집구인 것이 분명한데도 마치 그것이 정확한 역사적 회상이라도 되는 것처럼 다뤘다고 예리하게 그리고 설득력 있게 논증했다. B. Mack, "The Kingdom Sayings in Mark," *Foundations and Facets Forum*, 3, no. 1 (March 1987), 3-47. 하나님 나라에 대한 문헌은 대단히 많다. 최근에 나온 책 중 특히 중요한 것은 다음의 세 권이다. Norman Perrin, *Jesus and the Language of the Kingdom* (Philadelphia: Fortress, 1976); Bruce Chilton, *God in Strength* (Linz: Plochl, 1979); 그리고 Chilton 이 편집한 연구사와 연구문헌집인 *The Kingdom of God in the Teaching of Jesus* (Philadelphia: Fortress, 1984). 이 주제에 관한 좀 더 상세한 연구는 나의 책 *Conflict, Holiness and Politics in the Teaching of Jesus* (New York and Toronto: Edwin Mellen Press, 1984), 248-263과 "A Temperate Case for a Non-Eschatological Jesus," *Foundation and Facets Forum*, no. 2, 3 (September 1986), 81-102, 특히 92-95 참조.

21 페린의 책(위의 주 20을 보라)은 하나님 왕됨에 대한 담론을 불러일으키는 하나님 나라라는 상징적 문구를 이해하는 데 특히 도움이 됐다.

하나이다.

예수는 자신의 사역에서 일어나고 있는 일에 대해 말하기 위해 하나님의 왕 되심과 하나님 나라의 이미지를 사용했다. 예수는 귀신을 내쫓는 자로서 하나님 나라는 자신을 통해 나타나는 성령의 능력이라고 말했다. "내가 하나님의 영을 힘입어서 귀신을 쫓아내는 것이면, 하나님의 나라는 너희에게 왔다."[22] 예수는 자기 시대를 하나님의 왕적인 권능이 역사하는 시대로 보았다. "하나님의 나라가 임하였다, 다가왔다."[23] 그는 하나님 나라를 현재 공동체로, 지금 들어갈 수 있는 무엇으로, 우리가 "당신의 나라가 임하소서" 하고 기도할 수 있는 것으로 말했다. 그리고 그가 속해 있던 전통이 그러했듯이 그도 역시 이것을 동·서로부터 많은 사람이 이르러 아브라함과 이삭과 야곱과 함께 잔치를 벌이는 최종적인 나라라고 말했다.[24]

예수에게 하나님 나라에 대한 가르침은 성령의 능력과 그것이 창조하

---

[22] 마 12:28=눅 11:20.

[23] 이런 이중적 표현은 복음서에서 볼 수 있는 두 가지 담화 방식을 재현한 것이다. 어떤 본문은 하나님의 나라를 분명히 현재 실재로 표현하지만, 다른 본문에선 '오고 있는' 또는 '임박한' 것으로 묘사하고 있다.

[24] 마 8:11-12=눅 13:28-29. 비록 그것이 '하나님 나라'에 대한 하나의 뉘앙스에 지나지 않을지라도 예수는 '종말로서 하나님 나라'에 대해 말했다. 그리고 이것은 비교적 극히 일부 본문에서만 나타난다. 예수는 20세기의 연구가 강조하고 있는 최후의 하나님 나라에 관해 우리가 기대하는 것만큼 자주 말하지는 않았다. 더 나아가 학자들이 점점 인정하는 바와 같이(이 책 제1장, 35-37쪽을 보라) 예수는 종말로서 하나님 나라가 임박했다고 말하지 않았다. 예수가 최후의 심판에 대해 말했을 때 그것이 곧 닥쳐온다고 말하지 않았다(예를 들어, 마 12:41-42=눅 11:31-32; 마 11:20-21=눅 10:13-15를 보라). 또 그가 일관되게 말한 것은 그의 청중들이 기대한 것과 정반대였다는 사실은 특히 흥미롭다. '당신들은 못 들어갈 것이다. 당신들은 심판 날에 형편없는 대접을 받을 것이다.' 복음서에서 세상 종말에 대한 담화의 역할은 하나님 나라의 임박성을 알리는 것이 아니라 인식의 변화로 사람들을 초대하는 것이다. 이것은 마치 예수가 "너희들은 최후의 심판을 믿는다. 자, 이제 최후의 심판 때 그것이 어찌하는지에 대해 내 생각을 들어보라" 하고 말하는 것과 같다. 문제의 핵심은 심판이 임박했다는 것이 아니라 그 심판에 대해서 사람들이 갖는 당연한 기대를 뒤집는 것이다.

는 새로운 삶을 드러내는 수단이었다. 하나님 나라의 도래는 성령이 개개인의 삶과 역사 속에 돌입하는 것이다. 하나님 나라에 들어가는 것은 성령의 삶으로 들어가는 것이며, 예수께서 가르치셨고 스스로 그러하셨던 그 '길'로 이끌림을 받는 것이다. 그 하나님 나라는 역사 속에서 예수의 대안적 공동체의 모습으로 실존한다. 그리고 그것은 성령의 능력 안에서 사는 공동체이다.25 그 나라는 우리가 기대할 만한 무엇이며, 하나님의 권능 혹은 하나님의 영이 일으키는 실재이다. 따라서 성령 안에서 사는 삶은 하나님의 왕적 권능과 연관한 삶을 사는 것이다. 진정으로, 성령 안의 삶은 하나님 나라에서 사는 삶이다.26

이처럼 예수의 비전은 기독교인의 삶에 대한 세 개의 중심적인 이미지들, 즉 성령 안에서의 삶, 제자 됨의 삶 그리고 하나님 나라에서 사는 삶에 대한 내용을 제공하고 있다. 각각의 이미지들은 이 세상의 주主들과 왕국들보다는 하나님께, 문화보다는 성령에 집중하는 삶을 보여주고 있으며, 성령의 능력을 통해 그 왕국들을 변혁할 수 있는 길을 찾고 있음을 보여준다. 역사적 예수와 그가 시작했던 재활성화 운동을 통해서 일반적으로 분리했던 두 요소, 즉 성령과 문화 그리고 종교와 정치학이 놀랍게도 연결되고 있다.

---

25 이것은 물론 제도화한 교회와 동일시되어서는 안 된다. 가시적인 교회는 매우 불완전한 공동체이기 때문이다. 기독교 역사의 가장 찬란한 순간들 속에서 교회는 때로 그 새로운 길을 재현해왔다. 가장 어두웠던 시기에도 교회는 최소한 그 전통의 상징들만은 보존해주었다. 그러나 성령 안에서 삶을 뜻하는 하나님 나라와 인습적 지혜에 근거한 지배적 의식 사이의 투쟁은 과거 이스라엘의 역사 속에서 그랬던 것처럼 교회를 통해 끊임없이 지속했다.
26 성령 안에서 사는 삶과 하나님 나라에서 사는 삶이라는 두 문구는 동일한 실재를 가리키는데, 흥미롭게도 서로를 보충하는 동시에 서로를 한정하고 있다. 새로운 생명을 성령 안에서 사는 삶으로 생각하는 것은 하나님 나라에서 사는 삶이 도덕적·윤리적 의미로만 한정되지 않도록 해준다. 그리고 풍부한 공동체적 의미인 하나님 나라의 이미지는 성령 안의 삶이 역사와 인간 공동체와는 무관한, 단순히 영적인 무엇이 되지 않도록 해준다.

우리에게 도전해 오는 비전

이 책에서 소개한 예수의 이미지는 여러 가지 면에서 우리에게 도전이 되고 있다. 카리스마적 존재로서 예수는 우리 문화와 교회의 많은 부분에서 '실질적인 무신론'[27]으로 표현될 수 있는 우리의 실재관에 대한 생생한 도전이다. 현자로서 예수는 그것이 세속적인 것이든, 종교적인 것이든, 미국적인 것이든, 기독교적인 것이든 인습적인 지혜의 삶을 떠나도록 우리를 부르고 있다. 그는 어떤 의미에서는 '길들여지지 않은 예수'인데, 어떤 문화의 인습적 지혜의 일부가 되지 않았을 뿐만 아니라 지금도 모든 인습적 지혜의 체계에 도전하고 있다. 갱신 운동의 창시자, 예언자로서 예수는 인간 공동체와 역사와 세상을 좀 더 자비롭게 만들려는 대안적 문화를 우리에게 보여준다.

이것은 우리 시대를 위한 강력한 주제들이다. 이 주제들은 유대교·기독교적인 전통의 두 가지 중심적 전제들을 진지하게 받아들이라고 우리를 초대하고 있다. 첫째로 우리의 일상적 체험 영역인 가시적 세계를 넘어서는 실재의 차원이 있는데 그것은 권능이 있으며 그 궁극적인 특질은 자비라는 사실이다. 둘째로 성령과 조화를 이루며 사는 삶의 열매는 개인뿐만 아니라 신앙 공동체의 삶 속에서도 구현해야 한다는 것이다.

이러한 주제들은 우리에게도 위협적이다. 이것들은 우리의 상식을 위협한다. 우리의 일상적 경험 세계가 기껏해야 실재의 한 층위에 지나지 않고, 우리가 보통은 경험할 수 없는 실재의 다른 차원들이 우리를 항상 둘러싸고 있다는 것이 사실이라면 어찌할 것인가. 실제로 성령의 영역이 있다는 주장은 한편으로 흥

---

27 Stanley Hauerwas & William Willimon, "Embarassed by God's Presence," *The Chrisitan Century* (January 30, 1985), 98-100.

미로우면서도 다른 한편으로는 이상스럽게 당혹스럽다. 만약 실재라는 것이 우리가 생각했던 것과 다르다면 어찌할 것인가.

이 주제들은 오늘의 문화로부터 우리가 누리고 있는 안락함에도 도전해 온다. 역사적 예수는 대안 의식을 가진(다른 세계에 대한 의식, 주님에 대한 의식을 포함하여) 대안적 공동체로 우리를 부르시면서, 오늘의 미국식 문화의 중심적 가치들에 도전하고 있다. 사람들은 성취만을 추구하다 보니 더 큰 업적, 소비 그리고 여가를 누려야만 만족을 찾게 된다. 우리의 안전은 핵무기에 근거하고 있다. 그리고 우리의 맹목성과 우상숭배는 우리 삶의 방식 유지를 위해서 필요하다면 세상을 날려버릴 수도 있다고 주저 없이 말하는 데서도 드러난다. 우리 기독교인들은 기독교의 메시지와는 크게 동떨어진 가치관 위에 세워진 문화적 상황 속에서 교회가 되라고, 다시 카타콤의 교회가 되라고 부름을 받고 있다.

예수에 대한 이미지들은 그에 대한 충성이 의미하는 바가 무엇인지를 제시해준다. 대중적인 예수상이 그리고 있는 예수는 그 자신에 관한 진리를 선포하는 것을 목적 삼았던 분이다. 대중적인 예수 이미지는 보통 예수에 대한 충성의 의미를 축소하여, 마치 예수의 그러한 자기 선포가 진리라는 것을 고집스럽게 믿는 것이 그에게 충성하는 것처럼 해석한다. 거기에 따르면 충성은 복음서에 나오는 모든 진술이 역사적 진실이라고 믿는 것이 된다. 그러면 제자 됨은 교리주의나 교리적 정통주의와 쉽게 혼동한다.

금세기 성서학의 가장 일반적인 산물 이미지의 부재 때문에 우리는 과연 예수를 진지하게 받아들인다는 것이 무엇을 의미하는지, 또 충성에 수반되어야 할 것이 무엇인지에 대한 분명한 견해를 세우지 못했으며, 제자 됨의 삶에 대한 방향 설정조차 제대로 하지 못하고 있다. 그러나 자기 시대의 역사적 위기에 깊이 참여했던 성령의 사람으로서 예수상은 오늘날 교회의 제자 됨을 구체화할 수 있다. 그가 살았던 세계에서 그러했듯이 예수는 오늘 우리에게도 어둠 속에 비쳐든 빛이 될 수 있다.

참고문헌

이 참고문헌은 일반독자를 위해 준비한 것으로, 학부와 대학원 과정에 있는 학생들도 대상에 포함된다. 이 목록은 두 요소로 제한하였다. 첫째는 공부하는 데 매우 유용한 기본적인 고대 자료의 영역본들이다. 둘째는 역사적 예수에 초점을 맞춘, 해당 학계의 비교적 최근 연구서들이다. 그러나 예수의 비유, 기적, 시험 그리고 세계관이나 관습적 지혜 같은 구체적인 주제를 다룬 문헌들은 본문의 해당 사항에 대한 주에서 제시하였다.

고대 자료들

성서. 단권으로 출판된 가장 가치 있는 '스터디 바이블'은 메이와 메츠거가 편찬한 *The New Oxford Annotated Bible with the Apocrypha*, edited by H.G. May and B.M. Metzger (New York: Oxford University Press, 1973, 1977)이다. 학술서와 주류 교회에서 아주 폭넓게 사용되고 있는 표준개역본(RSV, Revised Standard Version)을 본문으로 사용하고 있는 이 판본은 유용한 서문과 잘 풀이된 각주가 포함되어 있다.

복음서 평행본문. 복음서에서 서로 관련된 본문들을 나란히 나열해놓은 '복음서 평행본문'에는 세 유형이 있다. 가장 폭넓게 사용되는 것은 Gospel Parallels, edited by B.H. *Throckmorton* (New York, Thomas Nelson, 1949, 1957, 1967)인데, 기본적으로 마가복음의 순서에 맞추어 마태, 마가, 누가 복음에 집중한다. 2권으로 된 *New Gospel Parallels*, edited by Robert W. Funk (Philadelphia: Fortress, 1985)는 공관복음서뿐만 아니라 요한복음과 비정경적 자료들을 포함하고 있으며, 각 복음서를 교대로 주 본문으로 삼아 대비하는 구성방식을 채택하였다. 또 *Sayings Parallels: A Workbook for the Jesus Tradition*, edited by John Dominic Crossan (Philadelophia: Fortress, 1986)은 정경과 비정경을 망라하여 서로 관련된

모든 예수의 말씀을 대조시키는 데 초점을 맞추었다.

유대 문헌과 초기 기독교 문헌. 주전 200년경에서 주후 100년 사이에 이루어진 유대 기록들에 대해서는 2권으로 편찬된 *The Old Testament Pseudepigrapha*, edited by James H. Charlesworth (Garden City, NY: Doubleday, 1983, 1985)를 보라. 사해 두루마리는 Geza Vermes, *The Dead Sea Scrolls in English* (Baltimore: Penguin, 1968)를 보라. 1세기 유대인 역사가 요세푸스(Josephus)의 기록들은 9권으로 이루어진 Loeb Classical Library 시리즈를 보라(trans. by H.St.J. Thackeray, R. Marcus, A. Wikgrin; Cambridge, MA: Harvard University Press, 1958-1965). 하나로 집적된 1세기의 랍비 전통에 대한 문헌은 없는 실정인데, 그 대부분이 후대에 기록되었기 때문이다. 권위 있는 것으로 가장 이르게 편찬된 것이 *The Mishnah*로 주후 200년경에 모아졌는데, 댄비의 영역본이 있다(trans. by H. Danby; London: Oxford University Press, 1933).

신약성서에 포함되지 않은 초기 기독교 기록들은 E. Hennecke and W. Schneemelcher, *New Testament Apocrypha*, 2 vols. (Philadelphia: Westminster, 1963, 1965)와 가장 중요하게 꼽히는 도마복음서를 포함해서 이차대전 직후에 상부 이집트에서 발견된 초기 기독교 문헌의 수집물인 James Robinson, *The Nag Hammadi Library in English* (San Francisco: Harper & Row, 1977)를 보라.

간추린 최근의 예수 연구 저술들

Gunther Bornkamm, *Jesus of Nazareth* (New York: Harper & Row, 1960). 독일학계의 예수 연구와 실존주의 해석을 대표하는 이 책은 역사적 예수에 대한 "새로운 연구"(new quest) 시기 동안에 떠오른, 최초의 연구서이자 가장 중요한 예수 연구서의 위치를 유지한다.

Walter Brueggemann, *The Prophetic Imagination* (Philadelphia: Fortress, 1978). 이스라엘의 예언 전통을 다루는 이 책의 마지막 삼분의 일은 예수의 사역을 다룬다.

C.H. Dodd, *The Founder of Christianity* (New York: Macmillan, 1970). 20세기 초반부터 영국의 신약학자로 이름을 날린 저자가 생애 거의 끝 무렵에 내놓은 이 책은 매우 균형 잡힌 저술 가운데 하나로 남아 있다.

Donald Goergen, *The Mission and Ministry of Jesus* (Wilmington: Michael Glazier, 1986). 읽기 쉽고 매우 자세하게 서술한 이 연구는 예수의 영성과 연민, 하나님과의 결속과 민중에 대한 유대를 강조한다. 5부작으로 구성된 "예수 신학"(theology of Jesus) 시리즈 가운데 제1권이며, 제2권은 예수의 죽음과 부활을 다룬다.

A.E. Harvey, *Jesus and Constraints of History* (Philadelphia: Westminster, 1982). 옥스퍼드대학에서 행한 강의들을 기반으로 삼아 저술한 이 책은 자기 시대의 여러 환경 요인들에 얽힌 예수의 연관관계에 집중한다.

John Hayes, *Son of God to Superstar* (Nashville: Abingdon, 1976). 여러 "별난" 인물들을 포함한, 20세기 예수상 연구이다.

Hans Küng, *On Being a Christian* (Garden City, NY: Doubleday, 1984, 독일어 초판은 1974). 기독교 신앙에 대한 매력적이고 도발적인 이 책 "서론"의 절반을 역사적 예수의 본질적이고 생생한 논의에 할애했다.

E.P. Sanders, *Jesus and Judaism* (Philadelphia: Fortress, 1985). 아마도 가장 전문적인 저술들이 이 책에 인용되었는데, 저자는 이 책에서 예수께서 임박한 종말론적 기대라는 얼개 안에서 이스라엘의 회복을 추구했다고 주장한다.

Edward Schillebeeckx, *Jesus: An Experiment in Christology* (New York: Crossroad, 1979, 네델란드 초판은 1974). 명쾌한 통찰들, 수긍이 가는 학문적 정리, 700쪽이 넘는 방대한 분량 때문에, 여전히 유효한 매우 인상적인 단행본이다.

Juan Luis Segundo, *The Historical Jesus of the Synoptics* (Maryknoll, NY: Orbis, 1985, 스페인어 초판은 1982). 해방신학의 통찰력과 시각들을 알려주는 세군도의 이 역사적 예수 논의는 모두 5권으로 구성된 그의 *Jesus of Nazareth Yesterday and Today* 시리즈의 제2권이다.

G.S. Sloyan, *Jesus in Focus: A Life in Its Setting* (Mystic, CN: Twenty-Third

Publications, 1982). 학문적인 바탕을 지니고 있지만, 평범하게 읽을만하고 또 도움이 될만한 정보를 제공하는 입문서 수준의 이 책은 기본적으로 예수를 유대교 전통 안에 있는 신비가요 현자라고 본다.

W. Barnes Tatum, *In Quest of Jesus: A Guidebook* (Atlanta: John Knox, 1982). 테이텀은 자기 나름의 예수상을 전개하지는 않지만, 이 책은 가장 대중적인 수준에서 역사적 예수 연구의 핵심적인 문제들을 소개하는 책일 것이다. 즉 복음서의 성격과 자료, 연구사, 출생·부활·비유·기적 같은 간추린 주제들을 다룬다.

Geza Vermes, *Jesus the Jew* (New York: Macmillan, 1973). 이 책이 지닌 중요성은 이해할만한 예수상을 그리는 것이 아니라 유대적 배경 안에서 예수 전통을 연구하는 시리즈라는 것인데, 예수가 출현하게 된 환경 속에 있었던 갈릴리 출신 성인들과 예수가 지닌 "칭호들"의 유대적 기원을 강조한다.

John Yoder, *The Politics of Jesus* (Grand Rapid, MI: Eerdmans, 1972). 평화주의를 포함해서, 예수의 사회적 정치적 급진주의를 강조한다.

더 광범위한 참고문헌을 원하면, James H. Charlesworth, "From Barren Mazes to Gentle Rappings: The Emergence of Jesus Research," in *Princeton Seminary Bulletin* 7 (1986): 225-230을 보라. 찰즈워드 자신의 연구서 *Jesus within Judaism: New Light from Exciting Archaeological Discoveries* (Garden City, NY: Doubleday, 1988)도 참고하라.